旅游政策与公共部门管理

〔澳大利亚〕詹姆斯·埃利奥特（James Elliott） 著
张凌云 杨晶晶 译

Tourism: politics
and
public sector management

商务印书馆
2015年·北京

James Elliott

TOURISM:

Politics and Public Sector Management

Routledge 1997

Copyright @ 1997 by Routledge, a member of the Taylor & Francis Group

(根据 Taylor & Francis 出版集团旗下的 Routledge 出版社 1997 年版译出)

Copies of this book sold without a Taylor & Francis sticker
on the cover are unauthorized and illegal

(本书封面贴有 Taylor & Francis 公司防伪标签，无标签者不得销售)

致　　谢

感谢许多国家旅游官员和管理者，本书是在他们提供的信息基础上完成的。特别是要感谢伦敦旅游学会和英格兰旅游局允许我复制资料，以及我在东京、余市和京都的研究助理。

詹姆斯·埃利奥特

前　　言

　　本书阐述的是政府如何管理旅游业——世界上发展最快的行业之一。在世纪之交，旅游业将取代石油产业而成为世界上最大的产业。本书主要介绍了不同类型政府和组织的治理政策，以及政府管理与旅游行业的关系。旅游业与当地居民，以及环境保护主义者之间，在旅游开发、环境的破坏和权力的利用方面可能存在冲突。公共部门的管理就是要制止权力的滥用，保证旅游业可持续发展，同时保护人民和国家资源。在公共部门实施管理的过程中，有一些必须遵循的原则。本书讲述的就是在旅游业管理实践中如何遵循这些原则。

　　本书中的许多资料取自于公共团体、国会、议会、中央政府部门、地方政府和诸如旅游局这样的公共部门。这些资料很重要，从中我们可以了解政府、管理者和旅游业的规范性目标，以及对于旅游业的评价准则。国会、议会的报告和日益增加的旅游学术文献也是有价值的资料来源。应用本书提供的研究框架，可以将地方的材料和经验收集整理，以便进一步研究行业管理以及行业管理对地方旅游区域的影响。然而，任何研究框架我们都应该灵活应用，因为旅游实践是一个动态活动，要考虑到各类部门与组织之间的互动关系。

　　本书是作者多年对相关国家旅游业的直接经验总结和研究成果，当然其文本价值适用于更广泛的领域，包括旅游业、行业管理、国家和地方政府、公共政策和环境研究。本书也适合有兴趣的普通读者阅读。

目 录

第一章	引言	1
第二章	为什么会出现旅游和旅游业？	18
第三章	公共部门管理和旅游业	35
第四章	中央管理：政策规划	48
第五章	中央管理：贯彻执行	85
第六章	地方层面的管理	119
第七章	公共管理和私有部门	154
第八章	旅游控制管理	185
第九章	结论……和未来？	223
参考文献		231
译后记		239

第一章 引　　言

本章主要阐述：
- 为什么旅游业的发展需要政府；
- 旅游业管理中谁是最重要的参与者；
- 公共部门管理（PSM）如何在实践中发挥作用；
- 旅游业公共部门管理的结果和影响；
- 旅游业和公共部门管理可比较的特征。

本书主要阐述政府如何管理旅游业以及在管理过程中存在哪些失误。本书的主要内容是关于政治，也就是公共机构在旅游业管理中如何使用权力的。政府主要是通过公共部门进行管理，公共部门包括所有类型的公共机构，上自国家政府部门，下到地方政府管理的小型旅游业实体。此外，本书也分析了管理流程，从政治领导者制定政策到政策对地方社区的影响。本书中提到的管理，如无特殊说明，均指公共部门管理。

本书的方法主要从两个方面体现，一个是*原则*，一个是*实践*。原则是政府使用权力的依据。它们确保管理者的行动合法合理，公民希望原则能够得到贯彻。本书强调的第二个方面是管理的实践，即公共管理者和公共组织如何在不同层级的政府——包括联邦和国家政府以及地方政府——执行管理。本书关注正式的价值、态度、目标、角色以及政府与旅游业之间的关系，同时也关注非正式的实践。

"为什么、谁、如何、是什么"的研究框架

政府和旅游业都是涉及面广而且很复杂的领域,为了有助于确认、分析和评估最重要的因素,本书在四个主要问题——为什么、谁、如何、是什么——的基础之上建立了基本的研究框架。

*为什么*政府对旅游业如此重要？为什么政府要参与旅游业管理？为什么旅游业需要管理？政府有责任参与到政策领域中,如旅游政策领域。管理者需要遵循一定的原则,出于政治、经济、道德等方面的考虑,政府也希望达到一定的目标。另外,有些问题只能由政府解决。

旅游政策体系中*谁*是主要的参与者？谁是最有影响力的政策制定者？谁是公共部门管理者？谁是公共部门以及行业内的权力拥有者？谁是最重要的组织？

管理是*如何*运行的,管理者是如何管理的？参与者是如何执行的,系统是如何在实践中工作的,目标是如何实现且通过何种方式实现的？在正式和非正式层面都高度复杂的政治和权力体系中,公共部门管理是如何运行的？

旅游业的影响*是什么*？在实践和绩效方面管理的影响是什么？是成功还是失败？什么是最重要的问题？是否依据原则,是否达到目标？旅游业公共部门管理的经验教训是什么？

专栏 1.1　公共部门管理与旅游：分析的框架

	原则	实践
	应该做什么？	做了什么,实践而不是原则
	理想的行为,理论,模型	
	原则：公共利益、公共服务、有效、效率、负责任	真实的行为
为何参与	政府和公共部门的责任,道德、法律和职业原则	经济目标、经济压力、政治目标
		正式和非正式的
	政治文化、期望、政府权力	旅游业必须被管理
	公共目标	需要对问题和需求回应

第一章 引　言

谁来参与	政府和人民 受政策影响的群体 公共部门 行业和相关利益集团		与行业相关的政策制定者、政治家、管理者 权力拥有者 行业 受影响者
如何参与	根据政治文化、公共部门管理原则 公共部门在旅游业管理方面的标准 行业的合作伙伴 正式的流程		政策体系，制定和贯彻执行 权力网络 管理流程 正式和非正式的
结果怎样	目标，有效 服务于公共利益和民众 保护环境和社区 效率		成功或失败 达到的目标 影响 有效、高效的公共管理

为什么政府要参与到旅游业中

政府的重要性

在旅游业和现代社会中，政府扮演着重要角色，行业的发展离不开政府。只有政府才有能力提供旅游业发展所需要的基本条件，如政治稳定、安全，以及法律和经济框架。政府提供了必要的服务和基础设施。只有国家政府才能与其他政府协商某些问题，如移民程序或飞机在某国境内飞行和降落等。政府拥有权力，但如何使用权力将取决于很多因素，包括政治文化、政治与经济权力所有者以及他们对旅游业的预期。政府的类型有很多，包括国家政府、州政府和当地政府。在旅游业管理以及使用其权力方面，它们可能主动，也可能被动。政府通过提供服务可以促进旅游业发展，也可以控制行业的发展和活动，以确保活动和安全标准在公共利益许可的范围内，这些都是政府的法定职能。政府的这些职能是如何履行的、是否成功履行取决于其公共部门管理的质量。政府通过公共部门管理履行这些职能。公共部门管理涉及所有政府和公共机构里的所有管理者，他们的职责履行情况从某种层面影响着旅游业。公共服务或公共产品，如移民服务或洁净的公共海滩，都是旅游产品中的一部分，可以增加或降低旅游业的吸引力。

旅游业的重要性

政府一直参与旅游业,主要是因为旅游业在经济方面的重要性。在工业和经济走下坡路,世界大衰退时期,出现了大规模的失业和贫富差距不断扩大的现象。在这个时期,旅游业是少数增长的行业之一。同时它也能提供难得的外汇,这是很多政府所需要的。旅游业是世界上最大的产业之一,根据世界旅游组织的介绍,在外汇流动方面,旅游业已经取代了石油产业的第一位置。表1.1列出了世界前40名旅游目的地,说明这些地区也是旅游业最发达的地区。

表1.1 世界前40名旅游目的地:国际旅游接待人数

(不包括一日游游客,1995年)

排名 1985年	排名 1995年	国家 /地区	1995年接待 人数(千人)	比上一年 增长(%)	市场份额 (%)
1	1	法国	60 584	-1.2	10.7
2	2	西班牙	45 125	4.4	8.0
3	3	美国	44 730	-1.7	7.9
4	4	意大利	29 184	6.2	5.1
13	5	中国(内地)	23 368	10.9	4.1
6	6	英国	22 700	7.9	4.0
11	7	匈牙利	22 087	3.1	3.9
9	8	墨西哥	19 870	16.1	3.5
23	9	波兰	19 225	2.3	3.4
5	10	奥地利	17 173	-4.0	3.0
7	11	加拿大	16 896	5.8	3.0
16[1]	12	捷克	16 600	-2.4	2.9
8	13	德国	14 535	0.3	2.6
10	14	瑞士	11 835	-3.0	2.1
14	15	希腊	11 095	3.6	2.0
19	16	中国香港	10 124	8.5	1.8
15	17	葡萄牙	9 513	4.2	1.7

第一章 引 言

续表

排名 1985年	排名 1995年	国家 /地区	1995年接待 人数（千人）	比上一年 增长（%）	市场份额 （%）
22	18	马来西亚	7 936	10.3	1.4
26	19	泰国	6 900	11.9	1.2
21	20	荷兰	6 526	5.6	1.2
28	21	土耳其	6 512	7.9	1.1
24	22	新加坡	6 422	2.5	1.1
17	23	比利时	5 224	-1.6	0.9
18[2]	24	俄罗斯	4 796	3.3	0.8
55	25	南非	4 676	20.0	0.8
35	26	中国澳门	4 623	3.0	0.8
25	27	爱尔兰	4 398	2.1	0.8
54	28	印度尼西亚	4 319	7.8	0.8
20	29	保加利亚	4 125	1.7	0.7
32	30	突尼斯	4 120	6.8	0.7
38	31	阿根廷	4 101	6.1	0.7
46	32	澳大利亚	3 771	12.2	0.7
40	33	韩国	3 753	4.8	0.7
36	34	波多黎各	3 297	8.4	0.6
33	35	挪威	2 880	1.8	0.5
41	36	埃及	2 872	21.9	0.5
27	37	罗马尼亚	2 750	-1.6	0.5
29	38	摩洛哥	2 579	-25.6	0.5
-	39	巴林	2 483	9.4	0.4
39	40	中国台湾	2 322	9.6	0.4
	1~40名小计		496 039	3.4	87.4
	全世界总计		567 402	3.9	100.0

来源：世界旅游组织（WTO），1996
注：1. 捷克斯洛伐克
　　2. 苏联

旅游不仅是产业和经济活动，也是全球范围内的动态的社会现象，关系到大多数国家，影响着很多人。旅游业的社会影响深远，特别是在发展中国家，地方社区可能因为旅游业而变好，也可能变坏。现金流入、新的就业机会和教育机会以及当地传统和文化的复兴，将使一个地区的生活标准和生活质量得以提高。旅游业可以促进和平，因为它可从经济层面和社会层面加强不同人群之间的国际交流，从而增进他们之间的友谊。

旅游业的问题

政府参与到旅游业中不仅仅因为旅游业的重要性，也因为它的诸多问题，以及偶尔出现的有争议的影响。在发达国家和发展中国家，针对旅游业负面影响，都出现过很强的不满和反对。旅游业给地方和传统社区以及文化带来了很多负面影响，如西班牙的海岸线、泰国和墨西哥的海滩、美国的国家公园、欧洲的历史城市等，由于旅游业所带来的负面影响使之在这些地方备受抨击。有人认为，旅游胜地、高尔夫球场、游船码头等是为有钱人开发的，但却以损害穷人和环境为代价，这些都是非常政治化的问题并由此引发了关于权力使用的问题，以及谁、何时、通过何种方式得到什么的问题。这些问题需要公共部门管理作为一种公共服务介入，以探寻可接受的处理方案，支持公共利益。

旅游业另外一个问题是它在国内和国际市场上具有高度的竞争性和波动性。公共部门管理应该考虑到这些问题，并努力减少这些问题。不能使用过多的干预、过多的规定和限制，这样不仅不会解决问题，还会引发更多的问题。

旅游业具有脆弱性，很容易受公共政策和公众感受的变化影响，这需要公共部门管理的协助。旅游业对其无法控制的事件也很敏感，包括国家灾难或政治事件，如1991的海湾战争和1995年的南太平洋法国核试验。公共和私有部门都必须时刻准备做出决策以帮助行业度过危机。

大众旅游的主要问题是（特别是在旺季）对空中交通的大量需求以及机场和相关基础设施面临的压力等问题都需要政府出面来解决。在如资本投资等复杂的问题决策方面，公共管理部门是非常有影响力的。航空及机场相关问题的讨论详见第七章。

第一章 引　言

旅游业是一个动态的产业，充满了变化，也充满了新的挑战和问题。但是，本研究考虑更多的是持久性的因素，例如规则、价值或需求，或者组织内的重要因素，如权力、政策和领导力等。管理部门要面临的考验是如何有效和高效地管理这些要素并解决问题。

原则

政府部门都有一定的职责，并且政府部门的管理活动要建立在相关原则的基础上。在一般原则的框架之下，公共部门被授予一定的权力，以保证其履行在旅游业中的职责。这些原则要求公共部门不时地介入到旅游业中，但是同样的原则也限制着公共部门不能过多地介入。通常被广泛接受的一般原则包括公共利益、公共服务、有效、高效和负责任等。管理者要依据本国家的政治和管理体系来解读这些原则。

公共部门和私有部门之间的一个主要不同点是这些原则是公共部门的管理者所必须遵守的。私有部门有其各自的原则和权力，与公共部门的管理者相比，其管理者有更多的自由。公共部门的管理者可以拥有权力和资源，但具体使用只能依据法律和可接受的原则，否则就是违法或不当。

实际的行为可能与原则相背离，管理者所要依据的原则和他们面临的各种正当要求可能会有冲突。成功的管理者可以协调这些互相冲突的要求。如果私有部门管理者理解这些原则，将能更积极地与公共部门开展有效的合作，以此为其组织赢得更多的利益。坚持原则将使管理更加高效，对社会更有益，更符合行业的要求。在实际的管理实践中，经常会出现政治风险，公共部门和私有部门以及管理者可能只考虑自身的利益，不承担原本应承担的责任。公共组织和资源可能被用于私人目的，可能会出现经济腐败，但更危险的是组织的腐败，在这种情况下，公共目标和原则就被私人目标所取代。按原则办事有助于防止政治和管理的滥用与腐败。原则可以用来评估组织和管理。

谁参与了旅游业管理？

所有层面的政府，从国家或联邦政府到地方乡村政府，都可以参与到旅游业管理中。公共部门管理涉及所有公共组织及相关人员，例如国家公务员、政府部门、司法当局、公共机构和组织以及州和当地政府官员等，旅游部门和国家旅游组织尤为重要。公共部门和私有部门之间的界限不总是泾渭分明的。一些公共部门，如国家所有的航空公司，在市场上与私有部门竞争。公共部门和私有部门之间也有合作。旅游业的范围很广泛，包括旅游产业和很多与旅游相关的服务行业。行业内的大部分主体为私有部门，但也包括公共部门里的营利组织。营利组织范围广泛，包括大型国际饭店集团，也包括单个的饭店或餐厅。

很多组织属于旅游范畴，但不属于营利的旅游产业范畴，包括利益集团和非政府组织。这些组织有国家层面的，也有地方层面的，它们在经济、社会、环保、道德等方面与旅游业有相关的利益。旅游业是以人为基础的行业，影响着国内和国际的旅游者，以及接待业中与旅游活动相关的人。但是，在政治、公共部门管理以及所有的人和组织中，有一个核心问题，即谁是主要的权力拥有者？

政府是权力拥有者，它参与旅游业不仅仅是考虑到旅游业的经济性质，同时也考虑到旅游业对旅游者和当地社区来说是一种教育和文化体验。旅游业不仅影响着经济也影响着自然环境和当地文化。旅游业中的大部分产品和服务主要是由私有部门提供和掌控的，公共部门只在某些方面发挥着重要的作用，如在经济和非经济范围内提供必要的政策指引、环境、基础设施建设和管理等。

专栏 1.2　谁是旅游管理的参与者？旅游政策社团

立法部门	国会/议会；上议院和下议院；选举的代表
政府执行部门	国家、州和地区政府 公共部门管理 各部；旅游部 法定权威/商业企业：国家旅游组织；发展署，公共监管机构

第一章 引　言

州政府	选举的议会
当地政府	部；企业和公共部门管理，选举的参议会
利益/压力群体	非政府组织，经济、社会和环境组织
行业	饭店，旅行代理商，航空，贸易联合体，主题乐园
政党，舆论，媒体	
立法部门	法庭：立宪的，国家的，地方的
国际组织	世界旅游组织，联合国开发计划署，欧盟 各类经济机构，世界银行，国际货币基金组织，亚洲开发银行

管理者如何管理

公共部门如何参与实际管理，这将取决于国家的政治文化和在特定情况下政治原则的贯彻力度。管理者通过组织和网络、通过解决问题，正式和非正式地参与旅游业。同时也因为在实际管理的压力下往往会被忽视的原则和道德责任原因参与旅游业。因此公共部门管理很重要，因为这是在专业管理层面，在获取专门知识和相关信息基础上，出台相关意见、政策并使其真正得到贯彻执行。正是在这种专业管理层面，公共部门管理与政治和行业的领导相互作用，传递不同群体需要的信息和相互理解。

政府逐渐接受了旅游业在经济上具有重要性的观点，但是在应对旅游业有关的问题方面，它们承担责任的进度却略为迟缓。理论上，公共部门管理在政府的管辖下，但是在实践中，很难界定政府权力的终点和公共部门管理权力的起点。在旅游业管理中，这些都是整体的一部分。政府和公共部门管理在国家范围内应对经济需求是有压力的，其中也包括旅游业的需求。

政治和权力

所有管理和旅游方面的研究都不能忽视政治和权力的现实性。政治是关于争取权力，权力是关于在政治和管理体系以及旅游部门中，谁在何时以何种方式获得什么。原则和控制体系试图确保权力在公共利益的范围内使用，通过恰当的法律程序，实现目标。公共部门管理尤应确定是在一定的政治环境内实行，要考虑到政治理念、权力冲突、政府的优先选择和政策目标等。公共部门管理者必须在特定的政治文化中实现管理，但是因为他们的职位以及他们控制的资源，使他们也有权力对政府和政策提出建议。当然也存在着官僚的政治和文化氛围，包括管理部门之间的暗中争斗。在那种体系内的旅游公共部门有责任为旅游业争取所需要的利益。有很多种涵盖政治、公共和私有部门的权力网络，为了使公共部门管理更有效，这些部门必须是活跃的、积极的。管理者将争取保住他们自身的地位、获得部门和政府的支持，但是他们也有责任考虑经济和国家利益。

复杂性和相互依赖

在旅游业公共部门管理的现实世界中，很多方面相互之间是没有明确界限的，例如原则和实践之间，为什么（即原因——译者注）、谁（即主体——译者注）、如何（即方式——译者注）和是什么（即结果——译者注）之间，政治和权力之间，政策的制定和贯彻执行之间，公共和私有部门之间，或者正式和非正式之间。政治、公共部门管理和旅游业是非常复杂的，不同的原则和问题相互联系相互影响。例如，存在不同层级的政府——国家政府、州政府和当地政府；公共组织多种多样，从政府部门到公营航空公司。在私有部门方面，也有航空公司和像泰国大型的国际旅游胜地、英国小城镇中个体户旅行社、美国亚利桑那州科罗拉多大峡谷国家公园等这样的不同类型的组织机构。所有的组织都不同程度地相互依赖和联系。好的公共部门管理者应有能力了解这种复杂性，在大的体系内有效和高效运营，协调并平衡不同的目标，以此达到旅游公共部门管理的目标。

正式和非正式

政府和公共部门管理在正式和非正式层面运营。例如，一些管理系统遵循韦伯的理想体系（见第三章），强调正式的规则和程序的重要性，官员有正式的权力，通过原则和程序来保证组织的有效性。管理者在正式的体系中工作，接受政府的正式决策，但是他们也必须接受体系和决策中包括的非正式、未阐明的因素。特别是在政治领域内，非正式的因素可能比正式因素更

第一章 引　言

有效。权力所有者可以通过非正式地利用他们的权力来反对正式的规则，以实现他们自身的目标。好的管理者也会利用非正式的手段来实现正式的合法目标。他们也会利用和遵循正式的官方文件和报告，例如本研究中引用的相关文件和报告。在评估目标的完成程度和结果时，要考虑到实践、管理体系、规划、理念、技术和政策等方面所有的正式和非正式的因素。

结果是什么？实践和绩效

管理是重要的，因为管理不应仅限于政治官员的言词和承诺。政府作了过于频繁的陈述和计划，但是没有真正的行动。在实践和绩效中，可以检验公共部门管理在旅游管理中的正确性、合法性、专业性、有效性和高效性。在实践中可以评估公共部门管理的实际效果。绩效可以评估成功的管理是否达到了旅游业的发展目标。

第一，在绩效评估方面，实现了什么目标？实现的程度如何？计划的结果如何？政策的真正影响比意图或正式的目标更为重要。公共政策能在多大程度上影响人民生活、身体、情绪、精神等方面，对社区和环境方面有哪些影响？

第二，在实践评估方面，是否考虑到公共利益并遵循了相关原则？考虑公共利益也就是要尊重政治和行政管理体系及社会的政治文化。公共部门管理必须在政治、法律体系规定的相关原则的框架下进行，因为管理行为应该是真正合法的。

第三，在高效和有效方面有哪些成就？是否只花费了最低成本就达到了目标？资源是否被有效利用？公共投资是否有回报？评估公共政策成功与否或者公共部门管理的绩效并非易事。政策或管理目标有时是不清晰的，甚至是矛盾的。形势、环境和价值都可能会变化，尤其是经过了很长时间后，以前制定的正式目标可能与现在的公共利益相违背。管理可能会有助于增加旅游人数和旅游花费，但这可能是以环境为代价的，因为需要过度的旅游开发以满足不断增加的旅游者需求。在现实中，公共部门管理必须协调不同利益相关者。这意味着有时要牺牲原则和理想以获得多数人的认可，折衷的方案往往是有效和高效的。在这些情况下，对于管理来说，非正式程序可能是最有效的。

政策和公共部门管理的影响对于人们的生活和旅游业来说都是很重要的，管理要通过各种机构控制体系和影响。控制和负责是公共部门管理的主要原则，这两大原则可以保证其他原则的执行。理想的控制体系将评估实际的影响和成功的管理如何遵循公共部门管理原则这两个方面，之后将找出问题并改进。但是，管理在控制组织或项目以及从实践中总结教训等方面并非永远有效。管理者可以制订计划，但是很难贯彻执行。虽然在特定政治领域内评价公共管理者具有一定难度，但是其贡献是非常重要的，私人管理是无法做到的。旅游业绩效的测量依据为利润和增长，但是，只有理解公共部门管理的组织和规则并真正运行公共部门管理，实践才有可能成功。

评估公共管理绩效是很复杂的管理任务，这主要是因为政府、旅游业组织、流程、问题等都是纷繁复杂的。在公共监督下，将变得更加复杂、更具有压力和挑战。负责控制的管理者自身都处于监督之下。专栏1.3反映了此项工作的复杂性和困难，但也提供了一种工具来分析和评估管理的真正绩效。

专栏1.3　旅游业公共部门管理的责任和评估列表

为什么（原因）：描述政府为何参与旅游业以及如何管理旅游业是相对容易的，但是仅仅描述和分析是不充分的。只有在政治管理体系的背景下才能评估公共部门管理的绩效的现实意义。评估的对象包括体系、政治领导的角色以及公共部门管理。也包括以下方面的结果和绩效：

谁（主体）：1.（a）政府官员
　　　　　　　（b）政治体系
　　　　　　2.（a）管理者
　　　　　　　（b）管理体系

如何（方式）：1. 有效和高效的管理在如下背景下
　　　　　　　（a）民主体系和流程
　　　　　　　（b）管理体系和流程
　　　　　　2. 使行业有自由性，促进私有部门、当地居民参与到旅游业的政治和管理中
　　　　　　3. 标准
　　　　　　　（a）有效地达到目标
　　　　　　　（b）高效地达到目标（以可能的最低成本）
　　　　　　　　（i）经济和公共服务目标

第一章 引　言

> 4. 应对旅游业管理所面临的挑战，解决问题
> 5. 在尊重公共利益的基础上最大限度地利用国家和自然资源
> 6. 保护自然和文化环境及当地社区
> 7. 保证环境的可持续性，实现可持续的生态旅游开发
>
> 什么（结果）：1. 增加海外和国内游客的数量
> 2. 在一个竞争激烈的市场环境中成功运行
> 3. 财务目标：
>   （a）增加外汇收入
>   （b）增加国内旅游（国家和地方政府层面）收入
> 4. 确保合理的营销回报、基础设施、发展旅游业和其他公共支出
> 5. 旅游收入和支出惠及贫困地区，在国家资本和富裕地区达到更好的平衡
> 6. 延长旅游季节，直至全年提供更好的平衡
> 7. 就业：
>   （a）增加旅游业的就业人数，不只是非熟练工人
>   （b）确保给员工提供合理的工资和工作条件，帮助他们充分发挥潜力
> 8. 强调客人旅游体验的深度和满足感

比较性方法

本研究采用了一种比较性方法，因为旅游业与其他行业是相互依赖的。没有国际的合作，旅游业是不可能发展的。不同国家在很多方面是不同的，例如经济方面、政治方面、社会和文化方面、公共部门体系和旅游产品等方面。本研究并非强调国家间的不同点，而是说明虽然不同国家政治体制不同，但旅游管理者面临的很多问题是相似的。

无论是发达国家还是发展中国家，旅游业的发展都离不开政府。无论是哪个国家，无论是哪种类型的政府，都要应用基本的原则，都要制定政策并贯彻执行。各个层面都需要公共管理的协助，以提供旅游产品。例如，不论何种体制都需要市场营销和控制机制。各个国家的经济发展水平不同，政治和管理制度不同，但是在发展旅游业方面却有着相似的经验和问题。这些经验和问题可以帮助我们更加透彻地分析旅游业，在政府管理旅游业的方面掌

握更多的经验。这样就可以提高旅游业管理水平，积累经验以迎接未来会遇到的挑战。

旅游业是高度竞争的行业，竞争不仅仅存在于国家之间，也存在于地区之间、当地政府之间。这种竞争需要公共和私有部门管理者有意识、有能力、有责任应对。管理者需要有竞争性的眼光。要为旅游管理制定规则并建立相关模型。例如，越南政府已经表明可能会应用泰国旅游开发的模型。比较性方法是有用的，因为所有国家都有旅游业，而且大部分政府支持旅游业并参与旅游管理。

五个国家

本研究中提到了很多国家，但着重分析了五个国家。这几个国家都属于世界三个最重要的旅游区，五个国家各有不同，但是作为成功的旅游国家，有很多共同点。这些国家都在努力管理和开发旅游业、解决相关问题，这种过程中也反映了政治、经济和公共部门管理的多样性。本研究强调更多的是不同国家旅游管理的相似点，而非不同点。

美国是世界上旅游收入最多的国家。政府为联邦制政府，不介入旅游管理，尤其是在联邦政府层面。但是，一些州和城市政府却很积极地参与旅游管理。

澳大利亚，作为一个"新"的国家，属于联邦制国家，但这些年来，旅游增长迅速，公共管理的作用更加明显。州政府在旅游业的发展中起到了很重要的作用。

英国[①]是由伦敦掌握中央集权的单一制国家。这是典型的"老的"旅游发展成功的国家，有着历史和文化渊源。1995年，英国位居旅游收入前20名国家的第15名。1995年旅游收入前20名国家中前10名都是欧洲国家，也都属于这种类型。欧洲是世界旅游业发展比较成熟的地方，吸引了60%

---

① 全称是大不列颠及北爱尔兰联合王国（The United Kingdom of Great Britain and Northern Ireland），也有简称联合王国（United Kingdom）。有时也简称不列颠（British），但严格意义上说，不列颠不包括北爱尔兰。本书按中文表达习惯，将不列颠都译成英国，有时也根据语境将联合王国译成英国。但英格兰（England，English）一词不简称为英国。——译者注

第一章 引　言

的旅游者，旅游收入占世界总额的53%。

1995年，泰国在旅游收入前20名国家中位居第10，在亚洲范围内，是旅游发展最为成功的国家之一，也是世界范围内旅游业发展最快的国家之一。泰国再也不是发展中国家，或者第三世界国家，但旅游业仍是最大的单一外汇收入来源。泰国是民主的单一制国家，有着传统的官僚机构，曼谷作为首都掌握着管理国家的权力。泰国旅游业的基础是具有活力的私有部门，但是泰国却拥有完备的国家旅游组织。

越南是一个发展中国家，旅游业是其经济发展的来源之一。越南是只有一个政党的社会主义国家，但是其市场经济的发展速度却很快。旅游业属于政府主导，在大城市和区域内，企业均为有活力的自治公共企业。越南不在世界前五十名旅游目的地内，但是在20世纪90年代却是旅游增长速度最快的国家之一。这种快速增长带来了很多问题，这些问题在其他国家的旅游发展中（尤其是泰国）也出现过。

为什么：因为旅游业在外汇、投资、刺激经济、带动就业、开发贫困地区等方面对经济的贡献，因此，大多数国家，无论是发达国家还是发展中国家，都把旅游业放在很重要的位置。在很多国家，旅游业是最重要的单一外汇来源。相对贫穷的国家，尼泊尔非常希望能够吸引来自富裕国家的旅游者，例如瑞士。日本有很多的外汇盈余，和其他国家不一样，它利用旅游业来减少外汇盈余，而不是增多外汇储备。日本政府通过旅游管理机构——日本政府观光局（JNTO）鼓励日本人出境旅游。全世界现在都十分关心环境，在环保方面政府承受很大的压力，因此，要管理旅游业以便保护环境。

谁：不同国家旅游业的参与者也有相似性，包括作为主要公共管理组织的独立法定机构，例如泰国国家旅游局（TAT）和英格兰旅游理事会（ETB）。无论是发达国家还是发展中国家，旅游业公共部门管理都需要涉及多个层面，从奢侈的旅游胜地到便宜的背包旅游。旅游业的参与者也包括州和当地政府以及相关利益集团。

如何：旅游业的管理方式将取决于国家的政治文化以及政府的执政理念。旅游是一个世界现象，获得了有不同政治理念的国家的支持，包括发达国家和发展中国家，从美国、法国、突尼斯到中国、古巴和越南。政府在旅

游管理中是否积极部分取决于其政治理念以及其对旅游业的重视程度。国家内部也会有所不同。例如，美国的政治文化限制联邦政府介入旅游业，但是一些州政府，例如夏威夷、佛罗里达和阿拉斯加都非常积极地参与旅游管理。

是什么：旅游影响已经更多地表现为一种经济回报，管理成功与否在各个国家会有所不同。在所有国家，旅游业已经成为经济利益的来源，但是也带来了一些负面问题，需要当地的公共部门管理通过多种方式解决。欧洲的许多文明古国抱怨它们的旅游胜地接待的人数已经超过了东南亚。在很多国家，对旅游业的控制管理已经成为一个主要问题。

小结

旅游业公共部门管理是基于以下各项重要因素：
·政府以及其在旅游业中的角色
·旅游业对于政府的重要性
·政府和组织在旅游业中的实践和管理，以及相关的问题
·旅游管理所需要遵循的原则和政府责任
·旅游发展的国际前景

"为什么、谁、如何、是什么"的框架可应用于真正的管理实践中。本书也认为公共部门管理者应该遵循某些原则，因为这是民众需要并期待管理者做到的。这些原则可以用来进行评估，也可以使管理者对其绩效负起责任。

第三章讨论了公共部门管理，以及其原则和实践。

第四章讨论了政治实践以及管理所运用的权力，如制定目标、政策和权限等。

第五章说明了正式和非正式因素对于管理的重要性。

第六章通过案例研究反映了在地方层面进行旅游业有效管理的重要性。

第七章讨论了公共和私有部门的复杂性和相互依赖性。

第八章说明了在评估管理者的实践和绩效、避免旅游业的负面影响、保护公共利益等方面，控制和负责原则的重要性。

第一章 引　言

建议阅读材料

有参考价值的期刊包括美国的《旅游研究纪事》(Annals of Tourism Research) 和英国的《旅游管理》(Tourism Management)，以及旅游组织，诸如世界旅游组织 (WTO)、澳大利亚旅游委员会、英国旅游局，以及美国各州旅游者组织的出版物。每个国家都有许多政治和公共管理方面的著作。下列图书广泛适用于旅游。

Edgell, D. L. (1990) *International Tourism Policy*, New York：Van Nostrand Reinhold.（这是一本介绍美国概况与美国旅游业的著作）

McIntosh, R. W., Goldner, C. R. and Ritchie, J. R. B. (1995) 7th edn, *Tourism：Principles, Practices, Philosophies*, New York：John Wiley.（一本基础性、综合性的旅游教科书）

Pearce, D. (1992) *Tourism Organizations*, Harlow, Essex：Longman.（包括美国、德国、荷兰、爱尔兰和新西兰等国家旅游组织概况）

Ritchie, L. K. (1989) *The Politics of Tourism in Asia*, Honolulu：University of Hawaii Press.（涉及中国、菲律宾、泰国、印度、巴基斯坦和斯里兰卡等国的旅游业）

Williams, A. M. and Shaw, G. (eds) (1991) *Tourism and Economic Development：Western European Experiences*, London：Belhaven Press.（各欧洲国家不同的旅游开发可参见有关章节）

第二章 为什么会出现旅游和旅游业？

本章主要阐述：
- 旅游是如何定义的；
- 旅游业的历史发展；
- 旅游业在经济方面的重要性。

旅游的定义

从地理学、社会学、心理学或经济学等不同的研究角度可能会得出旅游的不同定义。例如，它可以定义为一种产业，或者产业的一系列组成部分，如饭店、餐厅和交通等松散组合在一起为旅游者提供服务的部门。从旅游者的角度，它也可以被定义为一种休闲和放松的体验。对于目的地而言，它可以被看作是愉快的，有利可图的，或者是麻烦的。1937年，国际联盟（世界旅游组织的前身——译者注）将入境旅游者定义为"离开常住地24小时以上到另外一个国家游览的人"。对于政府和公共部门管理者；对于行业；或者对于从事数据、立法、管理等工作的人来说，旅游的定义都很重要。此外，从其他层面，如对于预算分配、评估公共部门管理绩效、政策制定、政策资源和土地使用规划来说，恰当的定义也很重要。定义和数据都是必要的公共部门管理工具。1993年，联合国统计委员会接受了世界旅游组织的建议，推出了新的定义。相关的用语为"旅游"（tourism）、"访客"（visitor）、"旅游者"（tourist）。"访客"普遍用于旅游数据中，包括旅游业中的所有类型旅行者。

第二章 为什么会出现旅游和旅游业？

专栏 2.1　"旅游"、"访客"、"旅游者"的定义

旅游业：人们因休闲、商务和其他目的，离开常住地连续不多于一年到另外的地方旅行和停留的活动。

包括：

1. 国内旅游，本国居民在本国的旅行。
2. 入境旅游，非本国居民的旅行。
3. 出境旅游，居民到其他国家的旅行。

旅游的三个主要类别：

1. 境内旅游（internal tourism），包括国内和入境旅游。
2. 国民旅游（national tourism），包括国内和出境旅游。
3. 国际旅游（international tourism），包括入境和出境旅游。

访客：人们不以获利为目的，离开常住地连续不多于 12 个月到另外地方旅行。

包括：

1. 一日游访客：不在访问地的住宿设施中居住。
2. 旅游者：在访问地居住至少一夜的访客。

政府参与旅游业的历史原因

为什么：早期

历史上，旅行一直依赖于公共部门管理，这可以从很多成功的大国管理者所控制的中央地区显现出来，如中国、印度和罗马等。政府和管理者提供了法律、秩序和安全环境、交易方式、支付产品和服务的货币等所有用于贸易和旅行的要素。稳定的政府允许富裕阶层出于休闲、宗教、健康等目的的旅行。古代的政府官员如同现在一样，执行法律、征税、保护边疆、控制疾病的蔓延、鼓励交流等。基督教徒保罗可以轻松地围绕罗马帝国旅行证明了罗马帝国行政体制的有效性。

旅行的重要原因是贸易以及宗教吸引物，如希腊奥林匹克。很多朝圣者经常到一些地区旅行，如日本的京都、印度的贝拿勒斯（Benares）、沙特阿拉伯的麦加以及中世纪欧洲的基督教圣地。公共管理的作用不在于提高收入，而在于维持旅行的安全和秩序。

如同在现代旅游业中一样，早期的市场需求刺激私人经营者提供服务，例如住宿、食物、娱乐设施和交通（虽然大多数旅游者徒步旅行）。对纪念品的需求也刺激了当地经济。如同乔叟（中世纪英国作家，被誉为英国文学之父——译者注）的《坎特伯雷故事集》中的朝觐者一样，现代旅游者有特定的地方去游览，希望看到尽可能多的景区。

耶路撒冷的吸引以及希望从土耳其人手中抢夺巴勒斯坦圣地促进了一个大型的海外旅行——十字军东征（Crusades）——从11世纪持续到13世纪。信奉基督教的政府鼓励成千上万欧洲人进行远征，藉以从土耳其人手中夺回圣地。旅行者的体验以及他们带回的知识和纪念品使欧洲进一步开放和丰富。同样，从17世纪开始，在遍游访学欧洲大陆的大旅行（Grand Tour）带回的知识和艺术品基础上，欧洲变得愈发丰富。这是前往欧洲文化中心如法国和意大利的旅行，贵族和富家子弟以此完成他们的学业。遍游欧洲大陆的教育旅行持续几个月的时间，配备教师和服务人员，有助于促进当地经济。它刺激了海外旅行，贵族阶层和未来的政府领导者也借此了解了国外。有钱人鼓励开发健康温泉疗养地。一个具有完善管理体系的稳定政府能够促进有时间和金钱从事休闲活动和旅游的富裕阶层的增长。

为什么：现代

旅行和旅游业的增长取决于必要的交通系统，例如19世纪蒸汽机和铁路的出现。现代旅游业的发展也取决于其他要素，如城市化、工业化、财富和教育、对游览的欲望等。即使蒸汽机和铁路为私人所有和管理，也要符合政府为之设定的相关规定。公共部门管理参与到很多领域中，如提供码头等基础设施、因安全和政府收入等原因参与涉及轮船和火车的相关规定制定等。国家政府和地方政府希望鼓励贸易和旅游业，公共组织，如英国贸易委员会（British Board of Trade）积极地帮助私有部门的经营者。但是，在防止铁路和新的旅游胜地对自然和历史环境造成破坏方面，官员却显得并不十分积极。公共机构在管理某些事件方面投入很大，如1851年在伦敦海德公园水晶宫里举办的首届世博会，以及类似的活动，1863年是在维也纳，1878年、1889年在伦敦。政府一直非常支持如现代奥林匹克运动会等类似活动，一方面是由于政治原因，另一方面也因为能吸引大量的旅游者，可以促进当地经济。旅游公共管理部门参与特殊事件的情况也逐渐增多，如 1951 年的英国节和 1988 年澳大利亚布里斯班博览会。

如何：私有部门

无论是以前还是现在，私人经营者都一直是旅游业的主要部分，他们积极地应对市场需求和环境变化。这种来自企业的驱动力最典型的代表就是 19 世纪英国的托马斯·库克（Thomas Cook）。他在英国组织了第一次火车旅行。1841 年，从莱斯特（Leicester）到拉夫伯勒（Loughborough），1855 年到达境外的荷兰、德国和法国，1863 年组织第一次包价旅行到瑞士。他工作非常努力，有创造力，可以意识到不断出现的需求并满足需求：合适的价格、最少的问题、愉快的安全旅行。库克还是一个成功的管理者，他在世界范围内建立了有效的组织，及时提供所需要的服务。他的组织在专业性、交流、合作和领导方面都体现了很高的效率，整合所有必要的因素以提供旅游者所需要的产品和服务。这些因素包括安全，以及在许多目的地可使用的旅行票据和饭店代用券等，这些目的地包括美国以及 1869 年苏伊士运河开放后可到达的新的目的地。1871 年，库克在纽约设立了办事处，成为 19 世纪 80 年代和 90 年代主要的旅游运营商。1873 年，他推出了旅行支票，1882 年美国运通也开始应用。当儒勒·凡尔纳（法国著名的科幻作家——译者注）构思他的 80 天环游地球时，库克的创新旅游包括用 220 基尼（英国的旧金币——译者注）环游世界。外部的因素也帮助了库克在商业上的发展，如由作家激发出的公众对自然景色不断增加的兴趣，旅行导游册的开发以及之后的摄影技术发明等。

对于库克来说，旅行不仅仅是一项旨在赚钱的经济活动，其中也体现了社会或道德元素。他希望使英国工人阶级远离工业城市的肮脏，他想还给他们原本想有的生活，使他们远离城市中的健康问题，能够呼吸海边的新鲜空气。库克还支持中下层职员以及妇女能够出于教育和休闲等目的到海外旅行。

如何：公共部门

如果没有政府和公共部门的支持，就不会有库克以及其他人的成功以及旅游业的全面增长。政府提供了安全的环境，不断增多的财富和闲暇时间，以及旅游业发展所需要的法律和经济体系等。大英帝国所建立的基础设施、商业化的邮政和电报网络，以及公路、港口和铁路等，都是旅游业发展所必需的。在美国，铁路的扩展，餐车、有单人房间的火车车厢、铁路餐厅和饭店的引入，刺激了旅游业的发展。到19世纪80年代，加拿大和美国拥有50条铁路。美国引入了旅游胜地的开发理念，强调了对阳光的需求，这为20世纪旅游业的发展确立了方向。19世纪90年代，加利福尼亚南部和佛罗里达州的度假饭店在冬季阳光度假中很受欢迎。1903年，夏威夷旅游局（Hawaii visitor bureau）成立。政府逐渐认为自己应对公共安全和大众健康负有责任，随后在铁路和运输等方面制定了一系列规则。但是，政府的介入是很有限的，以护照为例，直到第一次世界大战护照才成为必需的证件。由于政治文化不同，政府在提供不同公共服务方面的参与程度也有所不同，例如在提供铁路和饭店服务方面。澳大利亚一些州政府设立了住宿和旅行局，作为铁路部门的一个分支。1872年从美国开始，一些国家的政府开始在著名的自然风景区内建立国家公园。1901年，新西兰设立旅游与健康疗养部（Department of Tourist and Health Resorts）。旅游地区的一些政府为旅游者提供配套设施，如码头、音乐厅、公园、野餐区、厕所，以及相关基础设施与服务，如下水道、自来水、垃圾清理和公路等。旅游，包括一日游，对当地来说是一种重要的经济活动。

第一次世界大战之后，政府对旅游业感兴趣并在20世纪余下的时间里持续介入旅游业的原因开始逐渐清晰。旅游业可以提供外汇，促进国家收支平衡。但是在英国，1929年旅行账目显示为赤字。

1929年英国		花费（英镑）
海外旅游者	692 000	22 445 000
英国旅游者	1 033 000	32 794 000

第二章 为什么会出现旅游和旅游业？

澳大利亚的旅游者数量很少，部分原因为欧洲和美国到澳大利亚距离较远，旅行成本偏高，世界经济衰退也是一个原因。

澳大利亚	1926 年	1930 年
海外旅游者	24 759	22 186
澳大利亚旅游者	24 560	25 569

即使在这个时期，也有一些经济学家，如奥格维尔（Ogilvie 1933）抨击政府，以及官方统计数据的低质量。20 世纪 70 年代对澳大利亚统计的一些抨击促进了澳大利亚旅游研究局的设立。奥格维尔在关于英国的预言性评论中谈道："这个国家的小业主在很大程度上已经都是小酒店主，但我们对此知之甚少，因为官方旅客（passenger）统计数据有很多缺陷。"

为了吸引外国旅游者来到英国，海外贸易部大臣、财政部大臣和温斯顿·丘吉尔（时任英国首相——译者注）发起了 1926 年的来英国运动（come to Britain movement）。1929 年，政府支持建立了英国和爱尔兰旅行协会，并拨付 5 000 英镑作为赞助，英国政府对协会的赞助承认了旅行的重要性。协会的口号是"为和平旅行"，协会的目标是：

1. 吸引到英国和爱尔兰的入境旅游者；
2. 刺激对英国商品的需求；
3. 促进国与国之间的了解。

但是，政府重视的主要目标是促进收支平衡。政府也逐渐开始接受应对工人的健康负有责任的观念，至少健康的工人更加有效率。在美国，1938 年的《公平劳动标准法案》提出一周工作 40 个小时。1938 年的英国阿穆里报告（British Amulee report）提出带薪休假法案，为工人提供两周的带薪休假。休假使工人更健康、更有效率。第二次世界大战后，每年两周带薪休假真正实行，这大大刺激了旅游业的发展。

如何：第二次世界大战之后

第二次世界大战后，美国的旅游业得到了异常迅猛的发展，这需要联邦政府的积极参与。户外休闲地遭受到的压力需要美国林业部门和国家公园部门采取措施应对，1958年设立户外游憩资源审查委员会。汽车和飞机数量的增长，尤其是大型喷气式客机的出现，促进政府进一步出台规定，将联邦基金用于高速公路，建立政府经营的公司，例如建立美国国家铁路客运公司（Amtrak）（原文为"Amtrack"，恐有误——译者注），以经营铁路。旅游业发展迅速的地方政府开始更加积极地参与旅游业。

第二次世界大战后，与美国政府不同，英国政府特别关注吸引入境旅游者，特别是美国旅游者，以获得美元。旅行协会声明："作为国家和欧洲复兴的一个主要方面，人们越来越意识到旅游产业对整个社区都是非常重要的"。1947年，作为旅行协会的成员，英国旅游和度假委员会（British Tourism and Holiday Board）成立，其预算资金主要来源于公共基金。同年，英国《四年规划白皮书》中特别强调旅游业对国家未来经济的重要性。帮助欧洲战后复兴的美国马歇尔计划将旅游业作为推动经济发展的主要动力，美国相关立法对这方面曾予以特别关注。

政府试图提高访英入境旅游者的地位，例如在1949年，在内务部下面设立了跨部门工作委员会以提升接待设施水平。1953年英国实行糖果定额配给销售，但国际机场离境候机厅的糖果销售不受限制，一直到1954年政府配给制结束。当年，英国旅游业盈余2 000万英镑，加上英国运输业的收入，贸易总顺差达到3 000万英镑。其中来自美国的收入占主要部分。但是，政府直接控制也带来了一些问题，旅游业不能在平等的基础上展开竞争。20世纪80年代，澳大利亚政府也遭到了类似的批评，批评者认为政府没有为旅游业提供良好的经营环境。但不管怎样，英国旅游业战后显著复苏，1948年的游客数量比峰值期的1937年还高出2.5%。即使在1946年游客数量也达到20万人次，1960年旅游业位列第四大出口创汇行业。1962年游客数量达到200万，旅游业成为赚取美元的最大行业。英国旅游业发展也遭到了社会人士的批评，如1957年一则旅游广告把英国比做"一个古玩店"，尽管英国的历史和文化的确可以吸引美国旅游者，但这种做法还是遭到了批评。随着越来越多的英国人出境旅游，旅游贸易也开始呈现逆差，1966年政府将英国单个出境旅游者的海外旅行花费限制在60英镑以内。

第二章 为什么会出现旅游和旅游业？

什么：控制和影响

公共部门管理不仅仅参与到旅游业的经济方面，也对交通和航空进行控制并设定相关规定。交通和航空近年来的发展使旅行业发生了重大变革。大部分情况是政府通过直接控制国家航空公司直接参与到航空业经营，如英国海外航空公司（BOAC）和澳大利亚快达航空公司（Qantas）。私人利益和美国的国家政治文化排斥政府直接拥有航空公司，但是允许政府制定规则。包机、廉价的包价旅游、喷气式飞机的发展促进了海外旅行，却对国内旅游和当地政府产生了负面影响，尤其是对海边城镇。海上旅行业因此受到影响，1957 年搭乘飞机飞越大西洋旅行的游客数量超过了海上旅行的游客数量。

西班牙成为主要的目的地，每年游客数量达到 5 000 万人次，是其本国人口的 1.5 倍。喜欢海边、沙滩、阳光、廉价背包旅行的北欧人纷纷来到西班牙南部，使这里成为欧洲最大的旅游胜地之一。西班牙政府非常支持旅游业发展，提供基础设施，允许大规模的私人开发。战争中政府支持法西斯势力，战后政府希望获取外汇和政治支持。公共管理机构不断响应开发者和各种经济力量的要求，由此西班牙赚取了数量可观的外汇收入，也增加了大量的就业岗位。但是，由于政府还没有充分意识到保护自然资源的责任，获取经济利益的代价是自然资源的大规模退化和对旅游社区的破坏。

20 世纪 70 年代，泰国也经历了与西班牙同样的发展过程。与西班牙和泰国不同，瑞士是旅游业发展历史最悠久、最成功的国家之一，自然资源和生活方式保护完好，部分原因是因为联邦和当地政府的保守型政策和限制旅游业发展。

为什么：责任

从很久以前以来，无论从规范还是从实证来看，公共部门管理一直参与旅行和旅游业发展。显然，随着时间的推移，旅行和旅游的性质也在发生变化，政治文化和技术革新方面也在发生变化，但是管理仍然有着相同的基本责任。公共利益方面，政府有责任管控旅游业发展，以确保公共安全。提高收入一直是政府的首要目标之一。因此，政府提供基础设施、政府服务和经济援助。好的政府和公共部门管理一直力图保护公共利益，有效并高效地为公众服务，控制旅游业中的公共部门和私人经营者。

政府参与旅游业的经济原因

无论是以前还是现在，政府都一直参与到旅游业管理中，主要是由于经济原因。各级政府都希望旅游业能带动经济发展。旅游业被看作是一个主要的产业，通过乘数效应可以全面拉动经济。在英国，政府意识到旅游业对经济和就业的贡献，鼓励开发旅游业，提高英国旅游业的国际竞争力（UK House of Commons 1985/86，HC 106）。

国际旅游业是世界上最大的产业之一，也是发展最快的产业之一。世界旅游组织表明，1993年，在国际贸易方面，旅游业收入的比例高于其他行业，甚至超过石油制品、汽车和相关行业。国际旅游收入的增长速度高于国际贸易。1950年为21亿美元，1995年达到3 720亿美元，从1950年到1995年，旅游者人数从250万人次增长到567万人次（见图2.1）。旅游收入比旅游人数更加重要，国家的排名顺序为：1995年澳大利亚的旅游人数位居第三十二名，收入位居第十五名；匈牙利的旅游人数位居第七名，收入却位居第四十名。

很多国家的政府特别注重发展国际旅游业，以刺激国家经济的发展，提高外汇储备。旅游经济活动的乘数效应可以带动其他产业的发展。很多国家的贸易为逆差，入境旅游者花费可以平衡贸易逆差。但日本却与大多数国家不同，由于外汇储备处于盈余状态，因此鼓励出境旅游，以减少盈余。当然，有些国家的旅游收入也可能会出现赤字的状态，这主要是因为出境旅游者在国外的花费高于入境旅游者在国内的花费，如1995年的英国（见表2.1）。旅游逆差将恶化外汇赤字的状况。

表 2.1 世界前四十名国家或地区：国际旅游花费（不包括交通）

排名 1985年	排名 1995年	国家或地区	1995年花费（百万美元）	1995年比上年增长（%）	1995年占总额的比例（%）
2	1	德国	47 304	9.0	14.7
1	2	美国	44 825	2.9	13.9
4	3	日本	36 737	19.6	11.4
3	4	英国	24 625	11.0	7.6
5	5	法国	16 038	15.6	5.0

第二章 为什么会出现旅游和旅游业？

续表

| 排名 | | 国家 | 1995年花费 | 1995年比上年 | 1995年占总额 |
1985年	1995年	或地区	（百万美元）	增长（%）	的比例（%）
10	6	意大利	12 366	1.5	3.8
7	7	荷兰	11 050	0.6	3.4
8	8	奥地利	9 500	1.8	2.9
6	9	加拿大	9 484	-18.8	2.9
17	10	中国台湾	8 596	9.0	2.7
12	11	比利时	7 995	2.7	2.5
9	12	瑞士	6 543	3.4	2.0
25	13	韩国	5 919	44.8	1.8
14	14	瑞典	5 109	4.7	1.6
11	15	墨西哥	4 950	-7.7	1.5
21	16	西班牙	4 750	13.4	1.5
15	17	澳大利亚	4 574	5.4	1.4
16	18	挪威	4 185	6.5	1.3
24	19	新加坡	4 113	12.2	1.3
18	20	丹麦	3 778	5.4	1.2
39	21	中国	3 483	14.7	1.1
42	22	泰国	3 403	17.1	1.1
20	23	巴西	3 120	5.9	1.0
28	24	以色列	3 118	7.7	1.0
23	25	阿根廷	2 538	1.5	0.8
13	26	科威特	2 250	4.8	0.7
27	27	印度尼西亚	2 198	15.7	0.7
44	28	葡萄牙	1 819	6.7	0.6
22	28	芬兰	1 819	5.3	0.6
19	29	马来西亚	1 791	3.1	0.6
32	30	南非	1 749	4.2	0.5
30	31	爱尔兰	1 613	2.4	0.5
26	32	委内瑞拉	1 518	6.2	0.5
36	33	希腊	1 187	5.5	0.4
35	34	新西兰	1 185	7.6	0.4
58	35	印度	1 120	5.0	0.3

续表

| 排名 | | 国家 | 1995年花费 | 1995年比上年 | 1995年占总额 |
1985年	1995年	或地区	（百万美元）	增长（%）	的比例（%）
54	36	匈牙利	965	4.3	0.3
38	37	土耳其	904	4.4	0.3
41	38	捷克共和国*	864	3.8	0.3
33	39	波多黎各	814	2.1	0.3
50	40	哥伦比亚	793	4.9	0.2
		1-40名合计	310 691	7.3	96.4
		全世界合计	322 228	6.7	100.0

资料来源：世界旅游组织（WTO），1996
注：* 原为捷克斯洛伐克

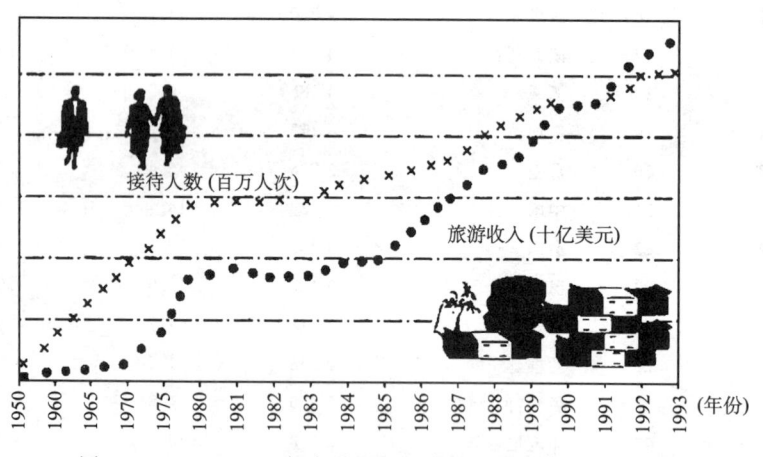

图2.1　1950—1993年全世界国际旅游人数和收入发展趋势

对于一些国家来说，旅游业是唯一最重要的外汇收入来源，例如1983年，泰国的旅游业超过大米出口成为外汇收入最多的行业。旅游业帮助西班牙在第二次世界大战后解决了经济问题。在澳大利亚出口收入方面，旅游业的比例为12.6%，低于金属矿业，但超过了其他所有行业。旅游业收入每年占澳大利亚GDP的11%，雇用劳动力占全国总劳动力的6.6%（Insight 1996）。英国旅游者人数在1992年曾达到顶峰，尽管经济衰退、英镑升值，

第二章 为什么会出现旅游和旅游业？

游客数量达到 185 万人次，旅游花费达到 79 亿英镑（约 121.8 亿美元），1991 年，旅游者数量为 171 万人次，旅游花费为 74 亿英镑（114.1 亿美元）。在英国，旅游业收入占服务出口收入的近 1/3，大于制造业等行业，如食品、汽车和飞机等。

美国旅游业的外汇收入为第一位，1992 年为 538.61 亿美元，自 1985 年至 1992 年，每年平均增长 12.05%。1981 年，旅游贸易首次达到顺差，在美国境内美元花费也很多，主要是由于美元贬值的原因。美国政府的一个主要目标是创收，并保持外汇盈余，这在 1989 年又一次实现。1992 年，旅行和旅游业对联邦、州、地方税收的贡献为 510 亿美元。但是，1995 年与 1994 年相比，仅有少数国家旅游收入下滑，美国却成为其中之一，旅游收入下降 3.4%（见表 2.2）。

表 2.2　世界前四十名国家或地区：国际旅游业收入
（不包括国际间交通）1994/1995

排名 1985	排名 1995	国家/地区	1995 年的收入（百万美元）	1995 年比上年增长（%）	1995 年占总额比例（%）
1	1	美国	58 370	−3.4	15.7
4	2	法国	27 322	6.6	7.3
2	3	意大利	27 072	13.1	7.3
3	4	西班牙	25 065	14.7	6.7
5	5	英国	17 468	15.1	4.7
6	6	奥地利	12 500	−5.0	3.4
7	7	德国	11 922	7.5	3.2
12	8	中国香港	9 075	9.1	2.4
31	9	中国（内地）	8 733	19.3	2.3
22	10	泰国	7 556	31.1	2.0
16	11	新加坡	7 550	6.8	2.0
8	12	瑞士	7 250	−4.2	1.9
9	13	加拿大	7 048	11.7	1.9
74	14	波兰	7 000	13.8	1.9
25	15	澳大利亚	6 875	15.4	1.8
10	16	墨西哥	6 070	−3.9	1.6

续表

排名 1985	排名 1995	国家/地区	1995年的收入（百万美元）	1995年比上年增长（%）	1995年占总额比例（%）
15	17	荷兰	6 050	7.8	1.6
34	18	韩国	5 579	46.6	1.5
14	19	比利时	5 250	1.3	1.4
42	20	印度尼西亚	5 233	9.4	1.4
18	21	土耳其	5 021	16.2	1.3
23	22	葡萄牙	4 500	10.1	1.2
27	23	阿根廷	4 306	8.5	1.2
19	24	希腊	4 150	6.3	1.1
37	25	马来西亚	3 500	9.8	0.9
32	26	中国台湾	3 350	9.0	0.9
20	27	丹麦	3 350	5.5	0.9
23	28	日本	3 250	-6.5	0.9
21	28	瑞典	2 930	3.7	0.8
30	29	印度	2 754	21.6	0.7
33	30	埃及	2 700	95.1	0.7
24	31	以色列	2 554	12.7	0.7
-	32	中国澳门	2 500	-7.0	0.7
55	33	捷克共和国*	2 497	27.0	0.7
36	34	挪威	2 385	10.6	0.6
29	35	菲律宾	2 340	2.5	0.6
50	36	塞浦路斯	1 850	8.8	0.5
35	37	波多黎各	1 824	5.0	0.5
41	38	爱尔兰	1 800	2.0	0.5
45	39	南非	1 595	12.0	0.4
57	40	匈牙利	1 575	10.3	0.4
		1-40名合计	329 869	7.6	88.5
		全世界合计	372 585	7.5	100.0

资料来源：世界旅游组织（WTO），1996

注：*原为捷克斯洛伐克

与其他产业不同，旅游业是一个增长型产业，这对政府有很大的吸引力。发达国家的传统产业，例如钢铁、煤炭、纺织、机械和汽车制造等产业的发展都处于下降趋势，在其他国家，基本商品、矿产、农业也已经出现下滑。旅游业依旧处于增长态势，特别是在东南亚。

表 2.3　亚洲的国际出境旅游者

	1993 年（百万人次）（上半年）	1993 年比上年增长（%）	在总人口中的比例（%）1991 年	在总人口中的比例（%）1992 年
韩国	1.1	10.3	4.3	4.7
新加坡	1.0	16.3	45.6	68.9
中国台湾	2.3	12.5	16.7	20.8
泰国	0.72	25.2	1.8	2.2
中国香港	1.2	16.3	35.3	38.4
日本	5.5	5.4	8.6	9.6

新兴富裕国家的人民开始到国外旅游，虽然人数占总人口的比例很小，但呈现出市场潜力。国际旅游业成本的下降、宽体喷气式飞机和包价旅游的发展也促进了市场需求。旅游产品供给也随之增多，包括远距离的目的地和更加多样的度假产品。政府——例如在远东和太平洋岛屿——渴望吸引更多数量的欧洲旅游者。来自海外市场的持续竞争给国家和当地政府增加了很大压力，促使它们提高旅游产品的质量和供给量。

国内旅游业

国际旅游展示了此行业的魅力，但事实上，国内旅游是增加收入的主要来源。在美国，国内旅游的比例为 90%，特别是在夏威夷、佛罗里达、内华达州。在美国，旅游业是第三大零售业，在 46 个州属于前三大税收来源。旅游业的直接收入（例如住宿和销售税、个人和企业收入税、酒精和娱乐税以及到野营公园、高速路和其他场所的相关费用等）对于美国州和当地政府经济来说非常重要。英国 1990 年在旅游业的花费为 250 亿英镑，国内旅游者花费为 105 亿英镑，一日游旅行者花费为 52 亿英镑。如此多的旅游花费对于当地经济有重要意义，一些城镇和城市吸引了 53% 的国内旅行者，但只获得了 45% 的国内旅游花费。因此，当地政府之间也存在竞争，都希望吸引更多旅游者到自己的管辖区域。国内旅游业在澳大利亚也非常重要：1991—1992年，国内旅游花费为181.4亿澳元，澳大利亚总的旅游花费为166亿澳元。

就业

政府和公共部门认为旅游业可以广泛提供就业机会，特别是在经济衰退时期其他行业发展速度下降的时候。旅游业是劳动密集型行业，在提供就业方面有重要作用，部分工作需要高技能人才，但更多工作需要的是低技能的人员。在较贫困地区，旅游业提供的工作岗位数量较多。失业率主要是政治问题，影响到政府的受欢迎程度和选举。

1985年，英国撒切尔政府认识到这一点，并重组了对旅游业进行管理的政治机构和公共部门管理机构，将最重要的大臣和旅游业管理职能从贸易和工业部移到就业部。1990年，将近150万个工作岗位与旅游业直接相关，占总就业岗位的7%。1980—1990年，就业增长了26%。1996年，澳大利亚旅游业提供了50万~60万个工作岗位，每年都增加更多的新的旅游相关工作岗位。在所有国家，政府认为旅游业的重要性不仅体现在提供就业，还体现在促进较贫困地区的经济发展以及缩小地区发展差距方面。

投资

政府支持旅游业发展的另外一个原因是无论国内还是国际旅游业都可以吸引投资，这将刺激经济发展。外国投资是非常重要的，特别是对于发展中国家以及国内投资者不愿意投资本国旅游业的一些国家。外国投资可以加速发展，提高行业标准，带来新的理念、技术、交流和市场等。与其他投资不同，旅游投资只能在国家范围内，饭店不可能像其他产品一样可以移动。澳大利亚的外国旅游投资仅次于房地产投资，位居第二。1985—1989年，外国旅游投资总额为95.21亿澳元，在这三年间直到1992年，来自日本的投资占许可投资额的70%。在其他地区如夏威夷，日本也是较大的旅游投资商。

对于旅游开发和外国投资所导致的经济和其他方面的影响，也存在一些批评。批评者还认为政府对旅游业缺乏必要的行政管理，也没有清晰的旅游政策。有人认为，旅游业的经济收益实际很少，但纳税人却通过提供基础设施，如公路、下水道、供水系统和机场等资助旅游业。对于当地居民而言，外国投资推高了土地成本、劳动力和商品的价格，但是利润却流向他国。外国人主导或控制着当地资源和行业，但服务的主要对象为外国人，并使用从外国进口的劳动力和商品。外国人可以获得廉价资本，所以在竞价方面比本地投资者有优势。这也是政府仔细评估旅游业成本收益的原因之一，并通过专门组织控制和监管外国投资，例如澳大利亚政府的外国投资审查委员会。

小结

世界旅游组织对旅游给出的在国际范围使用的定义，有助于公共部门管理。只有在历史和经济背景的基础上，才能真正理解旅游业。过去有影响力的因素在今天依旧影响着旅游业。很早以前，政府就已经参与到游客或旅游业管理中。为了提高收入，履行在安全和健康等方面的公共责任，政府介入了旅游业。旅游业对经济的重要影响使政府提供资助以帮助私人经营者进行市场营销，但同时也进行了更多的公共管理。私人经营者的创新精神促进了旅游业的发展。

旅游业在经济方面逐渐显现出重要性，特别是第二次世界大战后，政府也逐渐认识到这一点。旅游业也被认为可以带动就业、投资和地区开发，刺激全面经济发展。

在之后的章节中，将讨论政府如何管理历史和经济发展。第三章将讨论公共部门管理。

建议阅读材料

Ball, A. (1991) *The Economics of Travel and Tourism*, Melbourne: Longman Cheshire.

Burkart, A. J. and Medlik, S. (1981) 2nd edn, *Tourism: Past, Present and Future*, London: Heinemann. (本书包括有用的旅游历史知识内容)

Holloway, J. (1994) 4th edn, *The Business of Tourism*, London: Pitman. (书中设有历史、经济和行业、公共管理专门章节)

Mathieson, A. R. and Wall, G. (1982) *Tourism: Economic, Physical and Scocial Impacts*, London: Longman.

Swinglehurst, E. (1982) *Cook's Tours: The Story of Popular Travel*, Dorset England: Blandford Press. (本书是世界著名旅游公司的发展史案例)

Turner, L. and Ash, J. (1976) *The Golden Hordes: International Tourism and the Pleasure Periphery*, New York: St Martin's Press. (可读性很强,涉及面广,是一本很好的历史书)

Towner, J. (1994) *A Historical Geography of Recreation and Tourism*, London: Belhaven Press.

第三章 公共部门管理和旅游业

本章主要阐述：
- 公共部门及其相关环境；
- 公共部门管理的原则；
- 韦伯理想的官僚机构类型；
- 旅游业公共部门管理中的重要因素；
- 实践中发生了什么以及近期变化。

"公共部门"一词包括所有的公共组织，从国家政府部门和政府商业企业到当地政府旅游部门。公共部门与旅游业一样，也是非常复杂，类型多种多样，且相互之间有复杂的关系。本研究中，公共部门管理与传统的"公共行政管理"类似，应用于整个公共部门、国家、州、地方政府的管理或行政。可以对这两个词语和"官僚机构"下很多种定义。管理所强调的侧重点不同，定义也会随之不同。定义都是围绕着公共部门的功能，围绕着满足公共利益需求的责任，以此实现公共目标（Dunsire 1973；Hughes 1994；Wilson 1998）。

公共管理的范围最广，它包含旅游业管理，而旅游业是一个充满多样性的产业和活动。公务员都是直接为政府服务的官员，立法机构的官员，例如国家旅游委员会的官员不是公务员，而是公共部门中的某一类型的组织聘用的公共人员。公共人员或公务员都对旅游业负有责任，都属于公共部门管理的一部分。在旅游业方面，公共管理选择更传统的行政型手段还是选择管理型手段取决于权力和政治因素以及现行的管理趋势。麦金托什（McIntosh）等认为：

> 管理型手段是非常适合于微观经济的，它关注于运营旅游企业所必需的管理活动，例如规划、研究、定价、广告、控制等。产品在变化，机构在变化，社会在变化，这意味着管理目标和程序也必须随着变化，以适应旅游环境的转变。

（1995：17）

本研究广泛关注于公共部门管理的责任和活动。管理者都试图达到旅游目标，满足市场需求，但是他们不仅仅服务于市场，而是服务于全社会，并且应当遵守公共部门管理的原则。图 3.1 说明了旅游管理的复杂性。管理者必须在政治和行业环境中管理，需要考虑各种权力关系以及正式和非正式的因素。

原因：政治环境和原则

环境

政府在政治体系中是权力的拥有者，有责任制定政策、政策指南。公共部门管理必须在政府设定的宪法、法律和政治环境体系中运行。

第一，政府强调的是机构和管理过程，解决制定和执行与社会成员利益相关的问题（Stewart and Ward 1996：2）。

公共部门的责任是管理相关组织以实现政府目标，公共部门也参与制定和贯彻公共政策。

第二，公共政策是"一个或很多参与者有目的地在一个问题或关注点方面做出行动的过程"（Anderson 1984：3）。

必须在国际、国内或当地政府层面的政治体系内实行管理。要在相关的政治体系内做出旅游业的有关决策。政治体系可以是自由主义的、民主的或极权主义的，可能是左派，也可能是右派。但是在实践中，所有类型的政治体系都支持或资助旅游业。政治体系中主导的理念、哲学信仰和价值观将决定政府介入经济体系的程度、私有部门的角色，以及对旅游业的支持和资助

第三章 公共部门管理和旅游业

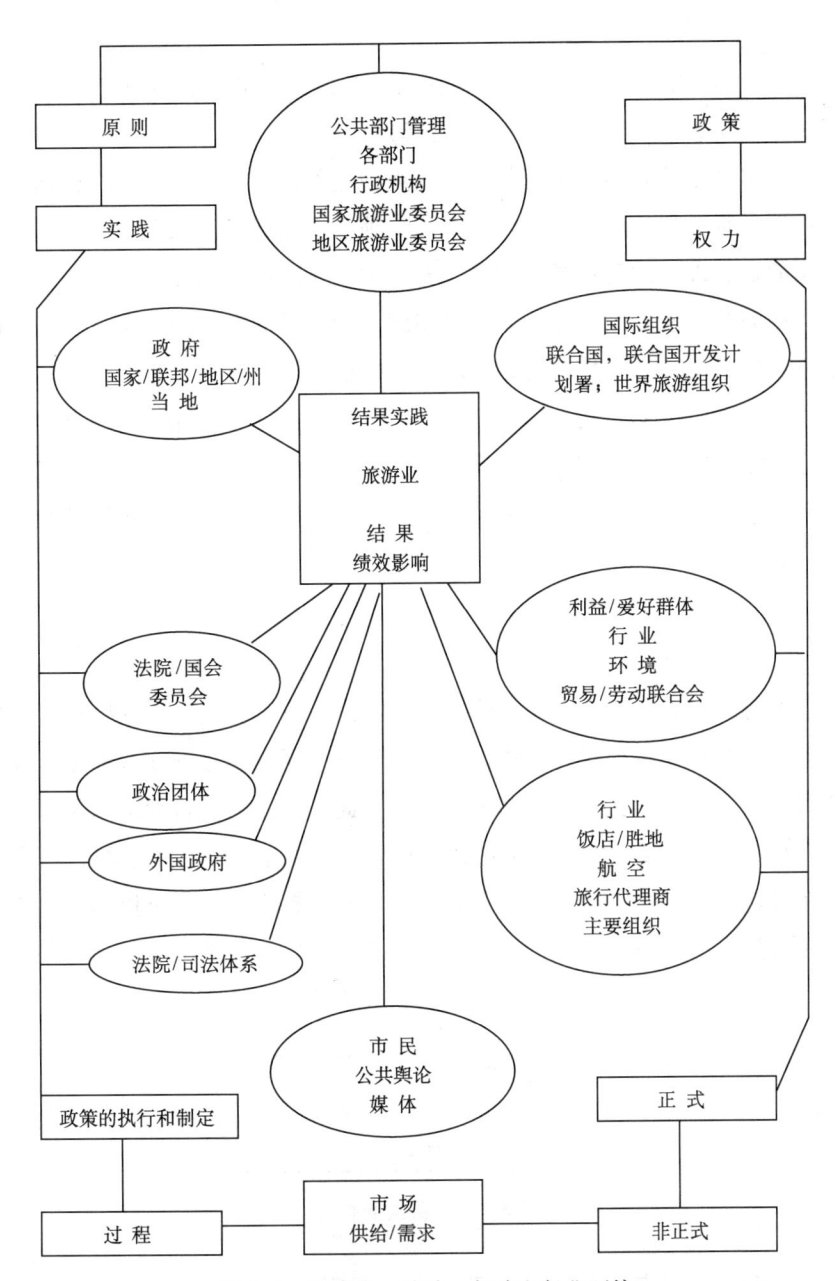

图 3.1 旅游业：政治、行政和行业环境

程度等。

第三,"政治体系是指任何一种持续的达到某种程度的关于权力、原则或权威的人类关系类型"(Dahl 1970:6)。

政治体系中的政客们渴望权力,这将使他们的投入充满活力,但同时也是非理性且暂时的,因为在任何情况下,他们都会保留或需要权力。与之形成对比的是,理想的管理是理性的、持久的、正式的、高效的。但是,在实践中,如同政治家之间一样,管理和组织中的政治导致权力斗争。在任何政治或行政体系中,权力拥有者都是非常重要的,因为:

第四,"权力可以战胜对抗,可以改变其他人的行为,阻止他们得到他们想得到的。权力决定谁在什么时候以什么方式得到什么"(Lasswell 1951:287)。

公共管理部门在旅游业中有类似的权力,决定谁在什么时候以什么方式得到什么。

原则

公共部门管理也参与到政治体系和社会中,因为要遵守一些基本的原则,政府也有责任贯彻执行原则。理论上,这些原则是标准化的原则,都应当得到贯彻执行,但在实践中却往往不是如此。原则的执行程度以及如何解释原则将取决于现实的国家政治文化和政府。原则是相互联系的,在实践中,有时也会互相冲突,但是,是否可以成功地解决冲突也可以用来检验管理者是否是好的管理者。原则的贯彻执行和强化以及保护国家的道德基础是政府和公共管理者的责任。本研究应用了五项基本原则。

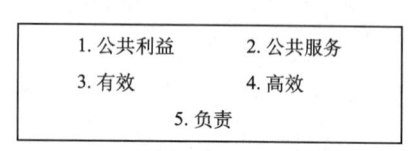

```
1. 公共利益      2. 公共服务
3. 有效          4. 高效
       5. 负责
```

图 3.2　五项基本原则

公共利益,或者公共产品,是一个主要原则。管理的目的是保护公共利益而不是某一个私人利益、特殊政治利益或商业利益,这是公共部门管理者的一个基本责任。他们必须在政治和行政体系理想的基础上努力达到组织

第三章 公共部门管理和旅游业

的目标，兼顾民主、公开和平等。公共部门管理目标包括与社区相关的民生目标。永远首先考虑公共需求，而不是私人需求。另一方面，私有部门管理者不断回应需求，努力达到私有部门的目标。旅游业中私有部门的管理者仅需要关注本公司的利益。与之相比，公共部门管理者的责任范围广泛得多，是整个社会，而不仅是他们各自的组织或旅游业。公共部门中关于责任的正式的流程、规定和体系是为了确保公共管理者行为符合公共利益，保证管理者不会滥用手中的职权。

准确了解什么是公共利益或者哪个公共部门应该有什么权限并非易事。但是，公共部门却要在立法、政府政策和目标、可接受的国际和国家价值观的背景下管理。在客观、完整、公平以及正确程序的标准之外，还有法律规则以及法律的正当程序，为了符合公共利益，必须使管理者在非常公开的政策制定体系中，征求公众的意见，并鼓励他们参与政策领域，例如旅游开发。

公共部门可能支持私人开发者开发旅游胜地，但是首要任务是为公众服务，保证国家和地方层面的公共利益。支持开发旅游地在经济上可能与公共利益不相矛盾，但是管理者需要考虑到非经济成本。理想的情况是公共和私有部门共同合作，共同为公共和私有部门利益服务。在政治和行政体系中，需要注意的是，部门利益不能代替公共或国家利益。

第二个基本原则——*公共服务*——与公共利益原则相关，但是更具体、更具有导向性。它要求管理者积极采取行动以满足社会的需求，提供必要的公共服务。此原则说明管理者的基本角色是服务人民，这应该是他们管理旅游业的基础。服务是为了公众的利益而管理组织，达到公共目标，应用规则。公共部门不仅有责任达到经济目标，满足市场需求，也有责任达到社会目标，实现社会公正和公平。在美国，威尔逊（Wilson 1989：132）指出，"在很多政府机构管理中，平等比高效更加重要。"他也讨论了公共机构在实现公共服务目标的同时，所面临的多样性约束。相比来说私人经营者的基本目标视角要窄得多，仅为提高收益和投资回报。如果公共服务要做出承诺的话，那么更多的是要求财富的公平分配，而不是个别群体或个人创造财富。一种不同的价值体系可以应用于公共部门管理，将约束置于行为之上。应该采取行动反对不公平的开发。管理者应用权力以服务人民，例如保护那些无法保护自己的社区，如遭遇旅游开发威胁的土著社区。虽然，管理者也是为薪酬而工作，但在公共部门管理层面，他们至少应该对所服务的社区有所贡献。旅游业的驱动力是经济利益而不是公共利益，但公共利益却是公共管理部门的一个驱动力。管理者要积极地限制无边界的自由市场，以免浪费公共资源或者出现更多的贫困人口。在国家政治和行政文化的背景下，政府和公共部门管理要将所有的原则在实践中进一步阐释。公共服务领域的管理程度将取决于政治形态和权力价值观，受社会和政策领域方面的利益、争辩和矛盾的影响。

第三个原则是*有效*，即要实现相关组织目标。这是公共部门管理的首要责任，可以检验公共部门管理的有效性。如果没有达到目标，管理者或组织的竞争力和价值将被质疑，除非目标本身设计得不现实或很难达到。最有效的政策是可以实现所有目标的政策。管理者必须确保他们持续关注正式目标，正式目标不能被非正式的个人目标所取代。他们也应该保证组织管理工作本身并未导致对实现组织目标的忽略。旅游业需要有效的公共部门管理，一方面缘于其在经济上的重要性，另一方面也因为它潜在的破坏力。

第四个原则*高效*是指公共花费获得最大可能的价值回报。高效是指在相关成本或投入的基础上，获得最大化的产出，有效是指整体目标被完成的程度（Chapman 1988：60）。如同任何私有部门一样，公共部门应当是有效率的，应该以可能的最低成本获得最大化的产出。公共部门经常被指责浪费公共资金。公共部门管理必须保证高效，并且确保这些指责是没有依据的。组织在指挥和控制其组织、资源、财力和人员等方面，必须是高效率的。

第五个基本原则*负责*是公共部门运行的最重要原则之一，可以强化以上提到的四个基本原则。它涵盖公共部门管理的责任，包括行为、绩效和财务。

> 负责是防止职权滥用的基本先决条件，保证权力在最大可能的高效、有效、客观、慎重的程度上被使用，以实现公众广泛接受的目标。
>
> （Canada 1979：21）

在负责的理念中包括控制、指挥、回应性和评估的职能，各部部长和相关责任人要向公众和选举的代表人保证他们要完成的工作。管理活动要对很多主体负责，包括部长、政府、议会、公众、媒体、公共部门多样的财务和控制体系，例如审计长。传统上来说，就公共部门管理行为而言，需要向议会或人民负责的是部长或政府，当然，直接负责的管理者也需向议会或人民负责。这种负责可以在等级体系中实现，等级体系中的管理者要对上级管理者负责，像在韦伯式官僚体系中那样。

谁：多重性和多样性

一系列公共部门直接和间接参与旅游管理，这些部门来自各个层面的政府，包括国家、州、地区和当地等。议会和法院也可以作为公共部门，公共部门管理者或者对部长管辖的政府部门负责，或者对机构负责（机构对部长负责）。其他部门也很复杂，包括受指定的委员会管辖或全职领导者指挥的执行机构，也包括管理和营销委员会以及政府商业企业。在旅游业，很容易确认是哪个公共行政委员会代表政府对旅游业进行管理和营销。一些政府企业可能采取公司形式，例如国家所有的航空公司。在地方政府层面，某个地方音乐厅或公园可能由某部门或当地参议会官员管理。因此，公共部门管理者代表政府、议会、人民以及旅游产业管理与旅游业相关的多样化组织。这种多样性近年来在英国的表现如下：

旅游业包含多种多样的经济活动，主要是在服务领域。贸易和行业大臣只对一些部门的活动负责——基本的饭店和餐饮业，以及个人所有的旅游吸引物和旅行代理商，虽然他也对其他部门负有责任，如从旅游业获益的非食品零售贸易部门。与旅游业直接相关的部门是环境部（规划和土地使用、当地政府、内城、环境保护、体育休闲、历史建筑和古建筑），交通部（航空、轮船、公路、铁路、路标），艺术和图书馆（博物馆、美术馆），教育科学部、就业部（关于旅游从业人员的教育和培训），农业、渔业和食品部（酒馆、餐厅、食品零售、开发农业旅游的建议）。直接影响旅游业的还包括：内务部（酒精许可、商店营业时间、防火规定）的常规活动；财政政策（财政部）；当地行政机构的控制，如停车、垃圾、旅游吸引物的提供、管理和控制（包括野营地、码头、博物馆、艺术馆和历史建筑等）。

(UK, Commons 1985, HC 106; Memorandum from Department of Trade and Industry)

如何：正式的、非正式的和变化
韦伯理想模型

> **专栏 3.1　韦伯理想模型：特征或规则**
>
> 1. 成员就个人而论是自由的，只遵守机构中非个人的责任。
> 2. 有清晰的机构等级。
> 3. 机构的职能表述很清晰。
> 4. 任命官员有相关的合同。
> 5. 选择官员的基础为专业资格，理想的证明是通过考试获得的证书。
> 6. 他们有薪金和退休金，根据职位的不同薪金数量有所不同。官员可以辞职，但在某些特殊情况下不可以。
> 7. 官员的职位是他的唯一或主要职业。
> 8. 有职业结构，根据领导者的判断，下属的专业或优点都可能成为提拔的依据。
> 9. 官员不能滥用职权。
> 10. 官员要遵守统一的控制和规则体系。

官僚机构研究领域最著名的专家之一马克斯·韦伯（Max Weber）在合法的行政体系基础上建立了理想的管理模型，现今大多数现代公共部门管理体系还包含其模型中的某些内容。他相信这种模型——一种合理的行政管理模式——必然要得以应用，将会创造连续、精细、秩序、严格和可靠。选举的代表通过利用官僚机构满足公共利益并提供公共产品。

这些特征对于实现有效和高效的公共部门管理也是重要的。管理功能是持续性的，管理者要在既定的规则下进行具体的工作。工作需要培训和技能。机构的设立以科层机构为基础，在组织内每个官员都要对其上一级管理者负责。管理者不能以获取其个人利益为目的而利用职权或组织资源。公共部门管理更多是建立在书面文件上，因为其公共性质和负责机制。官僚体系被认为更有效率，因为其特征，也因为其给予组织理性和连续性。韦伯官僚体系也有一些缺点，如太刻板、过分强调规则、忽视可能对旅游业造成负面影响的非正式因素。也关注如何控制官僚权力。韦伯的官僚体系对于分析旅游管理也是一种有用的标准化工具。

政策、控制和非正式因素

在实践中，韦伯理想模型下，公共部门管理的方式可能有很大不同。理性的行为和遵守规则不都是标准，这些行为和规则有时也会影响到公共和旅游者利益。标准化的规则用来指导和控制公共部门管理行为，但是也有其他更有影响力的因素在起作用。这些因素可能很少或从未出现在私有部门管理中。

政治

公共和私有部门之间一个最大的不同点是公共部门管理所处的政治环境。因为管理者是公共官员，因此他们最大限度地对部长负责。管理者必须完成的目标及所执行的政策通常由政府和部长确定，但这些目标和政策有时是不清晰的，甚至是矛盾的。要首先考虑政治，而不是合理的政策和一致性。凯登（Caiden 1991：30）强调说："在公共部门，政治意义经常践踏管理意义。长期的管理目标在实践中可能被短期的政治考虑所取代，但是管理者必须服从合法的政治领导者以及民主体系的要求。通过举报人（whistle-blower）立法，可以减少政治腐败，关注公共部门管理目标。在政治领域，与部长和政治领导人的公开亮相相比，管理者更希望是匿名的。此外，也有公共组织政治，管理者参与到政治斗争中去'决定'谁在什么时候以什么方式得到什么利益"（Lasswell 1951：287）。

控制

公共利益、区域利益和公共预期中也包含着控制和制约，要遵守某些规则。例如，管理者应该支持社会公平、遵守平等规则，遵守法律和官方的正式规则和规定。程序和长期流程也作为一种控制工具，可能与社会公平、市场需求相冲突。公共部门管理方面运用的控制和限制与私有部门管理者相比，力度更强，范围更广。管理者必须在强调负责的过程和环境中进行相关管理，由于这种控制体系，导致在政策调整方面，公共部门不能像私有部门那样具有弹性。财务、人事以及决策方面的弹性更小。与私有部门相比，公共部门的预算和人员配额更加固定。管理者必须关注公众、媒体、利益集团的意见，如果可能，修正他们自己的行为。在旅游地开发中，公共部门需要当地居民最大可能地参与政策制定，即使这样可能会影响到管理的有效性和高效性。

非正式因素

管理者永远都不应该忘记非正式因素的作用。非正式因素可以促进或阻碍任何一个组织的工作，或政治和政策体系。这些因素可以包括与公共利益不同的个人或组织的利益，以及道德伦理、群体忠诚、雄心勃勃、生存本能、独立王国和保守秘密等。这些使管理者的工作和实现目标更加困难，导致内部冲突和目标转移。在实践中，管理者可以将正式的旅游业目标转化为非正式的、建立自身权力的个人目标。管理者面临的压力或者组织的企业文化可以鼓励管理者忽视正式的目标，将过多的时间放在管理组织上，过少的时间放在实现组织的正式目标上。过多的时间放在人员管理以及保护部门利益上。可能会出现这种情况，一个正式的需求要求旅游业快速决策，但是大部分时间耗费在文案工作、会议、正式的程序和非正式的咨询上，使得决策非常缓慢。为了获得旅游业有效管理，公共管理者不能完全依赖于正式的因素，要最大限度地利用非正式因素。

变化

公共部门管理经常会有变化，尤其是引入了所谓的"管理主义"后，近年来经历了巨大的变化。从私有部门引入很多新举措，引入者相信这将使公共部门更加有效率。成本控制已经成为主要的目标，同时也开始强调有效和高效。管理者有更多的自由，依据其工作业绩确定其工作岗位。这种理念的引入是为了尝试最大可能地像私有部门那样管理公共机构，以应对市场需求，并且适用使用者付费原则。希望公共旅游市场机构能够就其提供的服务向使用者收取费用。希望组织能够以商业的方式运营，以回应竞争并实现可测度的目标。如果可能的话，公共部门，或者他们的一些活动，已经私有化，所以传统的公共部门已经很少，如政府航空公司和饭店已经私有化。国家对经济干预的范围已经有很大缩减。政府旅游部门将主要制定政策，贯彻政策和进行市场营销将主要由私有部门和当地政府负责。右翼政党很大程度上推动了管理主义。同时，社会主义者的说服也对提高经济绩效，减少公共部门的成本支出起了作用。这是国际趋势，旨在利用现代管理技术。旅游业和公共部门管理无法离开政治和管理的潮流。

专栏3.2为旅游业公共部门管理实践提供了指引，可以用于分析管理者的现实行为。

专栏3.2　旅游业公共部门管理实践指引

为什么：

1. 从经济层面和政治层面来说，旅游业对于政府都非常重要，管理者已认识到这一点，并提供了必要支持。旅游业无法离开公共部门的协助而发展。
2. 管理者需要意识到旅游业不仅会产生经济影响，同时对社会也产生积极和消极的影响。旅游业，特别是开发，将会产生广泛的影响，甚至是有争议的；因此，管理者需要多加考虑地贯彻和执行政策。政府所有层面的管理者都应该广泛听取社区的意见。
3. 管理者有责任贯彻规则和政策，有责任有效管理公共资源，保证不同的成本和收益之间的平衡，以及公共投资的合理回报。
4. 管理者应该认识到只有产业可以为有竞争力的旅游业提供品质保证。

谁：

5. 旅游业公共管理很大程度上需要自由和弹性。关于建立自主的公共机构有很好的案例证明。
6. 类似的机构不在国家国民服务机构之列，允许任命在市场营销和其他专业领域的专家员工，允许在持续的、有规则的基础上管理。
7. 地方政府的管理是至关重要的，因为地方通常是旅游业影响直接触及到的。

如何：

8. 旅游业是多种多样的，公共和私有部门也是数量众多且多种多样的；因此旅游业公共部门管理必须有高效的交流、合作和协作，广泛接受不同的意见和建议，同时避免重复和不经济的竞争。
9. 由于不同部门和组织间的相互依赖，管理者必须有能力保证获得信任，建立良好的关系，担任不同组织之间的桥梁。

10. 管理者应该有能力得到政治和社区领导人对旅游业开发的支持，在多个领域内开发，而不是仅限于物质的或土地使用开发。
11. 管理者应该如同刺激者或催化剂。
12. 管理者应该有能力管理长期和短期的政治项目和各个层面政府的公共旅游业组织。他们应该有这种考虑，以便在国家目标的背景下管理旅游业目标。
13. 管理者应该意识到旅游业包括政治、权利和冲突。

什么：行业

14. 管理者应该不仅可以管理公共部门官员，而且也要管理私有部门管理者，适应不同主体的环境。管理者要准备阻止或解决两种部门之间的冲突。
15. 旅游业时刻充满了竞争和变化，管理者需要对此知晓，以便灵活快速地反应，有针对性地进行相关管理。
16. 管理者应该确保行业能在不损害公共利益的前提下最大程度地自由应对市场需求。公共部门不能过于刻板和受规章限制，但是要满足行业需求，使行业需求与社会需求相平衡。

什么：控制

17. 管理者应该认可控制是公共管理的一个重要责任。
18. 由于旅游业依赖公共部门的支持，以及在发展旅游时的特殊请托或腐败。管理者应该始终保持正直诚信。
19. 管理者应该接受旅游业的影响是检测管理绩效的关键。

小结

公共部门管理是复杂的活动，运行的环境中有政府、公共政策、公共体系和权力。同时，它也与很多原则有关，包括公共利益、公共服务、有效、高效和负责任等。

在多样化的组织中，一些组织尝试遵循合理的韦伯模型，但是必须应对政治的不合理、多样的控制和非正式因素。管理如同旅游业一样充满了变化，不仅仅是在引入新的公共部门管理或管理主义之后。在实践中发生的通常是最重要的，对此文中提供了一种指引。之后的章节利用"为什么、谁、如何、什么"的原则和框架分析了实践和绩效。

第三章　公共部门管理和旅游业

建议阅读材料

关于公共部门管理（PSM）/公共管理和公共政策，有参考价值的期刊包括 *The Australian Journal of Public Administration*、*Public Administration*（英国）以及 *Public Administration Review*（美国）。

Annals of Tourism Research（1983）Specialissue on Political Science and Tourism. vol. 10, no. 3.

Hall, C. M.（1994）*Tourism and Politics: Policy, Power and Place*, Chichester, England: John Wiley.（一本出色的旅游政治概论图书）

Hennessy, P.（1989）*Whitehall*, London: Fontana Press.（一本可读性很强的关于英国公共管理和政治的读物）

Hughes, O. E.（1994）*Public Management and Administration: An Introdution*, London: Macmillan.（设有专门章节介绍新公共管理、公共政策和公共企业）

Peters, B. G.（1995）4th edn, The Politics of Bureaucracy, White Plains, NY: Longman.（关于公共管理结构的分析讨论）

Richter, L. K.（1985）'State-sponsored tourism: a growth field for public administration?' *Public Administration Review* 45, 6: 832-839.

Stewart, R. G. and Ward, I.（1996）2nd edn, Political One, South Melbourne: Macmillan.（一本关于澳大利亚政治、管理和政策制定的教科书）

Wilson, J.（1989）Bureaucracy, New York: Basic Books.（一本优秀的美国官僚机构和政治教材）

第四章 中央管理：政策规划

本章主要阐述：
- 为什么中央政府参与旅游业管理；
- 谁是参与者，或者说什么机构参与了旅游业，包括内阁、部长、部和政策社团；
- 如何管理旅游业政策制定体系；
- 单一制国家的结果是什么：英国。

在国家范围内如果要统一、协调或开发，那么中央管理是非常必要的，因为权力集中在中央。现代社会的特征和复杂性要求中央进行有效和高效的管理，而不应仅限于制定政策。全职的专业管理者（公务员或公共官员）有责任进行相关管理，但是选举出来的国家和州政府政治领导人应承担最终责任。从历史中可以看出，旅游业的发展离不开政府的支持，离不开政府提供的服务以及对服务的管理。

英国旅游协会（British Tourism Society 1989）曾发表言论："成功的旅游业依赖于在国家政策和合作的框架下，有效执行一些必要的政府行为，虽然目前在此方面英国做得还不够，但将体现在现行立法中。"

英国政府已经一致认可了公共部门的执行作用，但这更多地体现在为旅游业提供支持性的环境方面，而不是作为来自中央的主要领导者。

第四章　中央管理：政策规划

为什么：责任、政治理念和目标

国家和州政府有必要参与一些行业管理如旅游业管理，以实现公共目标，促进这些行业的发展和繁荣。只有这些合法且有权力的政府才能建立必要的国家目标和政策，领导和控制很多不同的旅游组织实体。这些政府有责任也有资源来执行这些职能。政府的工作是提供一个旅游业发展的框架，如同其他行业框架一样，在此框架中企业可以繁荣发展（UK, Department of Employment and Central Office of Information, *Tourism in UK* 1992：5）。

作为中央政策制定机构，国家和州政府有权决定其成员应该符合什么规定，他们的责任通过政治理念得到诠释，并进一步形成目标。

责任

每个政府都有其一系列责任和权限，在此方面可以反映出国家和政治方面的文化以及随着时间的推移对责任理解的变化。公共部门管理的职能是管理一个体系，以此完成其担负的责任。

稳定和安全

政府的一个基本责任是保证国家安全。政府必须提供所需要的基本法律和规则。没有稳定就没有旅游业的发展。如果社会动荡，旅游业就会急剧下滑，例如埃及、斐济、菲律宾和斯里兰卡等国家。布里顿（Britton 1983：3）认为目的地必须是可进入的，政治和社会必须是稳定的。斐济经历了1987年政变和之后的政治骚乱之后，旅游者数量急剧下降。政府认为和平和秩序对于吸引旅游者来说非常必要，1992年斐济旅游部声明，一切都已恢复，近期的选举将带来民主和稳定。斯里兰卡虽然很贫穷，但是其岛屿非常漂亮，在20世纪70年代建立了成功的旅游行业，从1976年起年均增长比例为24%，1982年旅游者达到40.7万人次。从1983年起，由于泰米尔猛虎组织，政府已无力保证稳定。直到1987年，旅游者也只有18万人次。在20世纪90年代，暴力冲突的减少和良好的经营管理使旅游者人数增长，1991年，旅游者人数达到31.7万人次。欧洲旅游业管理体系有能力应对

1986年恐怖主义者对欧洲的威胁，以及1991年海湾战争对旅游业的毁灭性影响，但在1986年的恐怖主义威胁中，美国旅游者人数大幅度下降。

政府必须提供稳定的管理体系、政治和控制体系，以帮助旅游业的生存和发展，甚至是在如同美国自由企业一样有实力的体系中。一个美国作家这样描述："为了规划如此多样化和动态的产业并提供有序的市场秩序，有必要制定政策以帮助在复杂行业中做决策。"（Edgell 1990：7）

生活标准

帮助提高人们生活标准的责任主要来源于经济发展。这需要积极地与长期发展而不仅仅是短期增长相平衡。由于旅游业是世界发展最快的行业之一，而其他行业的发展处于下降趋势，可以说政府有责任鼓励旅游业开发。英国负责旅游业的大臣曾说过："如果一个产业影响广泛、增长飞快且有巨大的潜力，那么政府往往忽视它的危险。"（UK Employment Secretary April 1991）政府通常优先考虑经济增长。公共服务规则表明将在不同的群体和地区中，对社会资源进行平均分配。这一目标可以由旅游业协助实现，因为旅游业在较贫困的地区带动了经济发展。

政府责任包括为人民提供社会必要条件、健康和福利。要保护国家资源，包括自然风景区、历史遗址等。应该尝试根除贫穷，例如泰国和越南正在通过发展旅游业摆脱贫穷。政府还有责任保护那些无力保护自己的群体，如穷人、儿童、残疾人、土著居民以及贫穷的乡村社区，他们缺少知识、教育，处于危险中。要避免错误的旅游发展方式，避免给这些需要保护的群体带来疾病、剥削。"儿童卖淫在一些国家很流行，例如在泰国，政府忽视此问题的一个原因是希望获得外汇。"（*The Australian* 26 October 1992：7）

在人权以及如建立在奴役基础上的童工和堕胎等问题上，政府必须应用宪法、土地法以及国际法等。在实践中，政府的国家和社会经济责任也是地位较高的公共管理者的责任。这些管理者有能力和责任结合国家和国际利益或者国家公共利益制定旅游业政策。他们应该有能力评估政策，不仅仅结合短期的经济或政治回报，而是要利用社会和道德标准考虑范围更广、时间更长的目标。旅游业不仅仅是经济活动和获取利益，也与人类发展和国际交流有关。

第四章　中央管理：政策规划

政治理念

管理者管理的基础是政府的政治理念和政治哲学。政府的政治理念非常重要，因为它可以决定是否支持旅游业发展以及提供多少财力支持；可以设定旅游业类型，以及决定政府参与的性质和范围。通常情况下，政治理念反映了国家的政治文化和政党理念。

当政府的政治理念影响管理角色时，政府在制定政策过程中将考虑国家行政文化。在美国，从历史上来说，相对于私有部门或者单个公民来说，政治理念和文化对公共部门的作用较小。例如，与其他国家相关机构相比，美国旅行和旅游管理局的作用是非常有限的。在实践中，偏左和偏右的政治哲学的应用可以很类似，如不同政府都扮演了干预者的角色。例如，1989年之前，澳大利亚昆士兰州右翼政府一直高度干预旅游业发展，如同古巴的社会主义政府一样。对于这些政府来说，除了政治方面的考虑外，他们的干预也具有经济目标。

所有的政府必须在最大程度上意识到市场经济。右翼政府例如撒切尔政府将市场经济作为基本的政治理念，也就是撒切尔主义。在这种政治理念下，政府从旅游业中尽可能地收缩，然后将产业留给市场。例如，里根总统希望从美国旅行和旅游管理局（USTTA）收回权力并将之取消。用者付费原则强化了市场意识。这种政治理念在实践中的体现如1992年，瑞典右翼政府取消瑞典旅游局。1995年，美国国会取消了对美国旅行和旅游管理局的补贴。

左翼政府更多地干涉旅游业，强调关注社会平等，如英国工党政府，第二次世界大战后强调利用旅游业帮助贫困地区。1972年，澳大利亚工党政府授权澳大利亚旅游者委员会参与国内旅游业，以此提高澳大利亚人的生活质量。

社会主义国家，如中国、朝鲜、古巴和越南等国都发展旅游业。最初，旅游业仅限于在社会主义国家之间以及社会主义同盟之间发展，后来扩展到资本主义国家的旅游者。在旅游发展初期，旅游者的旅游线路很受限制，只能到政府指定的地区和纪念物游览，例如集体农场、模范学校、战争博物馆或重要的国家纪念物。一些共产党领导人担心西方旅游业会引入道德污染，如外币黑市交易或堕胎，或诱导年轻人接触到错误思想和价值观。旅游已经作为一种宣传工具，不仅是马克思主义政府这样认为，其他国家政府也这么认为，如韩国、与前东德政府对抗的前西柏林政府等。

旅游业也可以用来支持民族主义、国家政治理念、文化和地区。有些特征也可以强化国家特殊方面，为旅游目的地增添吸引力。古老的基督教教堂，伊斯兰清真寺或者佛教寺庙都可以成为旅游吸引物。管理者，特别是公共部门的管理者，必须在政权的政治理念之下工作，但是也应该可以利用国家的文化特征吸引旅游者。

目标

政府的目标及其旅游业政策将反映出政府对其责任和政治理念的理解。这些目标可能是正式也可能是非正式的，可能是声明或未声明的。正式的目标通常与国家宪法或政党政策文件或宣言中的目标一致。主导的非正式目标通常是维持现状，或扩大权力，或遭搁置。旅游业可以用来实现一些政治目标，如马科斯政权，目的是在20世纪70年代和20世纪80年代继续掌握菲律宾的权力（Richter 1989）。当英国政府提高苏格兰和威尔士旅游委员会的权力时，这也是在试图影响这些地区的选举者支持保守党。政府努力提高入境旅游者人数是为了提升政府形象，但是政府却很少顾及旅游业的其他方面。如果没有政治领导者的支持，没有对非正式目标的认识和需求，管理者无法达到正式目标。理想的是，正式和非正式的目标应该是互补的，因为如果它们离得太远，管理不可能行之有效。

与政府的微观目标或行政管理变化相比，政府整体的宏观经济目标对于旅游业来说更加重要。例如，强调经济发展及获取外汇将为旅游业营造积极的环境氛围，将影响管理者的思维方式和行为。另一方面，如果政府不愿意开发，旅游业的微观目标产生的影响将微乎其微。如果政府的主要目标是私有化、缩小政府权力、将空间尽可能地留给私有部门，那么这将影响旅游业的公共管理，如英国。

政府的主要旅游业目标一直是提高入境旅游者人数，继而提高外汇收入,以此平衡国际收支。

美国1981年正式的目标在1981年国家旅游业政策法案中列明(见专栏4.1)。

专栏4.1　1981年美国国家旅游业政策法案

制定国家旅游政策是为了:
1. 将旅游和休闲产业对经济繁荣、充分就业、美国国际收支平衡的贡献最大化;
2. 创造机会和惠及美国的旅游和休闲业,使美国和外国居民可以普遍地容易享用,确保今天和未来的人能够有能力购买旅游休闲产品和服务;
3. 促进个人的发展、健康、教育,促进对美国地理、历史和种族的多元文化理解;
4. 欢迎外国旅游者进入美国,与入境法、公共健康保护法、进口商品管理法的宗旨一样,旨在增强国际的理解和友好;
5. 减少对美国旅游业不必要的贸易壁垒;
6. 通过促进旅行代理零售商以及独立的旅行运营商持续的生存发展,鼓励旅游业内的竞争,使游客的选择多样化;
7. 促进可选择的个人支付机制的持续发展和可使用性,以方便国内和国际旅行;
8. 促进为入境旅游者提供的旅游以及与旅游业相关的服务的高质量、整体性和可靠性;
9. 保护国家历史和文化建筑,如同社区生活和发展的一部分一样,保证子孙后代也能够欣赏和享受国家的遗产;
10. 在能源开发和保护、环境保护,以及自然资源的合理使用方面,保证旅游业和休闲业与其他国家利益的一致和谐性;
11. 协助收集、分析和传播数据,以精确测度旅游业对美国经济和社会的影响,以此方便公共和私有部门的规划;
12. 尽最大可能协调联邦政府所有的活动,以支持旅游和休闲业,满足公众、州、地区、当地政府、旅游业和休闲业的需求,以指导美国的旅游业、休闲业和国家遗产保护。

谁:领导者、部长和组织

有必要了解谁参与中央管理,在制定政策的过程中谁有权力。公共和私有部门中不同的组织都在参与旅游政策的制定,参与程度取决于政府是联邦制还是单一制、组织本身的权力以及政策类型等。

领导者

总统、总理以及内阁在某些方面的作用尤为重要，如确定政府需优先考虑的事项，确定指引政府和管理者制定政策的政治氛围和大的理念框架。如果没有这种层面的支持，旅游业可能就会没有政策或发展。在古巴，如果没有菲德尔·卡斯特罗（Fidel Castro）的支持，可能根本不会有旅游业的发展。

在英国，在市场理念的基础上，保守党政府支持旅游业的发展。

政府经济政策的主要目标是使市场更好地发挥作用。限制已经越来越少。企业和个人都有了新的自主权。旅游业增长迅速。在增值税、社会安全、就业、健康和安全、企业法、执照、弹性化营业时间方面管理的简化大大促进了旅游业的发展。

(UK, Department of Employment and Central Office of Information, *Tourism in the UK* 1992: 5)

强大的领导者可以在制定政策和贯彻执行政策发面发挥重要作用。如泰国在 20 世纪 60 年代末期，陆军元帅沙立（Sarit）被认为独裁和贪污，但是他的强大支持使商业和旅游业发展迅猛。1983 年，澳大利亚工党政府旅游部长约翰·布朗因将澳大利亚旅游业推进到新的阶段而受到赞扬。

政治领导者可能有权力决定政策、通过提供财力支持强化决策，但是他们没有时间制定政策。在内阁会议上要讨论很多问题，因此很难顾及旅游业中的具体问题。由于经常要讨论很多问题，因此内阁往往成为一个例行公事式的签字盖章机构。充斥着宗派斗争的内阁还会给管理者制造问题，因此很难依靠这样的内阁决策，特别是关于有争议的问题，例如新机场开发。可以在多数人的一致意见基础上决策，但也会产生不满意的结果。因此，通常大多数决策都是在核心内阁或专门委员会上做出的。之后，决策由整个内阁正式批准。在泰国，采取经济委员会的形式，委员会包括最重要部门的少数几个部长。

旅游部长

近年来，大多数国家认可需要有专门的部长在旅游业中起领导作用。包

第四章 中央管理：政策规划

括政策的起草和制定，但是，部长也有其他的责任，这些责任减少了其在旅游业上的时间投入。为了产生影响，旅游部长应是内阁成员，另外，旅游业也要依赖于级别较高的部长在内阁中支持旅游业，为旅游业争取利益。这个级别较高的部长不仅要对旅游业负责，也须履行他自己的其他责任。低级的、非内阁部长缺少影响力，很难为旅游业获得充分的关注和资源；部长经常换人，这导致部长没有足够的时间获取旅游专门知识，也很难为旅游业发展做出贡献。在英国，到 1992 年，5 年内换了 5 个不同的大臣负责旅游业（在英国，部长习惯上译成"大臣"。——译者注，下同）。如果大臣缺乏能力而且懒惰，也会给管理者带来很多问题。

由于大臣负责包括旅游业的很多领域，因此，只能将有限的时间放在旅游部门上。管理也可能因此更加困难。英国国家遗产部建于 1992 年，遗产部大臣负责很多领域，包括历史皇家宫殿、广播政策、电影、体育、博物馆、图书馆、国家彩票和旅游业（见图 4.1）。在 1992 年，澳大利亚政府成立旅游部（1996 年撤销），部长为内阁成员，但是部长也无法将他的全部注意力放在旅游业上，因为他也负责资源和能源。部长是主要的参与者，特别是在政策制定和获得中央财政支持方面。但是部长只能将有限的时间放在旅游业上，这也使管理者有更大的责任。

通过奇怪的任命，本质上是自由竞争的行业内出现了混乱。我们需要合作，需要意识到旅游业的潜力。我们需要一个只负责旅游业的大臣，以保证行业的强势发展。

(UK, House of Commons, 7 December 1984: col. 670, Session 1984-1985)

一个由所有政党参加的委员会深刻回顾了英国旅游业的公共管理，分析了很多提议和证据材料之后，也得出了类似的结论。他们建议旅游部长应该对一个有组织的体系负责，"首先需要任命一个对英国旅游业全权负责的大臣"（UK, House of Commons 1985-1986 Trade and Industry Committee Report, para. 84, HC 106）。此提议以及重新组建旅游部的建议被政府否决。

在美国，旅游业由商业部部长负责，商业部副部长负责具体管理旅行和旅游业。这些官员均由总统任命，但是任命的依据是"参议院的意见和认可"。在 1981 年的法案下,又任命了商业部部长助理管理旅游业市场营销。与其他国家旅游业相比,美国旅游业还没有获得其经济重要性所需要的认可和支持。

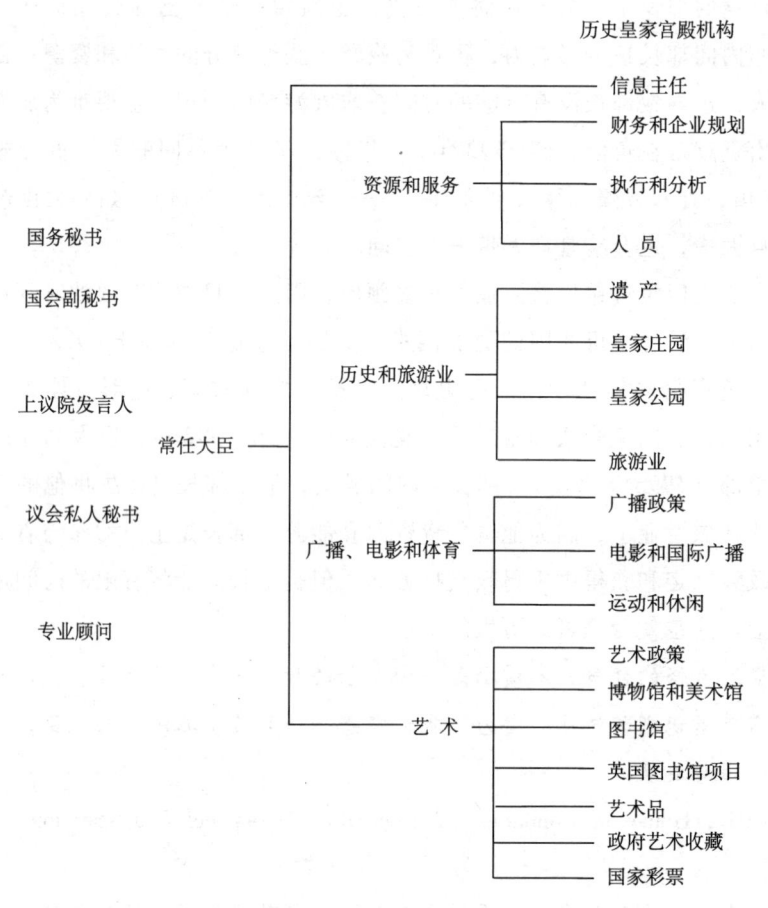

```
国务秘书
国会副秘书
上议院发言人          ┌── 资源和服务 ──┬── 历史皇家宫殿机构
                    │              ├── 信息主任
                    │              ├── 财务和企业规划
          常任大臣 ──┤              ├── 执行和分析
                    │              └── 人员
议会私人秘书         │
                    ├── 历史和旅游业 ─┬── 遗产
                    │              ├── 皇家庄园
                    │              ├── 皇家公园
专业顾问             │              └── 旅游业
                    │
                    ├── 广播、电影和体育 ┬── 广播政策
                    │                 ├── 电影和国际广播
                    │                 └── 运动和休闲
                    │
                    └── 艺术 ──┬── 艺术政策
                              ├── 博物馆和美术馆
                              ├── 图书馆
                              ├── 英国图书馆项目
                              ├── 艺术品
                              ├── 政府艺术收藏
                              └── 国家彩票
```

图 4.1　英国国家遗产部

部门

  政府部门有两种主要类型。一种是在财经和人力等领域起服务功能,另外一种类型为行业部门,涵盖某种特定的领域,如交通、健康、教育或旅游业。部门官员在具体制定政策方面非常重要。

第四章 中央管理：政策规划

旅游部门

缺乏独立的旅游部门所引发的问题不只是在制定和执行政策方面。有人认为，因为旅游业包括如此广泛、多样的功能，与其他很多领域相关，因此，不可能将这些功能集中在一个部门。进一步说，旅游业不是一个整体也不是一个很强的实体，不需要建立专门的旅游部来控制。此外，也没有财力或政治力量来劝说政府建立旅游部。赞同小型政府的人认为在一个大的经济部门中设立一个小的旅游政策实体是恰当的。国际旅游业办公室将负责市场营销功能，私有部门负责旅游开发。1996年，澳大利亚采用了这种形式，它取消了独立的旅游部，将旅游业置于新的部门：工业、科学和旅游部。

如果政府反对干预产业，那么反对建立旅游部可能是缘于政治理念的原因。在美国，政治右翼强力反对设立联邦旅游部或机构。里根总统反复呼吁取消美国旅行和旅游管理局（USTTA）。"行政官员相信私有部门比官僚机构更能维持并发展美国旅游业在世界旅游业中的份额"（Ronkainen and Farano 1987：3）。美国旅行和旅游管理局被迫裁员，20世纪80年代为150人，1996年的人数缩减为85人。

美国旅行和旅游管理局不是一个独立的部门，仅是商业部的一个机构。1996年，国会取消其经费后，此机构也不复存在。

旅游业可以放置于任何一个部门内，但是最常见的是在经济或贸易部，或者在体育、休闲和文化部。政治决策通常都考虑便利，将类似的功能合理地并在一起，将更传统的部门留下。其他考虑包括：政治需要、部长希望在哪个政治领域发展、国务卿希望给予什么等。

相互依存的部门

是否应该建立独立的旅游部是讨论了很多年的问题。独立功能的部门可以将更多精力投入在管理上。可以吸引专家人员，也可以让专家贡献他们的专业才能。将有更强的团队精神，因为官员有更强烈的归属感，会更关注部门的活动和成就。可以更直接更灵活地处理问题，特别是在多个公共和私有部门合作的情况下。与此同时，与其他部或产业的特殊利益相比，国家旅游业目标和公共利益将会更容易受到保护。作为一个逐渐成长的行业，旅游业将更容易从中央得到管理资源和资金，因为可以很容易地看出资源流向哪里，是进入一个独立功能的旅游部，而不是流向大量的多功能的部门。在多功能的部门中，旅游业的地位将被削弱，它必须与其他行业竞争以获取关注。

1972年，英国通过下议院提交普通议员议案，尝试建立旅游部。一些人认为应该在1969年旅游业法案下成立一个部门，因为旅游业是世界上增长最快的行业之一，可以提供大量就业机会，同时它也是一个需要控制的行业。提案并没有得到政府的支持，以失败告终。（UK, House of Commons, 1971/72, col. 1454）

服务部门

有四类主要的服务部门履行重要的管理功能，在整个公共部门中发挥控制作用。他们有重要的政策制定和合作责任——对于成功的政策制定和执行来说他们的支持是非常必要的。

1. 行政部门，包括总统的、总理的、首要行政部门。这种类型的部门将从制定和执行两方面影响政策和优选权。这种部门可以作为首要执行官的眼睛和耳朵并传递相关信息。什么议题、以何种方式提交给首要执行官和内阁将受到此类部门的影响。

2. 财政部门，这些部门是一些最有权力的部门，决定基础设施或行政机构可利用哪些财政，什么类型的税应该强行征收，应该给予什么样的许可。基础设施，例如旅游业发展所需要的机场或公路，或者旅游市场营销所需的费用将都受到此类部门的影响。与财政部门相联系的包括与投资（通常是国外投资）相关的下级部门或机构，如向财务总管负责的澳大利亚国外投资审查委员会（Foreign Investment Review Board）。

3. 管理公务员、公共机构和流程的部门。这类部门的政策和决策将影响旅游业公共机构中人员的数量与层级，以及管理这些人员的流程。

4. 规划或开发部门，常以中介机构的形式出现。这种类型的部门在发展中国家更普遍，但在澳大利亚、英国或美国却没有。这种部门负责国家的长期规划和开发。组织制定国家经济和社会发展五年规划，但是规划的贯彻执行将依赖于发展部门或公司。有类似规划组织的国家也会将旅游业规划体现在国家经济规划中,如泰国就没有国家经济和社会发展委员会。

这些部门中大部分是常设机构,在官僚体系中有着重要的地位。它们有自己的责任和目标,它们必须确定旅游业政策目标与它们各自的目标不相冲突。政治领导者及有力的管理可以克服困难和障碍。领导者将帮助克服旅游及其他部门之间的其他问题,例如重叠的权限、较差的合作和协作、较差的沟通以及政策执行不力等。

行业部门

行业部门控制一种领域,例如交通或教育,它们的活动对旅游业来说是至关重要的。航空对于海外旅游业尤为重要。很多国家拥有国家政府所有的航空公司,通过限制国外航空公司进入来保护本国航空业。这也会限制入境旅游者的人数。

负责入境及签证的部门也同样重要,此类部门可能是司法部、内政部、外交部或入境部。部长和管理者做出的自由进入的政策决策很大程度上促进了近年来旅游业的增长。1988年美国简化来自英国、日本以及一些欧洲国家的签证审批后,旅游业迅猛发展。

随着对环境和保护的关注越来越强,行业部门也开始关注旅游业和旅游者引发的问题。在昆士兰,政府的环境和遗产部支持生态旅游,不仅负责保护大堡礁、热带岛屿、雨林地带、世界遗产、野生地区和海滩,也负责保护植物和动物以及欧洲人移民期间的原始绘画和历史建筑。

这些组织以及它们的活动在持续地变化,加之旅游业的动态特征,使管理者在沟通、协商和合作等方面承担着很多压力,特别是旅游业管理者。这是为什么需要考虑建立旅游部并任命旅游部长的原因之一。

通才和专才

公共部门管理者可以是通才也可以是专才——有时也被称为专家。英国和澳大利亚公共部门中大多数重要的职位都由通才占据,他们没有专业的技术认证或经验,却有在官僚机构工作的大量经验。他们可以频繁调换岗位。

在英国，通常是三年后可调换。这种官僚群体负责中央政策制定，他们有才智、有经验，工作努力。但是，他们缺少旅游业的专业知识和经验，在位时间短，以致难以创新或获取相关的知识和经验。他们在制定政策方面的贡献不是技术层面的政策引进，而是有效率地出台可接受的政策决策。他们有管理技能，例如谈判，可在多个政府部门、机构以及私人组织之间达成一致意见。旅游业可能不像其他行业那样技术含量高，但仍需要此行业的专门知识和经验。

知识来源于旅游业的专家、专才或技术人才，尤其是国家旅游局的相关人才，他们有专业资格、技能和知识。这些官员应该有机会制定政策，但是他们的主要工作是日常管理。他们更关注政策在实践中的执行和绩效。

在政府部门中，从事的工作与旅游业相关的官员人数很少。在英国，1996年国家遗产部的人数为300人，20人是在旅游板块。在澳大利亚，1992年建立的旅游部员工人数为120人，其中，6人为高级行政官员，这在公共服务机构中属最高等级。人数、级别和资金对于任何一个官僚体系来说都是权力和等级的象征。美国没有旅游部，商业部从1996年负责旅游业，主要由来自美国旅行与旅游管理局的86名专家官员履行相关责任。公务员的影响是有限的，主要是因为一些因素，如工作过于饱和，部长的才能有限，部长和政府对旅游的认可度有限等。

法定和其他组织：调研、开发以及合作

很多组织在旅游政策制定过程中发挥很重要的作用，这些组织可以有很多形式，如法定的和非法定的。有些称为半官方机构，"准自治的非政府组织"。组织可以由政府和行业共同出资建立。它们是非常重要的，例如，它们会进行研究，提供政策制定所需要的专门信息。国家旅游委员会是旅游营销的主要管理者，与其他组织一起在政策制定方面做了很多贡献。研究型组织方面可以澳大利亚旅游研究局为例，澳大利亚旅游研究局的使命是"通过最大程度地为旅游产业、政府以及社区提供精确的、及时的以及战略层面的数据和分析，以增强（测量）旅游业对澳大利亚社区的幸福所起的作用"。

第四章 中央管理：政策规划

旅游开发在第三世界国家尤为重要，需要专业的管理技能以及传统国家行政服务中没有的灵活性和自由性。哥斯达黎加、古巴、墨西哥等国家已经建立了自治的企业来管理开发。墨西哥政府建立的国家旅游发展信托基金会（Fonatur）在促进旅游胜地的快速增长方面起了重要作用。在古巴，类似的企业也很成功，因为可以摆脱中央规划体系的顽固僵化。

旅游行业面临的一个主要问题是需要协调多个公共和私有部门，以便在如何处理问题和政策决策方面达成共识。政府的联邦体制以及组织之间的权力斗争使这个问题变得复杂。为了解决这个问题建立了专门的组织。在澳大利亚，这类专门的组织包括旅游部长理事会、由公共管理者组成的澳大利亚旅游常务委员会以及旅游咨询理事会。旅游咨询理事会包括行业和贸易联合会代表。在美国，旅游业政策理事会成员包括公共管理者、旅行和旅游业咨询委员会代表。英国有旅游业咨询理事会，一年召开两次会议，由13位大臣及其顾问组成，他们的大臣职务影响着旅游业。日本旅游政策的协调和一体化推进工作由旅游业部际委员会执行。部际委员会包括21个大臣和助理，主席由首相办公室主任担任。

议会和国会

政府的立法机构负责法律的制定，可以允许反对党和利益集团参与政策制定流程。议会成员可以利用在议会中的辩论和提问时间为各自代表的利益集团代言。在关于具体的旅游业法案、年度报告、财务提案和委员会调查的讨论中，可以有特殊的机会提出意见或建议。"虽然整体上是支持的，在关于旅行旅游业的问题上，国会的行动是缓慢且孤立的"（Ronkainen and Farano 1987）。美国的这种经验代表了大多数其他立法实体的情况。立法委员会可以分析法律，调查旅游业的公共管理，可能会影响政策。与英国下议院委员会相比，美国国会委员会有广泛的权力。英国的委员会如"在SO 99号"（SO NO.99）下成立的贸易和行业委员会，负责分析贸易和行业部以及相关公共实体机构的花费、管理和政策，北爱尔兰首席大臣的工作与此类似。

委员会包括11位成员，其中，法定人数为3人。

> **专栏 4.2　委员会的权力**
>
> 委员会的权力包括：
> (a) 在议会休会期，可以获取任何口头和书面信息，旁听众议院的任何会议，提出休会，汇报等；
> (b) 任命专家顾问，他们能提供一些不容易获得的信息，或者对于委员会解决复杂问题能提供参考意见；
> (c) 与其他委员会交流与公共利益有关的证据和其他文件；
> (d) 与其他类似委员会交流、商讨、取证、共同考虑起草报告。
>
> (UK, House of Commons, 1985/86, Trade and Industry Committee)

行政机构有权质询旅游业管理者，有权获取信息，这些信息来自于问询、检查以及后续的报告和讨论。委员会可以鼓励政策制定者检讨并重新考虑他们所做的决策，但很少能够改变政策。

委员会检查旅游业的例子包括：

- 英国：议会，下议院，1983 年。贸易和工业委员会，英国旅游业。
- 澳大利亚：议会，众议院，1978 年。挑选旅游业委员会。
- 美国：国会，参议院，1978 年。商业、科学和交通委员会。国家旅游政策研究。

政党

近年来，随着旅游业经济上的重要性逐渐增强，政党也在越来越关注旅游业。在政党的纲领、政策和一般声明中都会提及旅游业。政党利用旅游业来获得支持，如英国保守党政府建立了国家遗产部，提交审议的事项中包括旅游业。管理者需要关注政党政策，因为如果政党获得执政权，管理者就要执行这些政策。例如，在 1993 年联邦选举运动中，澳大利亚工党承诺与旅游相关的建筑物费用可以加倍冲销税收。旅游业经营者也可以冲销一些旅游场所的费用，如游泳池、网球馆以及景观美化费用等。澳大利亚旅游局将额外获得 1 500 万澳元，新成立的旅游部将额外获得 600 万澳元。航空法将松动以促进竞争。自由党提议对产品和服务征收 15% 的税，此提议涉及面广，但是引起了争议，自由党声明澳大利亚的所有旅行产品和服务都属于此范围。澳大利亚的入境和出境旅游不在此范围内，但是国外旅游者需要对其在澳大利亚所购买的产品和服务支付消费税，免税店里的商品和服务除外。将取消旅游部，其职能将转移到澳大利亚旅游局。1996年自由党联合政府取消了旅游部。

政策社团

　　政策的真正制定是通过政策社团，包括主要的组织和参与者。这些组织和参与者在参与制定政策时，经常相互讨论旅游业问题。以澳大利亚旅游部为例，有必要"满足政府、议会和公众的要求，以获得及时和综合的意见和信息"（Program Performance Statements 1992-1993：61）。一些组织将参与几乎所有议题，但是另一些组织则只参与与它们利益相关的议题。负责旅游业公共管理的组织，例如发起政策制定的政府部门或国家旅游业机构，将参与所有旅游业议题。国家旅游规划或发展战略的制定将涉及政策社团中的所有成员，但是在某地开发主题乐园则只包括那些受到直接影响的群体。社团中的权力将决定谁在什么时候以什么方式得到什么。旅游业存在着多样性，包含很多组织，所以政策制定将涉及具有不同利益的不同公共机构，它们都会对政策制定产生影响。政策制定可能包括复杂的流程，推进会很缓慢（见Wilks and Wright 1987：chap. 12）。旅游业政策社团被认为很正式，这在国家旅游机构和咨询机构理事会的成员构成方面有所体现（见专栏4.3）。

专栏4.3　英国旅游局（British Tourist Authority，BTA）理事会成员和管理层

会长办公室

　　阿黛尔·比斯（ADELE BISS），从1993年6月1日起任英国旅游局理事会3年一届的会长。

　　在伦敦大学获得经济学学位之后，于1968年作为消费者市场营销实习生加入联合利华。之后，加入汤姆逊假日（Thomson Holidays），负责冬季度假产品，之后负责公司的市场营销和公共关系。1978年，她成立了自己的公关公司——比斯·兰开斯特（Biss Lancaster）公司，该公司后来发展成为全国主要的咨询公司。她是英国铁路董事会非执行董事，现在是鲍索普（Bowthorpe）公司、欧洲乘客服务有限公司和哈利·拉姆斯登（Harry Ramsden）公共股份有限公司的独立董事。她还是女子公共学校信托公司的理事会成员以及英格兰旅游委员会（English Tourist Board，ETB）会长。

约翰·伊根爵士（SIR JOHN EGAN）于1994年2月进入理事会。他是BAA公共股份有限公司的首席执行官，伦敦旅游理事会（London Tourist Board）会长，英国法律通用保险公司（Legal & General plc）及外国和殖民投资信托公共股份有限公司的非执行董事。

罗克·福特爵士阁下（THE HON. SIR ROCCO FORTE MA PCA）于1986年进入委员会。曾在福特（Forte plc）酒店集团公司的多个岗位任职，在1992年10月成为主席。是萨沃伊酒店和餐馆集团（Savoy Group of Hotels and Restaurants）的董事，英国饭店协会主席，世界旅行和旅游理事会（WTTC）执行委员会委员，并于1995年被列入新年旅游业服务贡献奖名单。

伊恩·格兰特爵士（IAN GRANT CBE）自1990年3月任苏格兰旅游局（Scottish Tourist Authority）理事会会长后就成为当然理事。之前他担任了6年苏格兰全国农民联盟（National Farmer's Union）主席和2年苏格兰旅游委员会（Scottish Tourist Board，STB）成员。他现在是克莱兹代尔银行（Clydesdale Bank）、苏格兰水电公司、全国农民联盟互助保险社的非执行董事，苏格兰CBI（英国工业联合会）成员。

约翰H.J.刘易斯（JOHN H. J. LEWIS LLB）1989年7月起任理事会成员，他是一名律师，克里维登酒店（Cliveden plc）集团的董事会主席，约翰伍德（John D. Wood & Co plc）酒店公司董事会副主席，格雷肖特退休公寓和其他一些酒店公司的董事。他在BTA的遗产咨询委员会担任要职，是研究英国乡村民居的阿特林汉姆信托基金主席，历史建筑协会顾问委员会成员，华莱士收藏品（Wallace Collection）和瓦特画廊（Watts Gallery）的托管人。

托尼·李维斯（TONY LEEWIS DL MA）（Cantab）1992年10月1日任威尔士旅游委员会（Wales Tourist Board）会长后就成为当然理事。他是前英格兰板球队队长，作家和电视现场评论员，艺术商业赞助商协会的主席（威尔士）。

艾弗·曼利（IVOR MANLEY CB）1991年从服务了40年的公务员岗位上退休后，进入理事会。他以前曾任劳工部副大臣，商业社团的非执行董事、旅游和环境工作小组主席，在BTA市场营销与开发委员会、英法海底隧道增值税协调工作组等机构担任要职。

莱斯卡文勋爵（THE LORD RATHCAVAN）从1988年起担任北爱尔兰旅游委员会（Northern Ireland Tourist Board，NITB）会长，应邀出任BTA理事，便于继续加强BTA和NITB之间的理解和合作。他还是FRX国际的主席，拉蒙特（Lamont）控股公司、北方银行（Northern Bank）、老布什米尔斯酿酒公司（Old Bushmills Distillery）和萨沃伊管理公司的董事。

戈登·邓禄普（Gordon Dunlop）已于1994年11月30日辞职。

1995年6月30日，艾弗·曼利的办公团队撤出理事会，但他同意继续暂时担任英国旅游发展委员会和旗下的增值税工作组主席。

理事会通过下列任命：

第四章　中央管理：政策规划

约翰·贾维斯 CBE（JOHN JARVIS CBE），1995 年 7 月 1 日接受任命，他是贾维斯（Jarvis）酒店公司的董事长和首席执行官，之前曾是希尔顿国际、兰德布鲁克（Ladbroke）酒店和度假企业集团的董事长和首席执行官。在 1975 年加盟兰德布鲁克集团之前，他是兰德布鲁克度假企业的常务董事，之前在兰克影片公司担任管理职务。他还是 ETB 成员，王子信托基金会（Prince's Trust）主席，获得 CBE 服务业旅游奖。

帕特里克·麦凯纳（PATRICK MCKENNA），1995 年 9 月 1 日接受任命，他是真正好集团（Really Useful Group）的董事长和首席执行官。之前，他是塔奇罗斯（Touche Ross）公司的合伙人，专门给娱乐和休闲行业客户提供国际税收方面的建议，是环球媒体和娱乐集团的负责人。他常常出书、演说，并供职于税收考试委员会特许学院。

BTA 管理层

安东尼·席尔（Anthony Sell）1993 年 11 月 1 日接受首席执行官任命，他是以位于巴黎的欧陆通济隆（Thomas Cook）集团常务董事身份加入 BTA 的。在此之前，他是布塞与霍基斯（Boosey and Hawkes）公司的执行董事，以及该公司旗下的法国单簧管制造公司的总裁。

蒂姆·巴特利特（Tim Bartlett）基地在伦敦的欧洲总经理，之前分别是亚太地区和南亚地区的总经理。

格里·卡特（Gerry Carter）国际总经理，以前曾是国际市场营销的助理主任。

桑迪·达维（Sundie Dawe）新闻和公关首席，以前曾是伦敦旅游委员会公关首席。

罗伯特·富兰克林（Robert Franklin）基地在新加坡的亚太总经理，以前曾是国际市场营销的助理主任，美国市场营销主任。

乔纳森·格里芬（Jonathan Griffin）7 月 31 日出任商业服务主管，以前曾是英国遗产的营销主任。

苏·加兰（Sue Garland）委员会秘书，政策和法律部主任。

杰夫·汉布林（Jeff Hamblin）基地在纽约的美国总经理，以前曾是欧洲总经理。

克里斯·霍华德（Chris Howard）4 月 18 日出任企业服务中心主任，管理会计师，以前曾是毕马威会计师事务所（KPMG）顾问。

科林·克拉克（Colin Clark）于 1994 年 12 月 31 日在管理服务主任和委员会秘书职位上退休。我们非常感谢他为 BTA 和 ETB 超过 23 年的忠实服务。

由于机构重组，1995 年 4 月 7 日起，罗宾·贝尔（Robin Bell）不再担任财务总监。同时，营销服务主管凯文·约翰逊（Kevin Johnson）也于 1995 年 4 月 30 日离职。

BTA *Annual Report* 1995

如何：流程和行动，正式和非正式的

在管理或官僚体系中，要遵守一定的规则，但是规则如何应用于实践中将受到管理体系的影响。体系也将体现出规则，对规则和旅游部门的需求给予回应。公共部门管理者负责管理政策制定的流程，"有目的地采取系列行动……有关于某个问题"。这包括对体系中的各种信息进行管理，搜集所需要的信息，提出意见或建议。管理者负责管理组织，包括财务和员工，以实现目标。如果市场增长是稳定的，为了对经济、政治、社会有所贡献，旅游业管理则是关键的。里克特（Richter 1989：11）指出了管理以及政治行动的重要性，他说"旅游业的成功或失败是政治和行政管理行动的作用体现，不能归结为经济或企业家的作用"。

流程

中央管理的流程通常非常复杂，涉及正式和非正式两个层面。正式流程可以是法律要求，但是在实践中可能将遵循被接受的非正式流程。在美国，有法律概念"程序正义（due process）"，有可能成为旅游业政策制定的要求。咨询是流程中的一个关键部分，咨询的方式为通过可以称为"绿皮书"的出版物获得公众的意见。政策制定的过程中将考虑公众的意见。通常要遵循"白皮书"的规则，在草拟立法或制定决策前声明政府的观点和政策意图。正式的咨询将涉及所有公共实体和被确定的私人实体，也有可能成为法律要求的步骤。

参与应该是咨询过程中一个重要的部分。相关的群体对流程产生有效的影响，包括其他公共实体、行业组织（通常是高峰组织）、贸易联盟、地方和地区实体（特别是当地居民）。在民主体系中，利益相关者可以参与、咨询和表达诉求，过程是合法的、公开的，所有的信息是可获取的。管理中对规则的应用有时是模糊的。在昆士兰北部，皇家大堡礁度假地开发引起环保主义者、渔业协会、土著社区和凯恩斯的居民的批评。为了缓和矛盾，政府对该项目作了长时期影响评估研究，该项目由第三方机构设计，公共群体可以提出意见，并通过地方媒体宣传增加审查时间。所有的这些都是为了树立开明的形象。流程应不仅仅是树立形象，而应该是合法的、民主的、公平的，允许真正的参与。

澳大利亚

这种类型的流程可以澳大利亚制定国家旅游战略为例具体说明。1988

第四章　中央管理：政策规划

年9月，刊发了一篇名为《旅游业指导》的讨论性文章，里面包含了多种关于未来发展的目标和选择，因此产生了一些有价值的公共和行业评论及争论。1991年9月，出版了一篇背景性的文章，澳大利亚旅游部召开了一系列公共咨询会议。参加公共咨询会议的人数超过1 000人，代表社区和行业利益。也收到了一些书面的提议。1992年，出版了《澳大利亚发展的入口：国家旅游战略》，文中介绍说："这个战略是广泛征求联邦和州/准州政府、旅游行业和其他利益集团之后的结果。"这种过程的困难是需要在不同利益集团之间达成一致意见，所以最后的一致意见和文件过于模糊，过于强调虚无的希望，因此对管理在实践中帮助很小。

协商

在实践中，管理体系内的流程在范围和参与层面上都很有限。更倾向于世俗、官僚、非正式、不公开，更关注于特殊利益集团。管理者一直关注于与政策社团中的成员协商，没有权利的成员不在协商范围之内。如泰国南部的处于贫困线的大量吉普赛人（gypsies），岛屿和海岸旅游开发占据了他们的生活空间，但却没有与他们协商。

协商需要大量的交流、协调、合作以及一致决策。因为议题的复杂性、体系的零散性以及参与者的多样性，进程将会很慢。这些都需要管理体系的协调能力，通过顾问团体系统、咨询委员会以及部际委员会等形式实现。最重要的是将决策制定者联系在一起的正式和非正式的紧密关系，高层公共管理者一直保持沟通，尤其是在政策决策的最终阶段，如果必要，私有部门管理者也将参与。形式包括内部的备忘录和会议记录、日常和常规的非正式电话交流、定期的会议和更正式的会议，特别是要考虑到年度预算时，交流会更加频繁。因为公共管理者处于体系的中心，因此他们有能力和机会掌握大量的影响力和权力。

在实践中，政策制定过程可能有"脱节的、递增的"的特点，也就是说，决策的制定与其他决策或长期战略和规划是没有联系的（Lindblom 1959）。决策在政策边缘对政策作了较小程度的修改；而不是大的改变。在政策制定过程中，没有强烈的、清楚的、长期目标或规划，政策仅仅是对市场或其他力量做出反应。在如英国和美国这样的国家，情况也是如此，澳大利亚甚至连国家旅游战略也如此。

管理者已经尝试通过引入规划体系使体系和流程更加理性和可预测，因为规划体系使政策受到国家规划或战略的指引。日本、泰国和很多发展中国家都制定国家经济规划。即使在没有国家规划的国家，如英国，大部分组织也有部门规划和目标。以英国旅游局（1992-1993：5）为例，"企业规划表明了英国旅游局利用规划来通过其命令发掘行业的潜力，以在国家未来繁荣中发挥重要作用"。在实践中，规划体系并不总是理性的，规划和目标的执行比制定更为困难。

公共部门在制定政策时，也会聘请顾问委员会或顾问机构来协助工作。根据情况，有的是长期的，有的是暂时的。他们的价值体现在他们是来自行业、雇主和雇员、公共部门的独立专家。委员会可能包括其他代表，例如，来自于受保护群体和其他相关群体的代表。委员会主席通常是一位卓越的专家，在公共部门和旅游业都有丰富的经验。委员会可以自己做调查，对潜在的未来开发做出深入的观测，也可以委托其他实体做调研、向政府呼吁、搜集证据、访谈证人等。委员会可以避免政治冲突，在工作中使行业和社区参与进来，以此促使政策制定流程更加公开和民主。顾问委员会对部长、部门和行业都有益处，但是只能用于政治目的而不是政策建议。他们的主要价值是工作、报告和建议中的独立性和专业性特点，以及其全新的视角和新的政策创意。这种类型长期的实体是建立于1973年的澳大利亚行业协助委员会。临时的委员会是1986—1987年的澳大利亚政府旅游调查委员会。近年来，政府也广泛采用民间顾问，例如，英国政府1973年以来采用民间顾问研究英国旅游业公共管理。日本设立旅游政策委员会，成员包括来自大学和其他民间组织的27位顾问，该委员会于1963年在旅游基本法的基础上建立。

行动和投入

像旅游业这样一个动态变化的行业，管理必须对新的行动有所回应和有所准备，开放对其投入（这里的投入不仅仅指资金、物质等经济投入，也包括政策、信息等非物质输入。包括积极的和消极的——译者注)。来自利益相关者的压力或者来自如经济发展等更为强势的压力，经常会产生政策行动。政府在旅游业中采取政策行动，因为外汇缺失，需要促进收支平衡。这种压力使政府在近年来放松对旅游者的签证管制。20世纪60年代，英国政府对出境旅游的公民携带外币的金额实行限制。由于类似的原因，韩国政府直到1989年才允许本国公民出境旅游。经济需求和失业率的升高迫使很多政府将旅游业作为新兴产业之一，如1983年的澳大利亚。政治因素也会带来经济压力。如1992年泰国的军队暴力和政治软禁，迫使泰国政府及其旅游业与管理者采取行动，展开大范围的旅游市场营销行动，来弥补入境旅游者人数的下降以及对收支平衡的威胁。

近年来，在很多国家，缩小国家对经济干预的范围是一个重要的行动，影响了公共部门管理和旅游业。

在美国，尤其是航空业，缩小国家对经济干预的范围已经在很多领域内促进了竞争，如交通、银行、能源以及通信交流等，这对旅游业产生了影响。这促进了市场营销技巧的提升、组织形象的提升，以及联邦和州层级机构间的协商。

(Matthews 1978: 21)

任何一个管理者都可以处理日常问题，但是好的管理者可以应对危机。危机经常产生行动，政治领导人和管理者总是会对权力的力量做出反应。政府将通过旅游业帮助较贫困地区，但是它们将对某些地区给予特别关注，如给予它们政治支持的地区以及那些政治上给它们压力促使它们来采取行动的地区。20世纪60年代英国工党政府的政策强调旅游业在地区的作用，这与伦敦相反。政治家和管理者的应对措施也折射出了政策过程中的脱节。

*积极的领导能力*是政治家和管理者所需要具备的，但是并不容易获得，这是为什么需要挑选管理者并给予高薪的原因，至少在私有部门是如此。当组织中需要重要的行动时尤为需要领导能力。在澳大利亚旅游部，执行战略是"为部门提供战略方向，强化组织的文化价值，管理的首要关注点是对领导能力的选择"(Australia, Program Performance 1992-1993: 57)。

在获得体系内对政策变化的接受方面，政治领导人或管理者的投入起着关键性的作用。1985 年英国杨格勋爵（Lord Young）被任命为劳工部大臣，这使他将旅游管理责任从贸易和工业部转移到新的部门，以及《娱乐、休闲和工作——旅游产业》报告（UK, Cabinet Office 1985）工作上。为了在内阁的政治议程中获得一席之地，这种行动必须是来自高级内阁大臣。政策制定流程中的投入将有很多来源，包括旅游行业、公共旅游业机构、公共部门管理者以及为提供建议而组建的机构。

规划体系通常是政策体系中不可或缺的一部分，对政策制定来说也是一种投入。以泰国为例，这种投入可以是明确的，具体的，可以写入国家经济和社会发展规划中。在澳大利亚，投入可以不是具体的，以战略的形式存在，如《旅游业：澳大利亚增长的入口》（1992）。

正式和非正式的因素

管理者在正式的环境中工作，受制于正式的规则，执行正式的职能，但是，也有很多非正式的因素影响他们正式和非正式的行为。英国电视剧《是，大臣》讽刺了公共管理实践，前任内阁大臣对此给予了更严肃的批评与分析（Crossman 1977）。由于存在相互冲突的责任和压力，使得处于正式位置上的高层公共部门管理者在政策制定中左右为难。

限制，有效和高效

公共部门的管理者发现他们的管理自由是有限的，这有很多原因。因为没有明确的部门政策，所以他们能做的仅是对来自政策社团和市场的压力做出回应。

报告中的负面评论有时聚焦在英国旅游业缺少政策。这当然有益于检验……负责市场营销和旅游开发的群体也同意此观点。但是看起来英国经常不知道自己要从旅游业中获得什么。

(BTA, *Annual Report* 1974：5)

> **专栏 4.4　高级公共部门管理的正式责任**
>
> 1. 法律法规的制定和执行；
> 2. 管理其所在的部门或机构；
> 3. 在制定政策方面，给予大臣建议和支持；
> 4. 给予大臣在日常职能方面的支持和建议；准备一般的政策简报、信件和信息；
> 5. 协调旅游机构，关注相关政策，保证机构获得了必要的政策信息，确保机构高效运行；
> 6. 在旅游业政策制定方面，应当起主导作用，如果其他部门制定某些影响旅游业的政策，那么要准备在这些政策制定的过程中有所介入；
> 7. 关注行业的政策和其他方面的需求，并与需求者进行交流。

旅游业游说人员可以越过管理者直接与大臣交流。对管理者的另外的限制，无论是正式还是非正式的，是在保护资源、证明部门支出的正当性以及向财政部提出请求方面的持续性压力。如果某部门认为长期规划的引入将限制它们控制的自由和权力，那么它就可能反对。非正式的限制可以是旅游业所在的部门的组织文化。一些文化可能对政策制定强加一种非常强的官僚流程，其他文化也可能与如旅游业等类似行业的动态需求不相协调。

旅游管理的责任经常从一个部门转移到另外一个部门，这并没有提高管理者的效率，也没有改善他们与行业或政策社团之间的关系。高层管理的内部决策改变了部门内旅游业的地位，但产生了负面影响。旅游业包含了很高比例的管理者，他们从业很多年，他们不赞成频繁地转变，这使他们对政策施加影响更加困难。公共管理者短期的任职可能是 3 年，这还不足以制定有效的政策。尤其是当这些公共管理者是通才，而且他们必须应对有多年经验的专业的旅游管理者的时候。旅游业在公共部门或个别部门中的地位有时并不高，这意味着旅游业无法一直吸引大部分杰出的管理者，或得到像更强势行业所得到的那样的人才。当然，由于其近年来不断增长的经济重要性，其地位和财政预算已经提高，旅游业官员的意见也更多地被采纳。

公共服务管理者不仅仅管理公共政策的制定，也管理财政和人力资源，这需要大量的时间和技能。官僚体系中有常规的程序来处理这些和其他问题，但是管理者必须非常清楚他们的优先管理顺序。像旅游业这样的行业，需要优先考虑之一的是密切交流的必要性，特别是在政策制定方面。在 20 世纪 80 年代，澳大利亚政府对入境旅游者征收入境税，在旅游部门很难执行，而且造成了很坏的影响，之后该税收被取消。财政管理者渴望提高收入，但却未能与旅游部门很好地交流和沟通。1996 年，类似的情况再次发生，政府决定将大堡礁旅游税提高六倍，这次又没有事先交流。管理者必须与社区沟通和协商，以此获得协作、合作以及正确的政策，旅游部门或分支部门的领导必须花大量时间与旅游政策社团沟通联系、拜访旅游社区并与他们对话。这种联系和联系的意识对于有效的政策制定是至关重要的，特别是在旅游业，因为行业和公共部门具有多样性。正式的部长委员会或部门官僚领导委员会可以用于决策主要政策议题，解决部门和机构间的主要争议，例如是否应该征收旅游者税，或者外国航空公司是否能在专门机场起降。大部分问题都是由管理者在日常交流中在较低层面解决的，都是即时的决定。如果企业执行迅速并有效，那么这种程序是必要的，这是典型的分散递增的管理方法。

非正式因素

官僚体系运行中的非正式因素是重要的，韦伯体系中并未包含这些因素。这些因素包括组织的文化价值、需要被意识到的目标和行为、管理者在他们制定和执行政策过程中的理解和应用等。对于实现组织的正式目标它们可以起到正面或负面的作用。在如旅游业这样的动态和多样的行业中，强调增长、数字和财政目标，很容易使得私人的非正式目标变得更为重要。理论上，管理者应该排斥这些负面影响，强化公共服务的正式原则——有效、高效和负责。

公共部门管理者可能不相信旅游业，在国家主义的基础上认为其与公共部门价值相违背。旅游业可能不被看作是一个真正的行业，而只是不切实际的活动，不可靠的、琐碎的、破坏性的，有时沾染了性旅游业的肮脏和腐化。价值可以包括个体的价值，如正直、负责和利己主义，而组织价值是关于保护组织的利益。个体的目标可以包括个人的收入和晋升，促使个人为了获得经济回报而努力工作或贪污。组织的第一个非正式目标将是生存，第二个通常是增长，或者至少是维持组织的现状。这反映在政府航空公司拒绝外国航空公司进入本国市场方面，尽管这种进入将达到政府的正式目标——提高旅游者人数。航空公司一直有它们的赞助部门在非正式目标层面的支持。非正式的行为可以有很多形式，可以对组织的效率产生作用。

为了个人利益而非正式利用官方权力是腐败的一种形式，如行贿索贿和任人唯亲。这种行为也存在于旅游政策的制定中，这种政策的目的是使个人获益而不是为了公共利益。腐败存在于发展中国家的旅游开发中，例如泰国，但是也存在于发达国家，如澳大利亚。在部门中，政策流程可以变得比政策目标更为重要。部门在内部和与其他部门的争斗上花费了很多时间，甚至多于它们花在正式的合法的管理方面的时间，被一致认可的决策比最好的决策对它们来说更为重要。在政策制定上，如其他领域一样，与权力实体的接触是重要的，知道或认识某人比知道事情本身更重要。如果专家的意见不符合政策制定者的个人利益，这些专家的意见则可能被忽视。与可以看得见的正式的工作并存的是非正式的看不见的工作。正式的层面上，政府要负责环境保护，但是实际上取得增长大于其他一切目标，存在着非正式的交换理解，因为当一个私有部门管理者从一个公共管理者那里获得友好的对待后，他会非常乐意在非正式层面秘密地给予回报。这并不是说所有的非正式行为对于正式的组织都是有害的：事实上正相反。如果没有非正式层面的交流和接触，没有管理者和员工的忠诚和一致，组织将无法生存，更无法实现目标。例如，在英国、泰国以及日本，为国家旅游组织服务的高级官员都为他们的组织服务了很长时间。

结果是什么？英国的实践和绩效

这一部分我们分析了英国旅游业的公共部门管理，特别是1979年之后。公共政策的制定仅仅是管理内容之一。在原则上，公共部门管理应该体现在整个英国的旅游业中。但是在实践中，它更多地是体现在个别地区中。例如，北爱尔兰有自己的议会法案，苏格兰和威尔士的旅游管理近些年来也更加倾向于自治。

为什么政府要参与到旅游业中：实践

英国政府参与到旅游业是因为经济原因，因为要平衡收支，提高外汇收入。经济需求是政府在20世纪20年代和20世纪90年代参与旅游业的主要驱动力。直到1969年，政府管理很少涉及旅游业，旅游业主要是由私有部门来管理。政府开始更直接地参与旅游业是因为它们管理经济的责任以及旅游业对于经济的重要性。私有部门来管理多样综合的旅游部门，其有效性也是有所局限的。官员也要对给予旅游行业的补贴经费的用途负责。

英国的政治文化意味着政府参与管理旅游业的速度很缓慢。工党的政治理念是希望政府干预公共利益。因此，工党政府通过了1969年的旅游法案，建立了一个旅游业公共部门管理体系。北爱尔兰的旅游业由1948年的一个独立法案单独管理。与工党在政治理念上不同的是，保守党议员反对在英国旅游（British Tourist）的标题下后缀"权力"（Authority）一词（British Tourist Authority 为英国旅游局，意即反对设立这一机构——译者注）。另一方面，1969年法案的条款中的四个政府旅游拨款被撤回。撒切尔首相保守主义的政治理念显露无遗，该政治理念强调行业应该在市场中独立发展并找到自身的定位，不能依赖政府，政府参与应该维持在最低程度。

谁是旅游管理的参与者？

从历史上来说，私有部门一直引领着旅游业的发展，即使在20世纪90年代，在英国私有部门仍处于控制地位。英国旅行协会建立于1929年，私有部门一直扮演着领导角色，直到1969年的法案确立了新的管理体系。政府部门尝试帮助旅游业，例如首相、财政大臣和海外贸易部在1928年所支持的来英国运动。旅游业公共管理的一个缺陷是旅游业的隶属不断从一个部门转到另一个部门，不断有不同的大臣负责旅游业。1985年，贸易及工业大臣杨格勋爵（Lord Young）成为劳工部大臣，反映了政府对就业的关注，他将对旅游业的管理从贸易及工业部转移到了就业部。1992年，在大选之后，旅游业继续被转交到新成立的国家遗产部。有呼声呼吁任命专门负责旅游业的大臣或者建立一个独立的旅游部门。负责旅游业的高级别公务员说：

我做公务员已经很多年了，我经常听到那些有特别利益的人在某些场合

第四章 中央管理：政策规划

发表类似的观点。政府要平衡不同利益集团之间的利益。从来就没有一个理想的方式来组织政府。我们在就业部中有机制来影响其他部门，这我已经很满意了。我们有旅游业协调委员会，由州秘书长任主席，包括所有的大臣。我相信这些人每年都有两次会面。

（UK, House of Commons, HC 18, Employment Committeee 1989/1990: para. 389）

协调委员会并不是非常有效或高效。它无法执行所有的职能或者填补政策体系中的所有空白。旅游局并不代表委员会。协调委员会不是一个系统性的协调工具，大臣和高级公共部门管理者并不是永远都能确定它的功能是什么，它什么时间召开会议或者是否需要召开会议。

旅游业被认为是小问题，因此被安排给级别较低的官员管理。大臣们专注于获得晋升，因此他们充满激情地追求首相所认可的政治理念和政策，可能没有完全理解需求或者对行业没有很强的使命感。保守党的大臣们从1979年开始遵守市场理念，制定了政策来削减英国旅游局和英格兰旅游局的开支和活动。因为旅游业的分散性，导致政策制定难度很大。"英格兰的旅游涉及很多公司，数百个机构，二十个相关的代表处和组织，12个地区旅游局，以及大量的地方旅游组织和15个政府部门"（ETB, *Annual Report*, 1990/1991: 2）。

管理者如何管理

在公共和私有部门的共同努力下，旅游业一直持续增长和发展。与其他行业相比，政府给予旅游业的财政支持很有限，但毕竟还是给予旅游业一定支持的，这有助于在公共部门和社会中建立一种正能量。不可否认的是，在下议院贸易和工业委员会报告中，针对政府的工作、政府的管理、行业本身仍有一些负面评论（UK 1985: para. 7）。

政府通过减少有明显目的的政策来尽可能地减少可看得见的参与，但是仍然在旅游局以及通过政府提供的补贴中体现参与性。问题是没有任何清晰的具体的战略来指导如何使用财政补贴。更重要的是现行的立法框架下，在英国建立了三个独立且不同的受资助的旅游局，这意味着在英国没有一个整体统一性的政策和财政协调机制，因此相关的应优先考虑的工作没有被重视，各旅游局的战略之间也缺乏联系。

公共部门管理在没有清晰的政府目标的帮助下，要应对行业的压力和经济及就业方面的需求。管理一直是被动的、分散的，除了提高旅游者人数和外汇收入的整体性目标外，没有一个统一的战略或者政策。

政府通过资助旅游局，特别是市场营销，以及补贴旅游项目开发来支持旅游业。虽然英格兰已经没有类似的对开发的补贴，但在苏格兰和威尔士却存在。对旅游业负责的核心部门与其他部门就旅游业相关议题进行了协商。例如，政府旅游部门（指设在其他部级机构中的旅游主管部门——译者注，下同）与内政部协商取消对饭店房间内电视许可证的收费，与教育部协商引入一年四学期的学制来促进行业发展。政府旅游部门还监督各旅游局的活动和财政。大多数问题都是以一事一议的方式处理的，一般的公务员都坚信这种处理方式是很恰当的。

实践和绩效

实践

公共利益：一直以来，政府很少关注旅游业公共管理和旅游政策的制定。政府给旅游业的定位并不高，即使近些年也仅仅是表面上重视旅游业，虽然旅游业的经济贡献很大。

旅游业一直被忽视，因为它没有政府所需要的政治力量，无法像一个行业那样或通过它的从业人员显示出力量和组织性。在人们的心理层面上，它的重要性也无法和教育及健康相比。它的公共重要性是因为经济层面的原因才显现出来，于是 1969 年的旅游业法案通过旅游局建立了一种公共管理体系。在工党和保守党政府的执政时期，被认可的观点是旅游局管理旅游业才能满足公共利益。政府希望看到旅游者人数的上升，但是在实践中却很少关注制定旅游业政策。

在保守党政府执政时期，从 1979 年开始，人们的关注开始从旅游局转向了行业、市场、地区旅游局和当地政府。保守党的政治观念认为只有使行业和私有部门自己制定执行它们的政策并追求它们的利益时才能在最大程度上符合公共利益。政府的责任仅仅是尝试和提供最好的环境，以此使一个充满活力的行业积极地响应市场需求。

政府认识到应该保证纳税人所交纳的税收得到合理使用。政府认可需要在公共层面对旅游业持续支持，因为这个高度分散的行业中存在明显的市场失灵。但是，政府也同样感觉到在未来，私营管理者、地区、英格兰旅游局将实现最大可能的合作。

(ETB, *Annual Report* 1990/1991)

在实践中，强调在未来，政府对于旅游业的责任将被弱化，公共支出也将随之减少，这和"物有所值"是不完全一样的。

包括多种群体的下议院贸易和工业委员会（1985/1986）以及工业的相关部门质疑就保护公共利益以及为旅游业制定公共政策而言，这能否成为最有效率的管理体系。在实践中，对于在英国境内的旅游业而言，公共利益到底是什么是不明确的。政府的指引、政策和目标都是模糊的。英国旅游局和英格兰旅游局的联合主席说，"我个人认为我们没有政策。我认为应该适时有一些战略性提议，但是如果没有基金就无法实现。"（下议院，贸易和工业委员会，1985/1986 para. 627）政府不明确它的角色，因此没有在政策制定和实践中提供必要的行政管理来指导行业和"政策社团"。从1979年开始，很多政府大臣的政府发言大都是概述性内容，在实践中，没有体现在公共利益上，对于具体的政策制定和长期的行业整体战略也没有帮助。

产生这种情况的部分原因是因为政府的执政理念，也因为不止一个大臣或部门负责英国境内的旅游业。因此很难制定清晰的整体性的政策指引或确定什么是公共利益。各旅游局不制定国家政策，因为它们只定期地会面，还有其他重要的事情要做。在这种情况下，英国和英格兰旅游局面临很大的压力，但是如果没有更具体的、行政性的政府指引，它们也很难对政策做太大改变。

公共服务：政府在1969年建立旅游管理体系来为行业提供一种公共服务并协助管理外汇兑换。1969年的旅游法案的第四条允许为新的旅游项目开发提供资助，并把这种资助看作一种公共服务支持。这种支持也体现在对英国较贫困地区提供的公共服务支持上。1989年，英格兰的类似资助支持被收回，但是苏格兰和威尔士仍然延续。这造成了公共服务上的不公平性，与威尔士地区相比，英格兰的一些地区缺少政府相关资助的支持。此外，英格兰人均旅游收入也低于苏格兰和威尔士。

政府一直希望通过旅游业来帮助较贫困地区和解决就业问题，如1974年大臣彼得·索尔（Peter Shore）要求旅游局帮助国内不发达地区。20世纪70年代旅游业在整个欧洲成为了一种地区政策工具。英国保守党政府，虽然削减了在旅游业上的投入，但一直热切希望将旅游业作为一种公共服务工具来帮助挽救衰败的市区、中心城市以及失业率高的地区。

*有效：*英国政府的主要目标一直都是增加入境旅游者人数，来实现外汇收支平衡。这个目标已经实现了，旅游收入从1985年的71.2亿美元提升到1992年的134.49亿美元。但是在这期间，英国旅游收入在世界上的份额从6.13%下降到4.40%，其在国际市场上的份额下降比例高于欧洲其他国家。在接待入境旅游者人数方面，其份额在1980—1993年从5.6%下降到4.3%。游客总人数有所增加，但是英国的份额却在下降，因为其增长比例在世界新兴市场上的增长比例较低。政府和公共部门管理未能使国民留在英国境内旅游（1993年有23 500 000人到海外旅游），旅游账户显示，旅游收入直到1985年才超过旅游消费。

1969年前，英国政府甚至都没有为旅游业提供一个公共部门的管理框架，也没有意识到旅游业的重要性。如1969年蒙特利尔财政大臣罗伊·詹金斯（Roy Jenkins）与国际货币基金组织谈判，希望获得援助以解决英国的收支平衡问题。他都不清楚英国旅游账户的状况，内政部官员们也没有向他汇报。这与1933年情形类似（见Ogilvie），没人对旅游业有真正的兴趣，公共信息和数据都是不完整的。

为了有效地制定政策，需要政府和公共部门管理都有清晰的方向。对整体旅游开发的指导不充分，旅游业公共部门管理文献关注于削减支出，却忽视了制定政策和国家目标。未能开展合理化或新管理主义运动（20世纪80年代以后在信息革命背景下产生的管理学理论，以"让管理者来管理"为信条——译者注）来有效制定旅游业政策。

英国政府部际协作委员会是为解决全英范围内的问题而设立的，但是平

第四章　中央管理：政策规划

时很少开会，最多一年开两次会议。负责旅游业的官员数量很少，只有出现很严重的问题时才会和其他部门的人会面。这种制度安排恰恰说明了在旅游管理中缺乏总体方向和互相协作，甚至有时还存在混乱的原因。虽然英国旅游局和英格兰旅游局经常讨论开发连接英法两国的海底隧道（即英吉利海峡隧道——译者注）给英国旅游业带来的挑战，实践证明，这种讨论对真正的政策制定没起多大作用，因为缺少政府和高级管理人员的参与，并且政府不愿意在某些方面制定严格的政策，如公共投资和铁路。

英国旅游局和英格兰旅游局几乎没有权力，只是偶尔开个会议。在缺乏清晰的指引和政府整体战略的情况下，它们必须制定政策或政策决议。联合主席也只是兼职的，不真正了解政府体系的运作。进一步说，他不懂得在不同部门根据什么以何种方式分配基金。可以说，如果主席、部门的相关人员以及高级管理者能够在政治上表现很积极，能够向政府解释部门管理活动的价值的话，这个部门将会更有效力。管理者某种程度上过于职业，不注重政治，没有向政策社团宣扬是他们工作的价值。相反，很多旅游部长更关心他们未来的事业，而不是制定旅游政策。

效率：从1979年开始，保守党政府一直非常强调高效，但是高效却被定义为政府活动和公共支出的削减，没有考虑到管理的真正高效和有效的政策制定。大臣们、部级组织以及顾问进行了很多审查。

所有的审查心照不宣的主要目标是削减政府支出，使旅游业自行管理、自谋资金。在实践中，最简单的方式就是严格控制旅游局，削减它们的支出和活动。因此，政府目标很窄，缺乏更宽的视野或行业长期战略。政策制定过程就是大臣发起一项由他管辖的旅游部门所具体负责的调研并使用顾问来调查和分析某些具体问题。旅游局、政府部门、行业的不同部分，如饭店和餐饮、交通和旅行、吸引物和设施，以及地方政府都参与咨询。下议院委员会、贸易和工业部、劳工部对于旅游业、公共管理以及它的有效性采取了一种更广范围的视角。

1982—1983年的审查最终导致英国旅游局和英格兰旅游局的业务整合，这给两个旅游局带来了很大改变，如在伦敦西部建立联合总部，60%的业务活动由联合总部的服务机构运行。包括信息、协调公共关系、研究、财政、培训、行政管理和人事等。新任命邓肯·布卢克（Duncan Bluck）作为英国旅游局和英格兰旅游局的主席。在 1984 年夏天，关闭位于圣詹姆斯的旅游信息办公室。1988—1989 年更全面的审查进一步削减员工数量，因此 1990 年前英国旅游局和英格兰旅游局员工数量被削减到原来的 1/3。这也使得关于补贴的第四条款最终被废除。这主要是因为 1987 年发表在《旁观者》（Spectator）杂志上的一篇文章，该文表达了对英国旅游局的表现和效率的极度不满。文章认为英国旅游局只关心建立自己的权力，有大量的驻外办事处——目前已达 26 个——每年耗资 1 000 万英镑。认为英国旅游局凭它的能力无法解决问题（Trend 1987）。毫无疑问，组织可能会变得松懈，审查有助于提高他们的效率。政府声明分配给英国旅游局的钱不会减少，但是大部分都要用于英国在海外的市场营销，用于伦敦办事处的活动经费要减少。

  这些力图提高"效率"的革新措施的成本都很高。例如，关闭圣詹姆斯的旅游信息办公室在裁员方面耗资很大，而且之后在摄政街又建立了一个类似的办公室，雇用了之前的一些人。哈默史密斯（Hammersmith）办公室的重新选址耗资也很大，有很多这方面的负面评论，管理和员工的道德和效率也可能会降低。这种恶化的情况一直在延续，1994 年英格兰旅游局年度报告中谈到"旅游局未来前途的不确定导致了员工道德感下降"。这种话语出现在官方报告显得过于强烈（1994：33）。审查很耗时，因为员工要提供所有需要的信息，特别是在为国家一些部委所聘用的私人咨询公司提供信息时。给高级管理者也增添了很多工作，他们还必须回答下议院委员会的一些问题，并介绍出现的新的变化。政府审查的时间过长，在公布结果之前把旅游局置于很难的境地。审查的内容很少，质量也不高。下议院贸易和工业委员会认为"杨格审查报告"（Young Review）的范围太窄，分析很肤浅，建议虽然很具体，但是总的来说力度不够（Report UK, 1985/86, HC 106, para. 71）。

  1985 年的下议院委员会报告旨在提高旅游业公共部门管理效率，但政府驳回了该报告。1990 年，下议院劳工委员会认为对旅游业的审查过多会导致破坏，而不是提高生产力。1985 年，政府大臣强调在最近一段时间的

第四章 中央管理：政策规划

审查之后，需要时间来建立新的体系，但是 1988 年，又怂恿进行另一个审查。

公共管理缺少协调，苏格兰和威尔士旅游局复制英国旅游局的工作降低了整个联合王国旅游业公共部门管理的效率。这种复制导致了多余的花费，给旅游者也带来了困扰。在英国境内，公共基金在旅游业开发方面的支出和协调没有发挥效用，使用也不合理，浪费了很多人的精力，也没有收到效果。

责任：从 1979 年开始，一系列审查迫使旅游业公共部门管理要对其行为负责。虽然这些审查主要的对象是旅游局，但是下议院委员会也检查了政府在旅游管理方面的工作。那些负责审查的人使用了广泛的外部顾问，来获得更深入、更专业、更客观的调查。但是，顾问更倾向于削减管理开支，而忽视更广的公共服务和行业需求。他们忽视了高级管理者要对某些问题负责，如在类似关键问题上的决策失误和拖沓，以及在政策制定、政策贯彻执行、新的部门的建立、某些管理从一个部门转移到另一个部门等方面存在的问题。高级和初级管理者从 1979 年开始就一直从事管理旅游业的工作，他们的决策对于下一任的决策也会产生影响，所以很难清楚地认定某个人要对某个具体事情负责，当应该对某决策负责的某大臣调离了旅游业之后就更难确认具体责任了。

审查包括：

1982—1983 贸易部进行的旅游业审查。大臣为斯普罗特/拉蒙特（Sproat/Lamont）。

1984—1985 劳工部大臣杨格勋爵（Lord Young）进行的旅游调查，内阁办公室的企业部门希望使旅游业摆脱"障碍和压力"。

1984—1985 下议院，贸易和工业委员会调查旅游业。

1990 下议院：劳工部委员会调查旅游业。

1988—1989 劳工部调查旅游业，大臣为福勒/斯特拉思克莱德（Fowler/Strathclyde）。

1994—1995 麦肯锡咨询公司（Mckinsey & Co.），旅游业分析和战略回顾，大臣为多雷尔/英格尔伍德（Dorrell/Inglewood）。

审查旅游业所依据的条款（Terms of reference for the tourism review），1988—1989：

第一，考虑到政府在行业发展中的角色；

第二，考虑劳工部提供的基金的级别和分配情况；

第三，考虑使用这些基金的机制，在政府目标方面是否有成本收益；

第四，考虑英国旅游局和英格兰旅游局是否会采用建议。

（UK，Department of Employment 1988）

类似这些条款都很好，但是在使用中，往往片面强调关于资金方面的条款。有效的问责制可以提高管理的问责、效能、效率和公共责任。20 世纪 80 年代开始，旅游业公共部门管理有很多负责形式，但是过分关注于限制旅游局活动和削减支出。虽然有了一定的改善，但是政策制定体系并没有更加有效或高效。虽然行业管理有了更多的权限，但是关于英国的旅游业政策制定和贯彻执行的公共管理却并没有太大的改善。

绩效

1979 年后，由于预算和组织人员数量的限制，英国旅游业的公共管理质量开始下降，虽然在海外办公室的旅游业公共管理有了一些改进。无论 1979 年开始执政的新政府如何措辞，旅游业绩效实际上是下降的。1995 年，在政府的主要报告《旅游业：与最好的竞争》（Tourism：competing with the best）中，政府认为如果其在世界市场上的份额能够恢复到 1980 年的水平，收入就会增加 30 亿英镑。报告中还指出 1980—1982 年，几乎所有吸引英国人的旅游目的地的国际旅游收入增长幅度都高于英国的增长幅度（1995：8）。太多的海外游客对住宿和高价格不满意，虽然英国人认为很容易预订海外旅游。高级大臣（senior minister）说：

该方案对于旅游业来说还不是一个全面性的战略。这是用一些实际行动来确定某些关键问题过程的开始。我希望这将是政策发展方案的一个开始。

（Rt. Hon. Stephen Dorrell；MP，Secretary of State for National Heritage 1995：5）

第四章　中央管理：政策规划

花了16年时间执行一项方案却只是一个"开始"，并且是"不全面的战略"，这意味着政策制定和政府管理的失败。英国市场份额的下滑也说明了工作不力。

小结

中央政府参与政策制定，是因为它们有责任制定国家目标，做出主要决策。它们有权力，有关于总体情况的信息，法律上认可由中央政府来界定什么是公共利益和公共需求。在政党执政理念和政策社团所影响的国家政治文化背景下，高层政策制定者、政客、公共部门管理者共同制定政策、战略和指引。级别较低的管理者管理旅游业时需要这些指引性的政策和一个支持性的环境。由于经济、政治、权力、原则等方面的原因，政府参与到旅游管理。

很多组织和其他参与者是制定政策的政策社团成员。其中，最重要的是旅游部长和旅游部、国家旅游办公室和有实力的政治及行业领导者。

管理过程很复杂、分散、不断增多、缓慢，被动回应市场。不确定和模糊的环境带来了更多的困难。一个有效和高效的体系需要管理者在制定与执行政策过程中是专家，熟练应对交流和合作并善于与他人达成一致意见。非正式的因素也很重要，可以起到正面或者负面的作用。因为要符合公共利益，所以政策制定过程应该是民主的，对最多的参与者开放，虽然这可能会延误制定过程。

政府的执政理念应该是关键性的，特别是当旅游部长们模糊地遵循原则的时候，如英国实例分析中。政府权力会影响到政策制定过程和管理者对后续结果的履行。政策涉及的范围可能很窄，目标很有限，对公共利益和公共需求没有过多考虑。英国研究指出，行业的真正需求和发展可能会被忽视，特别是在过分关注经济的有效和高效方面时。公共开支可能会在短期内被削减，但是可能会因此增加旅游业长期发展的花费。规划、战略和政策也许是不现实的，因为没有充分考虑政策如何被执行以及所需要的管理机制和资源。

在政策的制定中，目标不应该仅仅是利用国家资源来开发旅游，还应该包括维持可持续发展。为了获得最好的结果，制定政策需要获得公共利益和公共服务原则之间的一种平衡，需要一种推动力来实现更具活力、有效和高效的旅游业。检验政策制定是否成功的最终依据是政策的真正贯彻执行。下一章我们将继续讨论。

建议阅读材料

Adams, I. (1990) *Leisure and Government*, Sunderland, England: Business Education Publishers.（设专门章节介绍英国的政府制度、地方政府、乡村、旅游业—历史、政府等专题）

Anderson, C. W. (1984) 3rd edn, *Public Policy Making*, New York: CBS College Publishers.

Callaghan, P. (ed.) (1959) *Travel and Tourism*, Sunderland, England: Business Education Publishers.（设专门章节介绍英国的政府和旅游业）

Dye, T. (1995) 8th edn, *Understanding Public Policy*, Englewood Cliffs, NJ: Prentice-Hall.

Hall, C. M. (1995) *Tourism and Public Policy*, London: Routledge.

Hogwood, B. and Gunn, L. (1984) *Policy Analysis for the Real World*, Oxford: Oxford University Press.

Holloway, J. C. (1994) 4th edn, *The Business of Tourism*, London: Pitman.（解释英国公共部门的旅游业是如何组织起来的）

Parsons, W. (1995) *Public Policy: An Introduction to the Theory and Practice of Policy Analysis*, London: Edward Elgar.

Pearce, D. (1992) *Tourist Organizations*, Harlow, Essex: Longman.

Willians, A. M. and Shaw, G. (1991) 2nd edn, *Tourism and Economic Development*. London: Belhaven Press.（设有英国旅游政策和发展的章节）

第五章　中央管理：贯彻执行

本章主要阐述：
- 执行的重要性和困难；
- 谁是参与者，特别是行政组织；
- 公共部门管理如何管理执行和使用的手段；
- 案例分析：泰国。

公共部门制定政策、战略和规划是相对容易的，较难的是执行。管理者可以协商，如在办公室中、在正式的会议上、在书面的报告和政策项目中、在制定法规和决策中，但是都必须要执行。从第二次世界大战末期开始，出现了大量关于多个行业（包括旅游业）的公共管理的出版物、项目和规划。发达工业化国家和国际组织为发展中国家设计了很多规划，预计将产生很大的收益，但都未贯彻执行。从某种角度来说，韦伯的官僚体系就是文件的制定。除非政策和决定被贯彻执行，否则关于政策和决定的文字形式的管理文件是没有意义的。执行并不简单，需要很多资源，包括政治领导人和管理者的认同、人力资源、财务、领导者、权力、知识、技能和经验等。

为什么：执行和困难

执行

执行政策是公共部门管理者的一项重要工作。是一项基本的责任，但却非常困难。当在政策制定阶段就存在缺陷时，政策就更难以执行。不执行政策意味着浪费资源、时间以及制定政策过程中的专家意见，期望被提高，但却没有实现，管理者以及政治领导者的威望也将下降。政策社团的成员以及相关人员将失去对公共部门的信任，政策本来要解决的问题也许会变得更加严重。通过法律程序所制定的政策、决定和目标将由公共部门管理者执行，即使他们的意见可能与之不符。这主要取决于政策的性质。一些政策相对简单明了，包括少数机构和资源或者权力转移。如海外旅游业市场营销，这相对简单，包括少数组织，有专门的基金，不属于政治矛盾冲突的范围，所以这方面的政策贯彻执行得很成功。进一步说，专业的市场营销管理者对给予他们的资源进行了成功的管理与运用。

对任何一个管理者都适用的检测方法是看政策目标的实现程度，但是旅游业开发规划的贯彻执行程度不仅可以测度管理者个人，也可以用来测度公共部门管理体系。用以进行测度的政策目标不仅包括市场营销和提高旅游者人数，也包括一系列其他政策目标，而且还涉及社会中的权力群体。此外，还应评价公共管理者和政治领导者在贯彻执行政策过程中如何谨慎和民主地运用权力。新加坡是旅游业发展最成功的国家之一，对开发并不总是敏感，破坏了很多古老但有吸引力的建筑，也影响了对其邻国中国的吸引力。但是，当旅游业开始下滑时，管理者调整了政策，开始重新修建历史街区，新建新的吸引物，以此实现相关目标。

应用

无论政策在具体应用中发生了什么问题，具体应用都是最重要的。实际情况是否得到改善或服务是否真正提高？管理者可以规划和决策并开始贯彻执行的过程，但是，特别是在旅游业，在应用层面很难完全贯彻执行得像规划设想的一样。例如，可以决定改进国际机场旅游者的到达程序。但失败的管理沟通和监督将无法促进入境和海关程序的改善。这是应用层面的失败，也很难改善服务。

管理者必须能够将各种可利用的资源集中到一个统一的组织体系中，激励员工能够贯彻执行组织所声明的正式目标，传递所需要的服务。执行政策

第五章　中央管理：贯彻执行

是管理者的首要职能，同时他们也负责组织的整体运行，维护组织的行政管理体系。组织的正式管理，例如韦伯的官僚管理体系，将占据管理的全部时间，将导致应用层面的执行不力。同时，目标转移也会导致执行不力。例如，组织内部强烈的生存本能将取代政府要求的目标。国家航空公司更关注它们的生存和优势地位，而不是吸引更多旅游者的国家目标。

应用层面的成功可以以英格兰旅游促进机构主席在1990/1991年度报告中的前言做具体说明，公共管理运用相关计划和基金直接应对危机：

地区委员会告诉我他们意识到并欢迎英格兰旅游促进机构的国家领导角色。很多问题是在国家层面、与合作者的协作中解决的。英国就是一个很好的例子。海湾战争导致产业出现危机。政府同意设立额外基金以备不时之需，尽管经济衰退，但我们看到行业积极地回应挑战，我们的地区同盟对我们给予了很大的支持。

(ETB, *Annual Report* 1990/1991)

执行中的困难

执行过程中会产生很多问题，包括政策的意思模糊或者前后矛盾。政策包括正式的政府声明，以及政治领导人或级别较高的管理者的发言。管理者面对的一个主要困难是尽管政府保证为行业提供支持，但是没有任何政策方向。例如，在英国，缺少针对行业的政府指引是持续的抱怨对象，例如1933年奥格尔维（Ogilvie）以及1985年一个下议院委员会都抱怨"关于将英国旅游业作为整体开发方面没有可应用的整体政策。"（UK, Parliament 106, Trade and Industry Committee 1985）对于如此重要的行业来说，很奇怪没有政策以应对英国旅游业面临的威胁，威胁可能来自成功的欧洲迪士尼（现已更名为巴黎迪士尼——译者注），大运河或安全方面，如爱尔兰共和军对伦敦机场的袭击。同时，管理者对可能的执行方面的障碍也没有给予足够的关注，"中央政府鼓励的过于频繁的高成本投资受到当地和地区层面不同群体的否认，这绝不是国家层面获得稳健投资的一种好方式"（BTA *Annual Report* 1975）。

旅游部门印制大量宣传册、书面规划、提议和目标，但是公共部门管理者发现很难将此彻底执行。这种情况很普遍，尤其是在发展中国家，开发规划很少或很不恰当地执行，部分原因是缺少资源和基础设施。如果财力、人力资源以及管理技能应用不当，如果政治和行政领导者没有做出承诺，那么很难将规划真正落实。新的政策可能招致既得利益集团和公共组织的反对，既得利益集团反对是因为新的政策可能会使它们失去一些权力或特权，公共组织反对是因为它们不愿意或是被迫贯彻落实政策。由于政策的不切实际，导致政策很难被贯彻执行，如一些旅游开发规划更多强调的是专业规划者的理念，而不是实际可能性。开发方面政策的执行通常是更困难更具争议，因为它涉及很多组织以及大量资源的转换，包括当地社区失去它们生活区域和生活方式的可能性。如果只是为了经济和政治利益，也可能给当地居民带来负面影响。

当出现时间、成本的过度使用以及对目标实现情况失控时，在执行的管理控制方面也会出现问题，例如在英国，1971—1973 年，政府补偿每间客房 1 000 英镑以鼓励建立新酒店（饭店开发激励方案）。估算总成本将达 850 万英镑，但实际成本超过了 5 000 万英镑，涵盖了 2 500 个项目。伦敦建立了太多的饭店，其中半数以上的饭店价格较高。两个部门在规划许可方面产生了冲突和延迟。1974 年，大臣说："有很好的理由相信近年来建设的大多数饭店，即使在没有资助的情况下，也会建起来"（UK, House of Commons Debate 1974）。

谁：联邦、州和法定组织

政策执行管理过程中涉及的主体（包括个人或组织）不是一成不变的，尤其当小政府有压力时，市场力量带来的政治压力促使责任从国家政府管理部门转移到其他机构或私有部门。政策可能由中央政府中的小型政策部门制定（这类部门负责向政治领导人提供建议），而执行是由另外的组织负责。在大多数公共管理体系内，旅游机构或大的部门中的旅游分支管理机构都参与政策制定和执行，但是在实践中可能两方面都很少涉及，将大部分职能留给私有部门，将公共营销职能留给国家旅游办公室。在实践中，不可能做出明确的区分。大多数好的政策制定时需要大量的调研以及来自基层的执行政策的人员和对政策的执行能产生影响的人员的广泛参与。以旅游业为例，在制定政策时，尤其应具备实际经验和对行业的深刻了解。在实践中，很难明确区分政策的制定和执行。

国家旅游管理部门通常指所有在国家层面负责旅游管理的公共组织。

联邦和州政府

对执行进行管理的主体包括国家或联邦、州、省和地区政府。它们对旅游业管理所承担的责任将反映出不同政府在各自国家的法律和政治地位。州政府机构与联邦和国家政府在旅游业方面较为类似。在澳大利亚，联邦和州政府都积极地参与旅游业管理，但是在美国，大部分州政府比联邦政府积极。里克特（Richter 1985）对美国州政府在旅游业中的地位进行了分析。任何一个国家旅游业的成功都需要所有层级政府与行业之间有良好的交流、协调和合作。

加拿大的旅游业发展较为成功，旅游收入居世界前列，对加拿大的经济作出了巨大贡献。联邦、省和当地政府组织都对旅游业进行管理。在联邦层面，旅游业公共管理始于1934年，建立了加拿大旅游局，目前加拿大联邦工业部（Federal Department of Industry Canada）负责管理加拿大旅游业。加拿大旅游委员会包括公共和私有部门会员，该委员会负责向大臣提出建议。外事和国际贸易联邦部负责通过加拿大大使馆的商务官员向国外推介旅游项目。

法定组织：国家旅游者组织

法定组织被看作是最有效和高效的公共管理形式之一，世界范围内很多政府都广泛利用法定组织。法定组织在执行旅游业政策以及市场营销方面尤为重要。即使国家有专门负责旅游业的部门也通常利用法定组织，例如1992—1996年的澳大利亚。法定组织通过法令或法律建立，履行在传统官僚体系中的部门难以履行的职能。它们拥有其他部门缺少的自由，因此可以及时地回应行业和市场的需求。

在理论上来说，法定组织在管理时应该有私有部门那样的自由，但是它也有公共利益和责任要求。正式和非正式的政治干预和政治理念会限制其管理的自由。法定组织存在于很多行业，用于很多途径，包括：

- 市场营销，如国家旅游办公室。
- 制定规章，如环境保护，外资控制。
- 开发，如旅游开发和投资。
- 政府商业企业，如航空公司和铁路（可以采取常见的私人企业形式，而不采用法定实体形式）。

专栏5.1　法定组织的优势

1. 与一般的部门相比，它们是自治的，独立于部委和中央官僚机构体系，是独立的法律实体；
2. 议会法案所确立的独立、客观和权力；
3. 组织的委员会和主席都是独立的；
4. 委员会将包括旅游业代表，以提高其管理能力；其他相关的人可以来自公务员、贸易联合会以及环保群体；
5. 有独立于财政部的财政管理，有自己的财源；
6. 有独立于政府公务员体系的用人机制，有包括在任命、工资、解聘等方面的自主权；
7. 独立的专家员工，有旅游业和公共部门相关经验；这是在一般传统政府中所没有的；
8. 首席执行官或指挥者由委员会选择，而不是由大臣选择；
9. 委员会决定主要政策、使命、主要目标和优先考虑的事项，监督绩效和在社区与公共利益方面的责任；
10. 可以与行业很好地合作，是有高效率的合作伙伴；能够意识到市场供求关系；
11. 他们有经验和知识，是公共部门的一部分，与公共部门合作。

（Australian Government Inquiry into Tourism AGIIT 1986：94）

在旅游业，由于政府部门和私有部门无法提供旅游业所需要的管理，因此，很多组织的功能已经发生了变化，以便更好地提供旅游业所需要的管理，如澳大利亚旅游局、泰国国家旅游局、日本国际观光振兴机构等。虽然它们有很多职能，但是它们的主要精力集中在市场营销方面。在英国，1969年立法建立了四个法定组织，包括英国旅游局（BTA）、英格兰旅游局

(ETB)、苏格兰旅游局以及威尔士旅游局。

1. 英国旅游局（BTA）的职能包括：

(a) 鼓励人们游览英国，鼓励在英国居住的人们在英国度假；

(b) 鼓励提供和改善英国的旅游设施。

2. 为了履行职能，每个旅游促进机构都应有权做任何必要的事情。

(Development of Tourism Act 1969)

英国旅游局有很多职能，但是主要精力集中在海外市场营销方面。同样，另外三个类似机构也有一些职能，但是主要精力集中在英国境内对其所属地区进行市场营销。苏格兰和威尔士的政治压力使得这两个地区的机构能够有权力直接在海外对其地区进行市场营销，而不需要通过英国旅游局。澳大利亚的情况与之类似，由于旅游业的重要性逐渐增强以及管理需要，1967年，澳大利亚政府建立了澳大利亚旅游局。在英国，法定组织取代了现存的私人组织，该组织之前一直由政府资助。在美国，虽然没有类似的法定机构，但是在1981年国家旅游业法案下建立的美国旅行和旅游管理局（USTTA）也有类似的特点，在市场营销、提供建议、协作等方面发挥类似的作用。美国旅行和旅游管理局取代了美国旅行服务局（US Travel Service）（1961 Act）而成为联邦政府的旅游组织。1996年，美国国会取消了美国旅行和旅游管理局的基金，希望它能够通过行业自行实现其职能。

开发

法定组织在执行旅游开发方面发挥了很大作用，特别是大型项目或地区开发。当没有合适的私人投资或者是采用公共—私人合资的形式进行开发时，发展中国家通常通过法定组织确定政府投资在旅游项目中的分配。这种实体的优势使它独立于中央官僚体系，但受公共财政及相关目标的控制。管理者是其所在领域的专家，与传统管理流程相比，可以更快速和高效地完成特定的发展目标，墨西哥、古巴、印度尼西亚（巴厘岛）通过这类的机构成功开发了大型海滩度假地。在墨西哥，类似机构在成功实现其目标并完成私有化的政治层面推动后被解散。国家或州旅游办事处也可以进行有限的开发和投资，有时会将公共土地作为一种投资。

委员会管理

委员会层面的管理可以对这些法定组织的成功作出重大贡献，特别是如果委员会主席积极并富有责任感时。主席通常属于政治任命，要符合一些条件，通常是兼职。一个成功的主席要有行业相关经验，需要部长提供政治支持以从官僚体制中获得资源，并通过官僚体制执行政策。主席必须与委员会的其他成员有很紧密的关系，特别是首席执行官。理论上来说，主席与委员会应该决定主要政策，首席执行官应负责组织的管理。

委员会通常是兼职、独立的，有固定的上班时间，以便将新的理念带到组织。他们可以代表行业、相关部门或地区。会员来自于贸易联合会、环保群体以及政界。理论上来说，他们的任命应与政党、政治等原因无关。公务员可以是连接委员会与官僚机构的纽带，但同时也看以看作是对委员会独立性的威胁。在澳大利亚，委员会中有一个来自具体负责部门的公务员是为了"方便对公共行政机构和法定责任需求以及政府政策的理解" [Australian Government Inquiry into Tourism（AGIIT）1986：79]。委员会负责任命首席执行官，批准高级人员的任命，确定组织需优先考虑的事项，确定组织政策和战略规划。委员会成员通常每月开一次例会，听取首席执行官的报告。美国旅行和旅游管理局虽然不采用委员会管理形式，但直接受商务部长管辖，商务部长是旅游政策委员会主席。

首席执行官管理

首席执行官是组织中的核心人物，负责资源管理、人员管理以及执行政策。首席执行官完全掌握管理责任，要向主席及时汇报主要发展情况，同时，也要向部长汇报。首席执行官应该有成功的管理经验以及具有在大型组织中担任过领导者的经验。首席执行官的个人管理质量将比在旅游业或政府部门中的经验更重要，当然，这种经验将提升首席执行官的绩效。成功与否取决于是否能够维持专门的旅游管理与一般管理能力之间的平衡。它需要在敏感的政治和公共领域中保持谨慎。但是，首席执行官这个职位也需要个人创造力和对服务领域的积极贡献。首席执行官要经常接触行业并对行业有信心，这是非常重要的，同时，首席执行官也应该与公共部门保持密切关系。

旅游管理机构的人员将包括旅游部门中的很多专家或部门所需要的一些专家，尤其是有市场营销技能的专家。这将独立于一般的政府公务员体系，有自己独立的工资和待遇体系。这对于机构能够随意应对市场需求非常重要。机构聘任的一些员工包括管理者有的可能很年轻，因此他们可能有非常不容忽视的经历，但是他们必须应对旅游业不断提出的挑战，不能自满或过于官僚。

其他组织

对于执行旅游业政策及提供相关服务来说，很多组织都很重要。例如，如果没有中央机构的支持，如财政、人员、管理、规划和首席执行官办公室以及它们可以给予的财政及权力资源，执行政策是不可能实现的。在美国，旅游业政策委员会负责协调，其会员组织对于政策执行也很重要。包括管理和预算办公室、商务部、能源部、内务部、劳工部、交通部以及负责外事的州国务院。内务部负责国家公园和遗产保护。国会的支持在美国也是非常必要的。

获得其他组织的支持对于旅游管理者来说是一个挑战。很多组织有各自的目标以及政治和政策安排，一般与旅游业的关系都不太大，所以旅游管理者需要争取它们的配合。这些组织掌握着很重要的权力，在政治和行政管理体系中有重要的地位和影响，它们可能蔑视地位等级较低的部门或机构，如旅游业。它们有时会同意旅游业方面的提议，但是却不能以一种有意义的方式来执行。如果入境旅游者人数增多，交通和航空组织与航空公司需要合作，同时，移民局也应减少入境方面的诸多要求，在包括税收和外国投资规则等不同种类的财政要求方面，应至少保证对旅游业是公平的。旅游开发管理中包括不同政府层面的很多组织，这是最难执行的政策领域之一。与旅游业相关的其他组织包括治安、健康、教育、海运、环境等。

如何：权力、财政、职能、问题和规划
权力及权力的使用

管理者有权力是因为他们的职位和领导能力，但是他们也有来自于不同途径的权力，他们也可以利用这些权力来执行政策。他们可以强制执行或不执行法律法规和财政措施颁发或拒绝颁发许可，给予或不给予咨询和参与的权力。对旅游者直接的控制可以是限制他们的旅行权利或者是外币使用，例如，1966年英国对出境旅游者每年每人携带金额有一定的限制。这是为了保护英镑不贬值。更正式的机制是利用官僚体制方法来加速或减慢执行过程，以此来支持或反对过程中的其他利益方。管理者也有权力解释大臣给予的指导方针或希望。如同很多国家一样，在英国，首都是旅游者游览本国的主要入境口岸。通过向英国旅游局强调其他地区的发展，工党政府已经尝试来平衡和控制这种局面。1984年，保守党政府向英国旅游局提出要意识到伦敦作为入境口岸的重要性，因为之前的指导政策没有很恰当地肯定这一点。管理者经常要谨慎判断如何执行政策。

最高层面的正式权力来自于国家宪法。美国和澳大利亚的宪法中都没有提及旅游业，这不利于政策的执行。澳大利亚宪法中的第51款有关于旅游业政策的间接表述，规定联邦政府控制和管理检疫、航空、海关以及世界遗产地。州政府掌握其余的权力，因此负责国内旅游业。缺少宪法支撑会导致冲突、重叠和政策执行中的诸多问题。1976年制定了正式的协定尝试克服问题。旅游部长理事会协定确定了旅游业对联邦政府及州政府的价值，列出了各级政府的责任。联邦政府负责整体的促进与协调，其他政府负责国内旅游业、基础设施建设、规划、规则以及州内设施和景区开发与提升。

在美国，相关组织通过国家委员会参与制定和执行旅游业政策。最重要的国家委员会是全国州旅游局长委员会（National Council of State Travel Directors），这是主要的协调和信息处理的组织。所有州和准州地区的旅游局长可以见面互通信息，将一致的意见反馈给联邦政府。虽然直接权力相对来说很小，但有很大的影响，其他国家委员会负责地区旅游业、乡村旅游业和旅游景区等。

第五章　中央管理：贯彻执行

财政

公共财政对于旅游业开发是至关重要的。私有部门很难提供旅游业所需要的基础设施，如公路、铁路、机场、水和垃圾处理。当在一个未经开发的海岛或郊区开发一个新的旅游景区时，更需要加以论证。私有部门依赖公共部门提供的花费巨大的基础设施。政府在这些方面投入巨大。在英国，杨格勋爵（Lord Young）认为：

即使不包括交通和基础设施的花费，这些可以看作是为了达到更广泛的目标，中央政府在旅游业和休闲业的花费仍将占年度预算的很大部分。用于支持旅游业和旅游项目，保护乡村和自然环境，维护遗产以及鼓励户外运动等的花费在 1984/1985 年达到每年 3 亿英镑。

但是政府相信它首要的任务应该是处理妨碍旅游业发展的行政管理障碍或其他方面限制。

（UK，Cabinet Office 1985）

在实践中，首要的任务是缩减开支，不再用财政资金支持旅游业的发展。在对旅游业进行研究后，英国政府于 1989 年 1 月宣布，将终止依据 1969 年法案中的第四款对旅游业发展给予的资助。

对于政府和管理而言，最困难和矛盾的领域是政策贯彻执行以及对新建机场和现有机场改造的财政支持。在提高入境旅游者人数方面，机场是一个关键性因素。英国面对着与英吉利海峡隧道所需铁路开发类似的问题。法国一直准备提供大量的公共基金，以备建造连接隧道的高速铁路体系之需。

在大部分国家，公共资金用于国家旅游局，国家旅游局的主要职能是在海外对本国旅游业进行市场营销。市场营销主要由公共部门提供财政支持和管理。在澳大利亚，近年来用于市场营销的费用在逐年增加。1993—1994 年，澳大利亚旅游局被批准的经费 7 781.7 万澳元，比 1986—1987 年增加 150%。管理者要提供更有效更高效的财政管理。政府税收可以用来支持行业发展，饭店房间税可通过国家旅游机构用于市场营销，如新加坡。澳大利亚政府将机场税从 10 澳元增加到 1991 年 7 月的 20 澳元，这样总税收会提高，虽然不是与行业直接相关，但也与之类似。很多国家如英国、日本、泰国，都开征机场税，但是税收会导致旅游者旅行成本的增加，这会使该国的竞争力下降。

管理职能

旅游管理者所获得的资源不仅来源于法律和财政渠道，也来自于管理技能以及他们的知识。他们要熟知行政管理体系及其在法律上和实践中的运行，好的管理者要对该体系了如指掌，并能利用该体系实现目标。管理者也需要拥有关于旅游行业更加专业的技术知识，并懂得旅游业是如何运行的。同时，还需要有一定的管理经验。这些都将使管理者能够就旅游政策的执行向政治和行业领导者提出建议。由于旅游业的关联性和多样性，需要管理者在充满竞争甚至是敌对的外部和内部环境中实现管理。连续性是非常重要的，尤其当政策执行了很长一段时间的时候，如在机场和地区发展中。管理者需要建立和发展与旅游政策社团内不同部门之间的良好关系。这是成功的管理和政策执行的关键因素。

有效的沟通交流是必要的，主要源于旅游业需求和供给的不断变化。为了保证积极的协作，管理者必须要准备与政策执行中的相关利益者协商和妥协。当政府体制趋向解体或强化时，这些管理角色尤为重要。当政府体制趋向强化时，政策才容易执行，反对声音才会最小。

相互依赖是旅游管理的基本，旅游业中各要素是相互依存的。每一个部分都需要与其他部分进行利益交换，理想上来说这是合作关系。虽然其中有很强的自我利益因素，但是公共部门管理者应该尽量保证保护公共利益。

管理者可能扮演一种被动的赞助者角色，但是行业需求要求其扮演的是一种积极的领导者角色，带头采取行动，执行政策。协作也是一个关键职能——关于政策创意、项目以及很多参加的机构和参与者。

专栏 5.2　首席执行官的必要职能

1. 战略规划领导者。
2. 提出政策规划和文件，以供董事会讨论。
3. 保证人力资源的有效管理。

> 4. 与关键的外部和内部公众保持关系。
> 5. 在重要、非日常工作的问题上做决策。
> 6. 对总的结果和资源利用负责。
> 7. 保证程序运行的一致性。
>
> （Australian Government Inquiry into Tourism AGIIT 1986：94）

在澳大利亚，在新管理主义的影响下，澳大利亚旅游局首席执行官有了常务董事（managing director）的头衔，但是其职能与其他旅游局的首席执行官是类似的。

贯彻旅游政策所需要的一些活动和职位体现在英格兰旅游促进机构1990—1991年的管理框架中，可以与加拿大旅游局1996年的组织结构作对比。

标准和问题

很多标准可以用来测度管理是否成功，包括对澳大利亚旅游局常务董事必要职能的绩效检测，应该应用一些一般规则，包括公共利益、公共服务、有效性、高效性和负责等方面的准则。

有效性意味着要达到正式的目标，是旅游管理最广泛认可的测量标准。例如，成功的旅游开发包括相关指标的增长，如游客数量、外资、游客停留时间、游客花费、新饭店及房间的数量以及地区旅游开发等。评估管理对于行业长期生存能力或生态的可持续发展的贡献是比较困难的。20世纪60年代，西班牙的沿海开发还算成功，但到了20世纪80年代及20世纪90年代却难以持续。

高效是指在可能的最低成本基础上实现旅游目标，也就是说，从可获得的资源中获得最大可能的回报。在新管理主义理论下，政府已经努力通过缩减经费以鼓励高效。公共部门管理者有必须达到的正式的政策目标，也有非正式目标，同时也有一些其他的责任。

由于不同目标和责任之间存在着矛盾和冲突，例如有效性和公共利益之间，因此评估存在着一定的难度。在提高旅游者人数方面，管理可以是有效的，但在保护环境方面，却可能没有考虑公共利益。成功的管理者如果不能做到比对手更好，那么至少也应该达到和对手一样的水平。他们要回应、面对或主动创造需求。但是他们也应该意识并回应国内行业部门和当地社区的需求。成功的管理者不仅要利用国家旅游产品，而且要进一步提升和改善旅游产品。

旅游管理中的问题

由于不同机构之间存在着冲突，因此旅游管理中也存在着问题。目标可能过于狭窄，或者目标过于强调经济，导致对环境的过度利用或忽视非经济因素。旅游业所带来的经济利益可能会取代更广泛的公共利益。无能或腐败的管理者不执行政策也会导致一些问题。产生这些问题的原因是行业的多样性特征以及公共部门中的分裂和竞争。公共管理体系是缓慢的，麻烦的，甚至可能与行业需求脱节。在社会最基层，如街道层面，政策可能并没有得到贯彻执行（见 Lipsky 1980）。

非正式的因素也会引发一些问题。隐蔽的权力群体和关系，管理体系和政策社团内的个人和既得利益，都将妨碍公共目标的有效执行。政治官员和管理者可能会秘密寻租，导致腐败以及滥用公共资源（包括公共部门管理体系）。公共部门管理体系是一种公共资源，应该用于公共利益，而不是私人利益。具有自利文化的管理体系，是隐蔽的，受非正式的利益和官员以及机构竞争所驱动，对于以公共利益为基础的旅游开发具有破坏性。国家旅游办事机构主要关注于市场营销和提高旅游者人数，管理者很少关注其他目标。这些管理者可能过于专业或过于技术化，以至于造成目光短浅。

部长们可能以政治的名义利用国家旅游组织（NTOs），理事会成员也可能将他们各自的政治和个人目标凌驾于组织目标之上。国家旅游组织（NTOs）的主管部委对旅游业可能没有兴趣或并不重视旅游业，因为旅游业在整个行业里是一个较小的类别。部委也可能利用国家旅游组织（NTOs）作为保护部门和避免责任的工具。在这种环境中，管理者将成为"政治游击队"，很难执行正式的目标。国家旅游组织（NTOs）也可能成为旅游行业

第五章 中央管理：贯彻执行

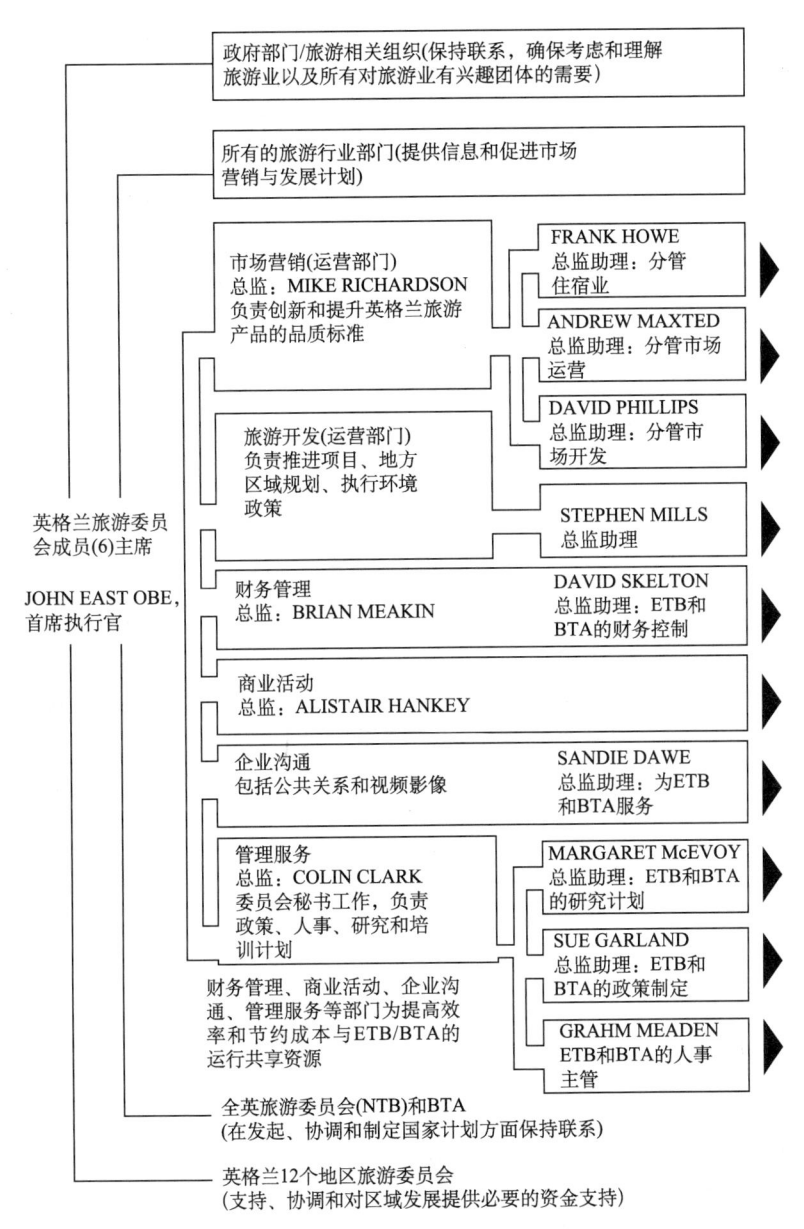

```
英格兰旅游委员会成员(6)主席
JOHN EAST OBE，首席执行官
├── 政府部门/旅游相关组织(保持联系，确保考虑和理解旅游业以及所有对旅游业有兴趣团体的需要)
├── 所有的旅游行业部门(提供信息和促进市场营销与发展计划)
│   ├── 市场营销(运营部门)
│   │   总监：MIKE RICHARDSON
│   │   负责创新和提升英格兰旅游产品的品质标准
│   │   ├── FRANK HOWE 总监助理：分管住宿业 ▶
│   │   └── ANDREW MAXTED 总监助理：分管市场运营 ▶
│   ├── 旅游开发(运营部门)
│   │   负责推进项目、地方区域规划、执行环境政策
│   │   ├── DAVID PHILLIPS 总监助理：分管市场开发 ▶
│   │   └── STEPHEN MILLS 总监助理 ▶
│   ├── 财务管理
│   │   总监：BRIAN MEAKIN
│   │   └── DAVID SKELTON 总监助理：ETB和BTA的财务控制 ▶
│   ├── 商业活动
│   │   总监：ALISTAIR HANKEY ▶
│   ├── 企业沟通
│   │   包括公共关系和视频影像
│   │   └── SANDIE DAWE 总监助理：为ETB和BTA服务 ▶
│   ├── 管理服务
│   │   总监：COLIN CLARK
│   │   委员会秘书工作，负责政策、人事、研究和培训计划
│   │   ├── MARGARET McEVOY 总监助理：ETB和BTA的研究计划 ▶
│   │   ├── SUE GARLAND 总监助理：ETB和BTA的政策制定 ▶
│   │   └── GRAHM MEADEN ETB和BTA的人事主管 ▶
│   └── 财务管理、商业活动、企业沟通、管理服务等部门为提高效率和节约成本与ETB/BTA的运行共享资源
├── 全英旅游委员会(NTB)和BTA
│   (在发起、协调和制定国家计划方面保持联系)
└── 英格兰12个地区旅游委员会
    (支持、协调和对区域发展提供必要的资金支持)
```

图 5.1 英格兰旅游委员会（ETB）管理结构

资料来源：英格兰旅游促进机构（ETB）年度报告，1990、1991

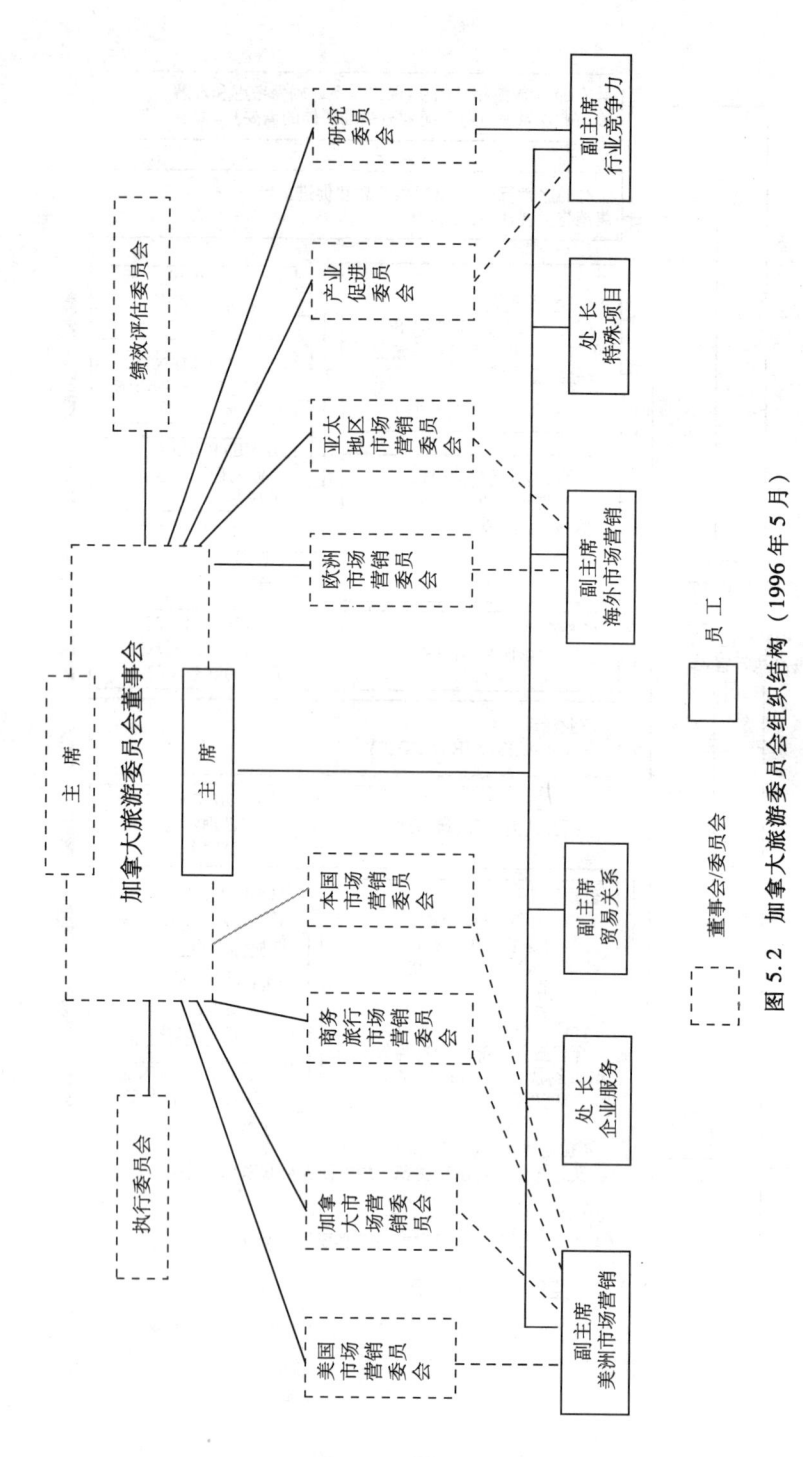

图 5.2 加拿大旅游委员会组织结构（1996 年 5 月）

的工具，无法履行社区服务义务。当一个行业（如旅游业）处于发展期，对旅游产品需求旺盛时，这时就很难区分是旅游业管理的质量还是自然的市场需求增长在旅游业的成功中起关键作用。当私有部门在旅游开发和市场营销中起主导作用时这种情况尤为显著。在市场营销中，便宜的价格通常是最吸引旅游者的要素，其他因素如管理技能则是第二位。因此，有时很难评估管理。检验管理是否有效的一个途径是看其如何在危急情况下处理问题，如内战、恐怖主义或工人罢工等。

在执行中，问题之一是不同政府有不同的市场营销和促销计划，例如澳大利亚和美国的州政府，或者进行英国海外营销的四个旅游组织。这种问题也出现在同一地区的地方政府之间。竞争可以刺激管理者提高他们的绩效。也可能是浪费资源，将使旅游者对该地区有错误的判断和理解，降低市场营销的影响。这对于管理来说是不合要求的，违反了五项原则，但却得到政治和经济群体的支持。英国政府允许苏格兰和威尔士到海外营销，为的是获得这两个地区的支持。为了解决澳大利亚的问题，联邦政府于1993年为新提出的"与澳大利亚为伴"营销计划提供了200万澳元，以更好地协调和利用联邦政府、州政府和准州政府的资源。

在美国，联邦和州旅游组织之间可能会发生矛盾，导致影响解决旅游业方面国家层面的需求方面的问题，也影响到对解决问题的优先顺序方面的考虑。1995年，在华盛顿白宫办公室召开的会议意识到了这些问题。确定政府对美国最重要的行业之一（旅游业）的发展负有责任，认为需要在不同政府之间以及行业之间建立更强的组织和管理关系来推动旅游业发展。

管理和规划

政府在国家、地方和组织层面管理旅游业的流程中，规划是其中重要的一部分。它也可以用来执行政策，实现目标，也可以用来协助制定政策。规划有多种定义，其中的一个定义有助于旅游管理："规划是为未来的行动准备一系列决定的过程，旨在通过更好的手段来达到目标"。（Faludi 1973：330）政府广泛采用规划，如国家经济规划；行业规划，如旅游业或国家公园规划；土地使用规划，此规划经常用于城市、城镇和郊区开发；以及公共和私人组织中的企业规划等。在本研究中规划被看作一种过程，它也被看作是一种达到目标的管理工具，这里说的目标并不仅仅是经济发展。从管理的角度来说，韦伯理想模型中也反映出，规划是理性的、客观的，依赖的基础是专业知识和经验，由有能力的、有资格的专职的官员制定，而不是由非理性的、暂时的业余政治家制定。

政府利用规划的程度以及规划的性质将反映出国家的政治文化。这种文化将帮助决定政府的角色，以及政府介入社会的程度。在美国，政治文化限制国家经济规划，但是允许其他类型的规划。在一些政治文化中，政客和旅游行业的成员可能把规划看作一种不能接受的、危险的政府介入。他们认为这是社会主义，与市场经济的自由特征和快速反应相违背。支持这种观点的群体认为旅游业应遵循分散渐进式或自组织的政策方法，美国就是最好的例子。但是，美国旅行与旅游管理局需要收集和发布数据，以"方便公共和私有部门的规划"，社会主义国家如中国、古巴、越南已经不再固守以往的中央计划，而给予行业包括旅游业更多的自由。

英国和规划

英国没有长期全面的旅游规划。在20世纪60年代中期还有国家经济规划，但其中对旅游业没有给予充分的关注。从那时起再也不存在国家规划体系，但是1990年英格兰旅游局（ETB）首席执行官却这样说：

政府进行调查后的一个关键结论是英格兰旅游局（ETB）应该更关注旅游业，包括其规划以及考虑未来的发展。为了与其他国家竞争，为了鼓励英国人在本国度假，在设定目标和提高标准之前，我们需要制定战略。

（Travel GBI 1990）

政府或部委没有为未来旅游业设计规划或战略，但英国旅游局（BTA）和地区委员会咨询了行业和政府后已经制定了相关文件。例如，1987年，英格兰旅游局（ETB）制定了《英格兰战略透视》，经政府审查后，制定了1991—1995年规划。这是调研以及"长期与公共实体和行业咨询"之后的产物，确定了四个方面面临的挑战，见专栏5.3：

> **专栏5.3　英格兰旅游业面临的挑战**
>
> 1. 国际竞争——特别是来自欧洲的竞争——主要是成熟的旅行者;
> 2. 平衡旅游需求和环保要求;
> 3. 迫切需要改善交通和运输;
> 4. 在竞争性的劳动市场中招聘、培训和激发有技能的劳动力。
>
> （ETB *Annual Report* 1990/1991）

　　1991—1995年战略的执行需要政府的认可和财力支持，以及在国家、地区和地方层面的市场营销和开发。英国旅游局制定了"1991—1995年英国旅游业发展指引"。旅游局的负责人说，这是"为旅游业相关的公共和私有部门提供的规划和决策的框架"（ETB *Annual Report* 1991）。

结果是什么？泰国

泰国的旅游规划

　　本部分在国家经济规划的背景下分析了泰国旅游政策的执行管理。泰国的政治文化理论上有很强的中央集权色彩，但在实践中，公共组织和私人组织有很大的自由。泰国为混合型经济，政府提供基础设施建设。除此之外，经济体系中的其他部分主要由私人经营者经营。以旅游业为例，主要主体为私人组织，公共部门管理主要提供基础设施，部分基础设施是国家经济规划体系中的一部分。泰国并没有强制遵循的全面蓝图，但是与公共组织和私人经营者协商后，在五年指导规划中确定了指导原则和目标。由于政治文化和体系的特征，泰国政府不强制执行规划，这也说明了其倾向。

为什么要有旅游规划？

　　发展中国家旅游开发的主要目标大多是经济发展，但是在发达国家，旅游开发更多是被看作提高外汇收入、促进收支平衡的手段。政府参与旅游业的主要原因除了经济动机外，也包括其他方面，这些反映了政府的社会责任。旅游业是一个增长型行业，泰国具备成为有吸引力的旅游目的地的有利条件。泰国国内旅游业已经发展了很多年，如在华欣（Hua Hin），有著名的铁路大酒店和上层人士。伴随着为1960—1970年参与越南战争的美国军人实行的休闲和娱乐计划（R and R），早期主要的国际开发也随之展开。如同很多发展中国家一样，泰国也同样受到国际组织［如世界银行、国际货币基金组织(IMF)等］的鼓励来建立规划体系。

政府在旅游业方面正式的目标体现在泰国旅游组织（TOT）的目标中，泰国旅游组织即是之后的泰国国家旅游局（TAT）。泰国国家旅游局的工作内容如下：

专栏5.4　泰国旅游管理的目标

- 寻求旅游业的最优增长；
- 建立泰国旅游业规划；
- 通过旅游业带动泰国经济发展；
- 完成目标的同时，保护和促进泰国的社会、文化和历史。

1976年5月公布了国家旅游发展规划，以上目标是规划的基础，与第六次国家经济和社会发展规划（1987—1991）中的目标相似。泰国国家旅游局局长说，可以认为第六次国家经济和社会发展规划（1987—1991）是泰国旅游发展和提升的总体规划（TAT *Annula Report* 1985）。

专栏5.5　泰国第六次国家经济和社会发展规划中的主要旅游目标

1. 开发国内旅游；
2. 鼓励国际旅游；
3. 刺激私人经营者依据适当的发展规划建立旅游设施；
4. 鼓励公共部门为了旅游业发展在开发基础设施和上层建筑方面的投资；
5. 保护旅游环境；
6. 保持高标准的旅游企业和服务；
7. 强化为旅游者提供的安全措施。

第五章　中央管理：贯彻执行

这些目标很宽泛，没有提及关于人民福利的具体责任。但是，可以期望旅游业应该会适度增长，规划和开发针对的是泰国整个国家。

谁来负责？

政府承担着确立目标和优先顺序、制定和执行政策的最大责任。在泰国，政府主要包括总理和内阁、中央机构［如财政部、国家经济和社会发展委员会（NESDB）、投资委员会（BOI）以及预算局（Budget Bureau）等］。其他部门也承担着与旅游业相关的责任，包括内务部、交通和运输部、农业和合作社、科学院等。国家环境委员会、国家公园机构和林业部门为制定规则的主体。其他重要的政府机构还包括泰国航空公司和泰国机场局。政策执行依赖省政府和地方政府。总理公署的内阁议员直接对旅游业承担责任。该议员是泰国国家旅游局（TAT）的主席，是旅游业政策制定和执行的关键人物。泰国国家旅游局（TAT）建立之初是作为泰国旅游组织（TOT）而存在，随着旅游业对经济的重要性逐渐增强，之后成为泰国国家旅游局（TAT）。

这些组织中的大部分官员为通才，有多方面才能，有多方面的经验，如内务部的官员。在中央机构，有大量的专才，他们有专业的资格和经验，例如经济学家和规划师。最高的领导者通常是通才，但是在一些机构，例如国家经济和社会发展委员会（NESDB），最高级别的官员秘书长是就是专才。在泰国国家旅游局，局长有多方面的才能，有多年的旅游业从业经验，因此也可以说是旅游业领域的专才。旅游业公共部门管理需要各种类型的知识和经验，一个好的管理者需要意识到这一点，利用这些个人资源来实现组织的目标。在旅游业的管理中，再也不能简单地套用以往的格言"上面是通才，下面是专才"。

所有的中央部门都有省一级，有时也有地方级的官员来协助政策和规划的执行。泰国国家旅游局在泰国有地方办公室，例如在芭堤雅和普吉岛，也设有国际办事处。私有部门对于旅游开发和政府旅游规划的执行有重要的作用，特别是在混合的、资本主义经济为主导的国家，如泰国。这样问题就变成为如何处理公共部门管理者与私人经营者之间的关系。在第七章中将具体讨论这个问题。泰国政府采用的工具之一是公共—私人联合咨询委员会。

管理者如何管理旅游开发规划

泰国政府对于泰国经济和社会发展的长期规划负有责任。国家经济和社会发展委员会（NESDB）负责草拟国家五年规划，旅游业也在规划之中。国家经济和社会发展委员会秘书长是泰国国家旅游局领导层中的一员。1973年，国家经济和社会发展委员会旅游业开发支会作为指导委员会起草了国家旅游发展规划。在对泰国各个地区的旅游需求做了调查后做出了详尽的规划。规划评估了所有地区的潜力，对基础设施的需求做了分析。在对相关因素评估的基础上对未来开发提出了总体框架。在制定政策和规划方面，泰国旅游组织（TOT）发挥关键作用，副主任颂猜上校（Colonel Somchai）是指导委员会主席，委员会中有四名泰国旅游组织的成员。泰国旅游组织提供大量的基础数据，例如提供泰国510处主要旅游吸引物的数据。聘请了荷兰一家旅游咨询企业在委员会的相关要求、指引和泰国旅游组织提供的数据基础上起草规划。荷兰研究小组的五个成员于1974年12月开始进行相关领域的研究。

咨询者鼓励当地参与，并声称他们得到了很好的配合。规划于1976年5月公布，综合考虑了各方面，但是由于如时间和财力等各方面限制，规划的深入性不强，缺少细节。其中，不仅仅确认了旅游业对经济的重要性，也提及了危险，包括旅游业重商主义的风险，以及社会文化价值的腐化等。其中，也确认了需要特别被保护的对象，因此，应该保护那些文化易受侵害的边远地区，通过严格的规定来保护环境。规划建议整个泰国的旅游开发和发展应该是适度增长，旅游业应该以"保护泰国的社会、文化和历史并促进泰国在这些方面的发展方式"来达到目标（TAT Plan 1976：61）。虽然社会和文化影响很难量化，但也要考虑到这方面的因素。提出国际旅游不应该无节制地发展，在一定期间的游客的量应该适度，当在某个阶段超过最大量时就应该采取措施。一个地区不应超过其承载力。

第五章 中央管理：贯彻执行

规划方案和管理

始于1975年1月的五年发展规划涵盖了所有重要的地区。对于芭堤雅，设计了长期发展规划，建立了发展机构，建立了环境标准，采取措施防治海滩和海水污染。针对普吉也采取了类似的防止污染措施，以控制攀牙湾岛（Phang-nga Bay islands）的使用。苏梅岛将只对当地和国内旅游者开放，发展规划要求增加适度的建筑和适度价格的饭店。建议了很多种管理方式，强调泰国旅游组织（TOT）应转变为有充分权力的部门，以确保国际和国内旅游业的整体发展。有人建议，泰国旅游组织管理者应该与公共部门协作，并指导和控制私有部门的活动。强调了两个方面的工作，市场营销与促销，以及研究和规划部门所支持的产品和服务开发。专门机构将负责主要项目，旅游局将指导私人和公共部门的协作。政府部长将直接管理这些活动。任何旅游业的开发都要与其他利益相平衡，例如地区发展政策和优先权。规划认可了私有部门的重要性，以及私有部门的主动性是如何为产业营造出"奋斗的、公平的商业意识"。此外，还提出行业可以自由发展，行业利益与国家或公共利益并不总是相符，很大程度上是遵循放任主义原则。开发需要很强的管理和政府机构来解决相关问题并控制具体执行，泰国旅游组织不完全适合担负这项任务。

什么结果？实践和绩效
不执行

1976年规划公布之后，旅游业已经发展到了很大规模，没有真正的限制。大部分危险和缺陷已经出现，如果没有得到有效控制的话，将开始变得更遭，没有平衡开发，没有考虑到整个泰国的利益，没有关注地区的承载力。芭堤雅（Pattaya）的海水已经高度污染，已经不适合游泳。为了吸引入境旅游者，苏梅岛（Samui）进行了大规模的开发。其他地区，如清迈（Chiang Mai）和华欣（Hua Hin）也都进行了过度开发。

泰国并未忽视正式规划。国家经济和社会发展委员会（NESDB）一直坚持介绍五年规划，强调旅游开发。在1976年旅游开发规划下，也有一些地区或度假地规划，如芭堤雅和普吉规划。问题是这些规划都未真正得到落实，又提出了新的规划。

1988—1989年，泰国国家旅游局和日本国际协力团（JICA）共同进行了关于泰国南部地区潜在旅游区域开发的研究。研究预测，旅游业将增长，这是合乎需要的。1988年，泰国科学和技术研究学院关于苏梅岛承载力的一项重要研究中也做出了类似的推测。日本国际协力团的研究和其他研究一样，都避免讨论发展中真正受益人的问题。预测将对当地居民产生涓滴效应（trickle-down effect，指由优先发展起来的群体或地区通过消费、就业等方面惠及贫困阶层或地区，带动其发展——译者注），但没有过硬的数据，也没有关于不同社会、环境和其他成本的研究。日本国际协力团预测到1991年，3个南部省市，普吉（Phuket）、攀牙（Phang-nga）和甲米（Krabi）的游客将达到160万人次，1996年将达到220万人次，2001年将达到300万人次。2001年，饭店客房的需求量将达到32 000间，将造成普吉的土地短缺，所以将在沿海进行开发。日本国际协力团（JICA）提出，规划将在之后的12年执行。制定规划相对容易。主要的问题是执行，泰国的经验已经说明了这一点。

公共部门管理的障碍

管理者未能有效地执行政策或开发规划的一个原因是因为他们不能完全控制执行过程以及影响执行过程的因素。他们受所在的国际和国内环境限制。旅游业必须在高度竞争的国际市场上运行。各国家在资本、医疗、市场、旅游业，以及一般的合作等方面是相互独立的。在这个方面，日本对于泰国来说是最重要的国家。日本有压力要减少其大量的贸易顺差。政府的主要举措是刺激日本公民到海外旅游，包括到泰国的旅游。泰国政府十分小心，确保这对于其旅游产品、旅游产业或者海外形象没有负面影响。因此，需要特别关注市场营销和公共关系，树立良好的海外形象，包括减少污染和艾滋病等方面的负面宣传。

国家政治文化

政府受国家环境所制约，这些环境包括地理因素、气候因素、历史因

第五章　中央管理：贯彻执行

素、文化因素、经济和政治因素等。政治和行政体系的价值、特点和行为将反映出这些因素。例如，泰国社会的宽容和随和的特性反映在不严格的法律行政管理和对政策执行的随意的态度上。政府和权力高度集中在曼谷，但是地方继续做它们自己的事情。泰国全民笃信佛教，这也是其具有宽容特征的一个原因。宽容使得外国人、民族群体和企业自由追逐他们的利益，使经济自由发展，但是也会滋生公共部门的腐败。另外一个因素是对经济回报的需求，这可以决定旅游业以及其他行业的目标和态度。正式的地位、强烈的等级制度和曼谷高度中央集权体系是泰国社会的特征。但是，也有高度发达的非正式交流网络和遵守游戏规则的义务。管理者必须在既定因素中管理，但这并不是说这些因素将持续不变。因素将会变化，环境是动态的。对管理的检验不仅仅是看管理如何利用现在因素，也包括其对需要和变化的环境的反应。

看似无效管理的一个原因是泰国政府的责任和角色似乎是有限的。在经济领域，是被动的，采取最少的行动，是应对而不是主动。政府承诺负责整体的经济发展，支持在某些方面进行政策倾斜例如郊区开发。但是这种承诺往往是口头的，没有真正的行动。政府优先考虑的是生存和自身利益，然后是安全和防卫。他们要对社会中的权力集团作出反应，例如军队和大的利益集团，然后考虑公众意见。政策也可能是冲突的，例如不断提高旅游者人数的政策，这与保护自然环境的政策是相冲突的。

政治

在任何一个国家，无论是国家层面和地方层面，管理都依赖于政治。在泰国，政党的力量薄弱，没有很强的政治哲学。泰国的管理是困难的，因为内阁由各个政党组成，如果要维持统一，则必须认识到不同群体的利益。这样很难在国家目标方面达成一致意见，更难以进一步执行政策。政策制定和执行相对于统一来说是次要的。只有存在很强的支持，或基层公众意见高涨时，才可能实现决定性行动和主要的新的行动。强势的旅游业群体将使他们的开发获得执行，除非反对者的对抗能够威胁到政府。当地的政治家可能因为利益而支持开发。由于其不断增长的经济重要性，政党对旅游业也开始关注，但是投入却很有限。

政策行动和执行的失败可能是因为多样性的公共组织的存在，都有其各自的政治议程，寻求其各自的权力。这些组织有很大的自由裁量权，有其自身的价值体系，遵循他们的目标并追求自身利益。他们可以通过各既得利益联盟获得支持，增加其自身影响力或维持现状。通常，总理或内阁没有很强的领导力和控制力。这是为什么国家经济和社会发展委员会的五年规划未能有效执行的一个原因，也是1973年国家旅游规划根本没有得到执行的原因之一。政府的特征以及对需要优先考虑哪些问题的关注意味着在很多领域都有管理惰性或不作为。政府未严格地执行政策，例如，对社区中弱势群体的保护。政府的这种管理可能鼓励了公共和私人组织的反社会行为。鼓励行业抄近路，通过贿赂达到目的，管理者只服务于有影响力的群体。小的或地方利益集团很少能够参与政策制定和执行过程，也很少能提出自己的意见，这个过程是不公开的，因此有利于贿赂，有助于特殊利益集团得到特权并从公共部门中获益。当政治家和管理者在公共政策的执行过程中给予私人经济利益集团一定的利益时，他们也会从中得到回报。

政府列出了国家目标，例如经济发展、赚取外汇等。旅游业是实现这些目标的一个理想行业，有利于未来的发展。优先的目标是快速发展，公共部门管理和行业都忽视长期经济影响以及社会和环境成本。这种方式给公共机构带来了很大困难，即使它们希望遵循公共利益政策。泰国公共组织和其他组织一样，更关注保护和提高它们自己的影响，而不是主动关注公共政策问题。组织热衷于使它们自己的利益集团和社区保持满意；它们很少采取行动，认为它们的主要责任是保持体系的运行。因此泰国政策制定中存在一个主要问题：因为政治和权力冲突，在很强的经济利益集团和主要的政治和行政管理文化背景下，公共管理很难执行政策和规划。

公共组织

规划未贯彻执行、法律和政治没有强制力、旅游业开发没有得到控制，部分原因是因为政府行政组织的失败。由于不同组织在法律地位、级别、责任、正式和非正式角色、权力、规模和专门技术等方面都有所不同，造成组

第五章 中央管理：贯彻执行

织内部和组织之间的政治更为复杂。组织正式和非正式的目标可能相互冲突，合法的顺从可能隐藏非正式的现实。组织之间可能在竞争、交流、协调和合作等方面出现问题。"有太多等级，过多地强调自上而下的监督与管理"（Amara 1983）。

与私有部门的雇员相比，泰国的公务员收入很低。近年来经济的迅速发展促进了这种不均衡。因此，一些官员可能"渴望获得能够获得额外收入的职位，虽然这是违法的，为了生存，这些人将他们的网络散布于全系统，以团队的形式来获取财富"（Amara 1983：168）。旅游开发可能涉及很大的资金额，所以也会导致一些问题。就某职位来说，有符合该职位的资格不如与有任命和提升权的高级官员有直接关系更有用。这些不同的因素导致很难进行有效决策，很难达成一致意见，也很难有效实施政策与规划。

中央政府组织

中央政府组织例如财政部、预算局和泰国银行，都只关注旅游业带来的外汇收入以及泰国国家旅游局需要的预算。由于可以赚取外汇收入的原因，它们支持旅游业的开发和发展。它们参与旅游业相关的高成本的基础设施开发，例如机场建设。当旅游业代替大米出口成为主要的外汇收入来源时，这种类型的花费是可以被人接受的。投资委员会（BOI）对旅游开发有兴趣，仅仅是在特权投资许可方面，但是近些年，很多开发者倾向于找到他们自己的投资，因为有限的特权以及投资委员会设定的冗长的条款和条件。投资委员会关于旅游业的预测并不是永远正确，它们也不关注对旅游业的影响。它们只有2个或3个官员负责旅游项目。投资委员会并不评估外资投资泰国旅游业对泰国的真正影响，并不将所有成本都考虑进去。投资可能是投机的，地方投资中有多少真正来自海外也并不很清楚。进一步说，"对豪华饭店的投资代表了投机的房地产投资的继续，这是很多欠发达国家统治阶级的特征"（"Tourism-selling Southeast Asia" 1981：7-8）

中央组织中的国家经济和社会发展委员会（NESDB）直接负责评估旅游开发的重要性，特别是从长期来看的旅游业对社会和经济的影响。在总理普瑞姆（Prem 1980—1988）任职期间，国家经济和社会发展委员会有强大的影响力，负责所有项目送至内阁之前的审查。在总理差猜任职期间，所有项目包括旅游项目直接送至内阁。国家经济和社会发展委员会对旅游开发有直接的知识和经验，因为其秘书长是泰国国家旅游局理事会成员。但是只有五名官员承担一些旅游规划方面的责任。很多需求依赖于国家经济和社会发展委员会的资源，所以出现一种趋势，即泰国国家旅游局的预测和规划都会被接受，由于这是国家规划的一部分，较少考虑长期的开发成本以及谁将从开发中获益或过度开发对当地社区和基础设施的压力。

中央组织负责在对经济和社会需求进行整体评估的基础上制定政策。它们负责对应优先考虑的事项、开发以及长期和短期规划提出建议。组织受到增长意识的限制，对人们的真正利益和这种增长的负面影响关注不够。另外一个不足是执行机制的力度不大。

国家经济和社会发展委员会（NESDB）所有政府层级的办公室和预算局帮助制定政策和规划，包括分配资源、后续跟进和评估。在这个层面上没有组织专门负责对工作进行监督和推进。

(Xuto et al. 1983：144)

泰国国家旅游局是对旅游业公共部门管理负责的主要组织，包括执行政策和制定规划。

公共部门管理组织：泰国国家旅游局

为什么是泰国国家旅游局，谁参与其管理？

必须是泰国国家旅游局，因为传统的泰国政府部门无法承担泰国旅游业成功发展所需要的职能。只有这种类型的组织可以代表政府在公共和私人经营者中管理国际和国内旅游业。

类似的组织应该有专业知识、自由和活力，以便在高度竞争的旅游市场中实行管理。泰国没有旅游部，所以泰国国家旅游局必须尽力并填补权力的真空，同时执行部委的职能。在1994年，泰国国家旅游局的工作人员总数为937人，包括曼谷总部和省级办公室与驻外办公室（伦敦、纽约、悉尼和东京）的人员。首席执行官在旅游公共管理方面有着丰富的经验。颂猜上校于1987年退休，他在泰国国家旅游局工作25年，任局长达11年。他

第五章 中央管理：贯彻执行

的继任者卸任于1994年，在泰国国家旅游局工作30年，与新的管理者在泰国国家旅游局工作时间差不多。还有三个副局长，分别负责行政管理、市场营销以及规划和开发（见泰国国家旅游局组织图）。首席执行官向局长理事会负责，包括作为主席的部长。部长有其他责任，1994年时其他责任主要包括投资和能源。在十一个会员中，7个是通过法律任命，代表政府组织，其他的代表旅游业。虽然主要的决定均由理事会做出，并且理事会负责有价值的交流和协作，但是它在政策发起和执行方面却不是很有力度。泰国国家旅游局的前身于1960年建立，1979年升格成为旅游局，有一个最高管理者，但是在权限方面增加有限。

管理者如何管理

泰国国家旅游局理事会对管理负主要责任，制定政策、决策和指导方针。局长和泰国国家旅游局的管理者负责执行理事会的政策，以保证传达到应用层面。他们必须积极了解旅游市场，与行业和其他政府组织协作。通常情况下其他组织和行业直接负责政策执行。泰国国家旅游局一直都将泰国在海外市场的促销和市场营销放在首位。从该组织的市场营销方面工作由专门的副局长负责就可以看出市场营销工作的重要性。在这方面，泰国国家旅游局与其他大部分国家旅游局并无大的差异，都强调吸引更多的外国游客。这方面的工作更富有吸引力，与开发控制相比，相关方面对这方面的工作没有太多苛求，其政治上的危险程度也较低。

结果是什么？实践和绩效

在实践中，负责旅游业的部长为委员会主席，他对泰国国家旅游局的绩效有很大影响。部长由总理在总理办公室的基础上任命，但是这并没有增加泰国国家旅游局的影响力。部长在政府中只能算是级别较低的，他还有其他责任，任期较短。此外，除非部长是内阁经济委员会成员并得到总理的支持，否则他对其他政府部长和机构几乎产生不了影响。泰国国家旅游局理事会代表了政府组织和行业，会员是各自所代表的组织的领导者，工作繁忙。他们的首要责任是关于他们的组织及组织利益，而不是关于泰国国家旅游局。

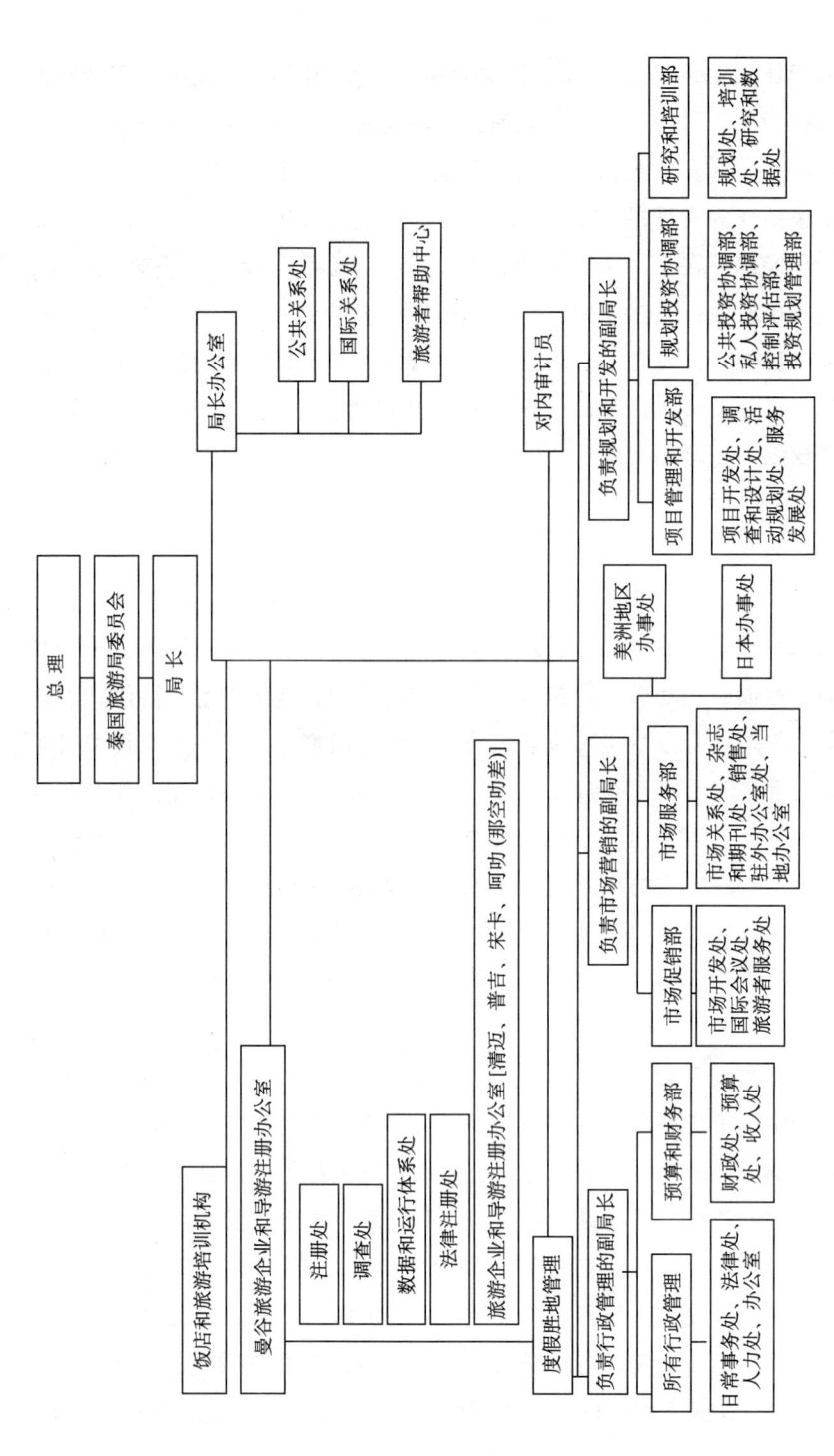

图 5.3 泰国旅游局组织架构图

来源：TAT Annual Report 1994

第五章　中央管理：贯彻执行

委员会的大多数会员关注提高旅游者人数，对旅游开发的负面影响不予重视。政治家、官僚主义者和技术统治论者，例如泰国国家旅游局委员会主席，可以在行政体制内履行他们的正式的职能，但是在实践中，非正式的影响会阻碍政策和规划的执行。政客和管理者也可以被其各自的公共关系和花言巧语所误导。

如果主管旅游的部长是一位有能力和政策水平的人的话，就能发挥很重要的作用。米猜·威拉瓦亚（Meechai Viravaidya）协助泰国国家旅游局和旅游行业更加关注性旅游和艾滋病的问题。萨维特·博蒂维霍博士（Dr Savit Bhotivihok）从1993年一直积极尝试重新组织泰国国家旅游局，使之更加有效、高效和负责。在其领导下，撤销了地方政府的委员会。他说，旅游管理对于行动和政策反应迟缓。

我遇到的最大困难是重组和重新进行管理，但我必须这样做。虽然有困难，但是我认为我们正在朝着这个方向努力，一旦结构变化，我们将看到全新的泰国旅游局。

(Bhotivihok 1994：4)

委员会所通过的政策和规划由泰国旅游局局长和泰国旅游局负责执行。他们"对整个国家和行业也负有责任，泰国国家旅游局应该有效运行，应该有能力迎接挑战"（Bhotivihok 1994：15）。泰国国家旅游局并没有遵循其制定的开发规划和政策，忽略了自己的使命。委员会感到泰国国家旅游局局长并没有执行其应该执行的任务，没有产生预想的效果。所以尽管八个旅游行业协会反对，局长还是被罢免。还可能有一种幕后动机，即局长关注的是他退休后的经济地位。可以说泰国旅游局在自身角色定位方面视野狭窄。过度关注总人数，而忽视旅游者质量以及大众旅游对泰国社会和环境的影响。虽然政府的预算经费在增长，但在旅游研究和旅游业的经济与社会净回报研究方面的预算经费投入却不足。泰国旅游局迟迟不愿意充分关注开发所带来的长期影响和问题。规划中已经包括了这些问题，如泰国南部的日本国际协力事业团所做的规划，但是泰国旅游局却很少尝试执行旅游业规划，即使尝试也是失败的。泰国国家旅游局在满足公共需求或提供公共服务方面做得都不够成功。它并未控制开发，并未遵守严格的责任体系。

绩效问题

　　缺少权力和资源以及所遭到的反对已经严重限制了泰国旅游局的规划和开发管理。在有些方面只取得了有限的成功，如开发控制、规划执行、环境保护、解决长期问题等。规划被抨击为过于不切实际，是不可靠的数据和目标，因此难以执行。引入了不涉及旅游业业务的开发公司，但开发一直都较随意和零散，过多的建筑和自然资源被过度开发。制定规划比执行规划容易得多。也有一些问题能够影响任何一个组织，如裙带关系、温情主义、过度关注文本和规则、缺乏有能力或主动性的员工，特别是在基层。对其职能有限的预期和谨慎的官僚主义方法也可能限制泰国旅游局职能的发挥。应该发挥内部人才的作用，但也要从外面招聘一些人才，以造就新一代的管理者。

　　政府政策可能是相互冲突的，例如优先考虑提高旅游者人数和开发运营的政策与保护自然环境的政策相冲突。这是芭堤雅环境破坏和大规模污染的一个原因。泰国国家旅游局已经尝试通过成为一个正式的部级部门来提高自己的地位和权力，但却以失败告终。政府和中央组织没有给予泰国国家旅游局以足够的政治支持和引导，也是造成其地位被削弱的原因之一。组织没有权力和充足的资金来影响开发者或当地政府执行规划或政策。地区层面的管理者没有权力，他们能做的仅仅是建议。泰国国家旅游局一直抱怨对政策和规划的执行力度不够，由于缺少授权导致环境被破坏。在实践中，管理者从来没有把旅游业环境保护放在重要地位。

　　在实践中，泰国的旅游规划一直关注于土地使用开发，这主要是由市场力量所左右。公共利益和公共服务的主要政策领域如社区、环境保护和性旅游产业一直被忽视。1994年3月，前旅游部部长米猜（Meechai）在柬埔寨的讲话中警示柬埔寨不要学习泰国旅游业的发展模式。他指出一些政府没有说出真实情况，而且就艾滋病对旅游业伤害程度问题至今仍没有说出真相。

绩效和成就

　　泰国旅游业管理模式，虽然是失败的，且存在很多问题，包括军事政变，但在增长和投资方面从20世纪70年代以来一直可以算作成功的范例，已经达到了公共目标，包括市场目标，也已经遵循了政府所定义的公共利益。公共旅游业产品质量也已经得到了提高，如入境、海关和机场服务，提供了不同形式的必要的基础设施。泰国国家旅游局和公共部门对于旅游业取得的成就发挥了重要作用。专业、智能、尽心尽力和努力工作等成就了有效、高效的公共利益方面的公共服务管理以及旅游业的辉煌业绩。1976年曾提议设立旅游部；1996年仍需要建立一个强大的部门来维持成功旅游业的可持续发展。

小结

对于达到政策目标来说，执行力是重要的。如果公共利益得到保护，旅游开发就是成功的。在实践中，因为政治、权力斗争、既得利益和不合理等原因，执行是最困难的管理任务之一。政策执行中涉及很多不同的公共和私人组织，在政策执行方面，不同组织之间以及组织内部都会产生矛盾。权力结构、政策理解和实践随着时间的推移会发生变化，这也会影响执行和结果。

旅游业执行，特别是开发，需要有权力的、强势的、积极的和有经验的国家旅游组织或部门。泰国的案例研究指出，虽然泰国旅游局有长期的经验，但是它在开发控制方面是低效的，因为它缺少权力。部长作为国家旅游组织（NTO）主席或首席执行官，由于他们所拥有的权力，他们将是关键的参与者。为了达到既定的目标，需要坚持执行，需要稳定的组织和对政策目标负责且长期服务的管理者。管理者过多地关注市场营销绩效，会造成漠视公共利益和社会需求更广范围的问题。

在执行过程中，管理者要依赖其他组织和个人才能取得成功，因此，正式和非正式的体系和因素应该提供必要的信息、尊重、信任和支持。权力和财力资源以及规划等正式流程对执行很有帮助，但是可能会由于在应用层面缺少负责或在某些环节出现腐败而导致失败。

在结果方面，泰国旅游管理的实践在政治和行政体制约束范围内一直是令人满意的。虽然已制定了有效的正式规划，但是执行是低效的，导致一些旅游度假地和环境的破坏。正式管理体系认可的五项原则，在实践中执行并未到位。在任何体制中，正式的管理实践本身可能是令人满意的，但是在结果和影响方面则可能是令人高度不满的。

对执行管理在地方层面尤为重要，下一章将对此做进一步讨论。

建议阅读材料

Elliott, J. (1983) 'Politics, Power and Tourism in Thailand', Annals of Tourism Research, 10 (3).

—— (1987) 'Government management of tourism: a Thai case study', Tourism Management, 8 (3). (文中关于泰国旅游管理的材料不多，但自这两篇文章发表后至今，基本制度没有什么变化)

Gunn, C. A. (1994) 3rd edn, Tourism Planning, Washington, DC: Taylor & Francis.

Hall, C. M. (1994) *Tourism in the Pacific Rim: Development, Impacts and Markets*, Melbourne: Longman Cheshire. (在 ASEAN 一章中涉及泰国部分)

—— (1995) 2nd edn, *Introduction to Tourism in Australia: Impacts, Planning and Development*, Melbourne: Longman Cheshire.

Inskeep, E. (1991) *Tourism Planning: An Integrated and Sustainable Approach*, New York: Van Nostourand Reinhold.

Pearce, D. G. (1989) *Tourism Planning*, Harlow: Longman.

Richter, L. K. (1989) *The Politics of Tourism in the Asia*, Honolulu: University of Hawaii Press.

Selin, S. and S. Beason, K. (1991) 'Interorganisation relations in Tourism', *Annals of Tourism Research*, 18 (4): 639-652.

第六章　地方层面的管理

本章主要阐述：
- 为什么地方政府本身及其所承担的责任是重要的；
- 谁是重要的参与者；
- 公共部门如何在地方层面管理旅游业；
- 公共部门管理在地方层面的结果是什么。

地方层面的公共部门管理主要由当地政府实行，但也包括国家和州政府部门的管理代表，以及公共机构，如旅游局和交通机构。为了更有效地工作，不同的管理者和他们的组织应该相互合作，并与私有部门合作。与国家或者州层面相比，地方官员作为被选举出来的代表将更多地参与到具体管理中。这将增强或削弱五项原则的应用：公共利益、公共服务、效度、高效、负责任。

为什么：代表，责任，理念和目标
代表

所有的政治体系中都涉及地方政府或地方管理，地方政府或地方管理有必要让当地居民能指定代表和管理者代表居民行使管理该地区的权力。对当地居民有直接影响的决策由当地代表在地方层面执行更好。民主意味着选举的官员要照顾当地居民，负责居民的福利，代表居民的利益。当地居民才是地方的主人，他们支付地方税，因此他们有权利接受当地官员和管理者所提供的服务。当地政府必须保护当地人民的权利不受上一级政府和私有部门管理者的侵犯。管理在地方层面有很多责任，旅游业也许是最不受重视的，但是在某些度假胜地，例如在美国内华达州的里诺，旅游业被看作是非常重要的。

公共部门管理者关注地方旅游业的两个方面。第一，是照顾当地人的责任，这与旅游业对当地影响相关。管理者需要管理旅游业，这样才能带来积极的影响而不是消极的。第二，要对当地经济和社会发展负责。

专栏 6.1　地方政府/管理部门的责任

英国地方政府在促进和发展当地旅游业方面发挥很重要的作用。除了市场营销和提供信息之外，它们为游客和当地居民提供很多设备和配套设施。它们在制定土地使用规划过程中的作用使它们在旅游开发中有重要作用。它们在支持当地旅游局工作方面也有很重要的作用。

（UK, Department of Employment 1992）

近年来，越来越多的地方政府采取措施来鼓励旅游开发，把它作为一种刺激地方经济和增加政府收入的手段。但是，这种开发可能会给当地人带来负面的影响，如果要想取得成功并产生正面影响，应该考虑到当地人的感情和当地实际情况。相对来说，地方和中央制定政策是比较容易的，贯彻执行政策却不是这么容易，除非能获得当地人的支持。

在实践中，地方管理者必须深入实地来了解当地人的需求，他们应该与国家层面的管理者交流这些需求和当地信息。经济利益集团的权力是很大的，地方层面的管理者要确保旅游开发符合当地人短期和长期的最大利益。管理者有很多合法的权力，但同时，因为他们代表当地人说话，这样有权力的合法身份，可以保护当地人的利益不被经济利益集团及国家及州一级层面的决策所侵占。当地管理者也有责任向当地政党及居民解释和说明关于规划以及国家政府和旅游利益集团的希望，包括旅游开发的优势和劣势等。

地方管理者不是在真空中实现管理。他们在社会中、政治和行政体制内

第六章 地方层面的管理

管理并受环境的影响。正如韦伯在他的完美类型的体系中所提出的，个人管理者，为了履行他们的责任，需要支持和控制一个体系和组织。理想上来说，体系应该是有效、高效并有道德的。一个体系当它是诚实的并建立在公共利益的基础上为人们的利益而运行时，它就是有道德的。

地方政府责任

地方政府和国家政府同样重要，因为它们代表了人民，但是它们更加重要，因为它们直接应对并可以直接影响当地的人民。此外，它们的重要性还体现在它们能在地方层面有效并高效地贯彻执行决策和规划，否则这些中央制定的决策和规划将变得毫无意义。在地方层面，无法成功地贯彻执行政策并实现政策目标，从而失去了当地人的支持的例子也很多。

地方层面的管理应该和国家层面的管理一样遵循五项基本原则。管理者有责任将公共利益看作是他们管理活动中的第一要务——他们应该满足当地人的需求。国家和州政府或旅游开发者的利益必须在利益和成本的大背景下才能与当地人的利益结合。是当地人直接体验旅游影响，也是当地人要在那里长期居住。当被选举的代表的主要目标是以公共利益的代价获取私人利益时，管理者的官方责任将导致他们与这些被选举的代表发生冲突，这时就会给管理带来麻烦。

地方政府和它们的管理者对它们的国家和州政治体制负有责任，政府授权它们来管理。英国政府在1948年的地方政府法案中授权地方政府为旅游业提供信息并进行宣传。在联邦体制中，如美国，地方政府很可能有很大的自由来决定它们自己的责任。这在大城市中更为普遍。在英国这个单一制的国家，法律要求地方政府提供一系列服务。总的来说，地方政府的责任主要是提供基础设施，例如垃圾收集、基础设施、公路和排水系统。安全是另外一个责任，为了美国1996年奥运会，乔治亚州亚特兰大地方政府增加了警力以保护游客。只有当旅游业对于当地的经济极为重要时，它才可能被看作是一项管理活动。在经济衰退时期，所有的地方政府都渴望刺激它们的经济，吸引游客到它们的地区。

地方政府责任要超出法律和经济的范围，包括照顾到穷人和需要帮助者的福利，市民的道德，良好的游客关系，文化、自然和环境的保护等。好的管理者尽力解决难题和防止因为旅游业而带来的地方性的异化，不管是首都城市像华盛顿或伦敦，还是景区像澳大利亚的大堡礁，以及英格兰的剑桥历史城市等。剑桥市在游客管理规划（Visitor Management Plan）中提到的问题在其他地方政府中也很普遍。

专栏6.2　英格兰剑桥市旅游业所带来的主要问题

a）校园和河流内的交通拥挤、混乱以及破坏；
b）街道上的交通堵塞；
c）大巴停车不尽如人意，下车地点不合适；
d）（小）汽车停车不恰当；
e）游客很难在一个陌生的城市找到他们要去的地方；
f）旅游信息中心运行的限制。

（Cambridge City Council 1985：45）

政治的理念

旅游业通常不是不同政治党派之间的争议所在。当地政府管理者在政治环境中实现管理，政党的政治理念决定着这种政治环境，例如，在沿海度假地重建之前，英国工党更关注于社会福利。同样在澳大利亚，邦迪（Bondi）海滩包括澳大利亚最有名的冲浪海滩，悉尼的工党主导的韦弗利议会遵照了它的劳工阶级的传统，在邦迪海滩再次开发之前，保证了廉价住房。地方政府对开发的信念甚至大于政党信念，但是这些信念是高度政治化的，因为这会影响到权力，包括谁得到什么，怎么得到，什么时候得到等。

除了绿党外，其他政党都一致赞同旅游开发。但是社区中有一些人由于理念和经验的原因强烈反对开发。包括那些致力于保护环境和社区生活方式的人以及反对旅游胜地高层建筑开发的人。当地政府可以允许或停止开发，但是上一级的政府可能漠视或不考虑其意见。1993年7月，澳大利亚昆士兰政府决定不再向丹特利河（Daintree River）北部扩展电网，以此限制政府在最北部地区相对隔绝的北部区域引进更多的旅游开发。这是一个政治决策，部分原因是基于政治理念以及对于作为世界遗产的热带雨林和大堡礁

第六章 地方层面的管理

的担忧，但同时这也是对环保群体游说的一种回应。当地政府因漠视环境保护群体的批评而陷入困境，环保群体的公开宣传会影响选民。

政治理念可以决定地方政府干预旅游业的广度和深度，以及决定支持何种类型的私营组织或旅游活动。这种理念会支持建大型旅游度假地还是青年旅馆，支持开发生态旅游还是赌场？地方政府可以严格控制开发或允许私人经营者有很多的自由。它们可以强制征收税费，但是也可以给予补贴、土地和开发许可。地方政府只可以在上级政府所制定的法律和政策范围内行使权力，但这在不同的政治体制和国家中有很大不同。在地方政府中，政治理念将决定政治体系的公开程度，允许参与的程度以及对环境保护和生态可持续发展的重要性的态度。宗教观点也可以影响地方政府政策，在美国，当地方政府在宗教的压力下剥夺了同性恋的权力，导致这些地区旅游者的联合抵制。

政治是不同形式的权力，地方政府管理者试图在地方行政体系以及地方社区中协调各种相冲突的群体。管理者的协调能力对于地方旅游开发的成功是非常重要的，因为私营开发者也有权力选择投资或不投资。虽然上级政府几乎拥有所有的财政和法律权力，却要很小心地使用这种权力，因为地方政府有权作为当地人的合法代表。

经济和环保群体以及地方政府都在当地利用权力达到它们的目标。一个地方政府可以利用它的权力来保护地方目标和公共利益。国家或地方政府中的公共部门管理者可能会用他们的职权作为权力资源来对抗其他管理者或部门。

虽然政党政治和政治理念可能不是地方政府管理旅游业的决定因素，更广范围的哲学层面的定位决定如何使用权力以及这些政府和它们的管理者执行政策时的优先次序。

目标

正式和非正式的目标有的是公示过的，有的是为未公示的。代表和服务人民的目标是公示过的。管理者非正式的目标会各有不同，比政治家的目标更具有合法性，尤其是当政治家卷入腐败的时候。

管理主要关注于如何达到服务目标，有效并高效地提供合法的所需要的服务，例如水供给和污水处理，休闲设施、停车场、健康和福利、调查、许可、规定、土地使用规划和经济开发。由于旅游业的存在，通常情况下，法律没有要求地方政府参与到旅游业中，但是当当地政府为当地居民提供更广范围内的休闲和文化活动设施时，当地政府也就间接地为旅游者提供了服务和设施。近年来，加快旅游开发已经成为当地政府的经济发展目标。

欧洲和美国工业城市以及澳大利亚人烟稀少地区的小镇由于经济下滑，都希望吸引旅游者。因为不同类型旅游者的需求在变化并更新，很多传统的旅游胜地正在下滑。这种下滑从1984年就开始出现，英国旅游者的国外花费金额和在国内花费基本相同。政府要致力于本地区的开发和发展，它们的目标包括提高税收基数、财政收入或总收入，包括税收、租金和服务收费。这方面的目标还可以包括充分就业或高就业率，这也能振兴当地经济。吸引资金在当地开发旅游、开设赌场是达到经济目标的主要手段。

泰国北部的普帕村（Pha Dua village）有居民900人，每天接待游客300人。尧（Yao）高僧说，旅游业改善了生活。以前，我们只能依靠种植谷物来生存。现在我们可以向旅游者售卖纪念品。我们比以前富裕，减少了对农业的依赖。高山上的农民也尝试用旅游业替代鸦片种植。

(Forsyth 1993：30)

非经济目标获得的关注没有经济目标多。非正式的目标也可能是重要的，例如不同地方政府和不同管理者之间竞争的结果，可能造成一个地方政府可能比相邻地方政府试图修建更多的旅游设施，或者吸引更多的游客。

在保障人民的利益，确保公共管理部门关注政治领导者想要优先发展的事项方面，目标是重要的。目标有助于在行政组织中输入一种驱动力。目标可以用来使管理者获得他们需要的资源，获得其他组织的支持。正式的目标使管理行为有了合法性。精确定义的目标是必要的，可以评估管理者的绩效，避免目标与国家目标相冲突。

管理可以利用非正式的目标来帮助强化或削弱组织的正式目标。它们可以用来激起组织的士气，有助于交流、合作和协作。使员工看到有机会参加海外会议和旅行可以提升旅游组织的士气。职业规划和在绩效基础上的提升可以提高组织的效率。但是如果获得提升的基础是关系或资历本身，如果组织管理者没有目标，是自满的趋炎附势者，组织效率就会大打折扣。政客们最重要的非正式目标是维持或扩大他们的权力和再次被入选的机会，如被选为或再次被选为理事会或委员会的主席，如财政委员会、规划委员会、经济开发或旅游业委员会等。

非正式目标的危险是他们可以被用于个人权力或个人利益，当地政府可能在牺牲公共利益和地方利益的基础上批准旅游项目。这会导致机构和财政腐败。在类似的领域，例如旅游开发，短期的个人目标可能取代长期的公共目标。

谁：代表、管理者和行业

选举的代表、地方管理者和个人的利益相关者是旅游政策社团中最重要的参与者。同时也包括政治决策将会影响的当地居民或少数群体。常规的规则需要管理者承担为市民取得有重要意义的参与权的责任。不同的政策有不同的支持者，在相关提议上，例如建立新的机场或新的高速公路，地方政府管理者一定会面对很多个人和组织，通常情况下他们都有很强有力的理由支持或反对。

管理者合法的责任是法律授予的，因此有权力以地方政府的名义实施管理。地方政府的类型和层级有很多，从大的城市如纽约和法兰克福到小的城镇社区和大的郊区，如澳大利亚昆士兰北部的库克郡（占地11.5万平方公里）。一些地方政府第一次成功地开发旅游业，例如具有创新型管理者的工业城市。其他管理者，例如在一些传统的国内旅游胜地的管理者，无法应对来自海外竞争的挑战而导致该胜地失去了市场份额。旅游业市场在不停地变化，旅游社区也一样。地方政府管理者因为成功而获得影响、尊重和权力。这种权力比他们从合法的权威和正统地位（如韦伯体系中的职位所带来的权威和正统地位）中获得的权力更有影响。

被选举的代表

正如立法决策制定者理论所言，被选举的代表制定政策，确定工作的优先次序，指导管理者，但是在实践中他们却可能会作为全职代表很深地介入到日常事务并领导不同领域的委员会，例如规划和旅游开发。公共组织的部分工作通过委员会体系运作，使之更为高效和有效。地方政府委员会是管理体制的基本组成部分，但是代表也可能是商人，利用他们的委员会会员资格推动有利于他们自身利益的特别项目。管理者必须要回应委员会的要求，也要能够管理委员会体系。

地方政府管理者

地方政府的管理者可能有多种类型，其中有些负责一般的政策和资源管理——也就是一般的行政管理——但是其他人则是负责管理某一个特定领域，例如交通或旅游业营销。管理者可以是通才或专才，但是在实践中，他们的工作没有明确的界限。首席执行官在技术层面上可以是一个律师，或者工程师，但是会履行一般的管理性职能。

地方政府旅游业管理者

由于近年来旅游业才开始被看作是重要的行业，旅游业官员的地位通常不是很高，也不属于高薪阶层。旅游部门通常是经济开发部门或休闲和公园部门的一个分支或下属单位。近些年，在大型城市和旅游区，建立了会议和旅游管理局。实行新管理主义、旅游业不断提高的重要性以及与私有部门的关系等，使旅游业管理者的地位和收入有所上升。随着大学和学院关于旅游业的课程越来越多，更多的毕业生可以胜任旅游业管理者的职位。在地方政府中，旅游业和休闲管理者以前关注于社会休闲，现在则更关注于经济开发。需要管理者有经验以及在旅游业或市场营销方面的能力表现。高层管理者将有一流的演讲和人际交往技能及交流的能力，总之是领导者才能。旅游业管理者必须有能力在当地政府体系下与其他管理者通力合作，包括财政管理者、规划师和工程师等。他们必须可以应付部门之间的竞争，适应官场文化。

第六章 地方层面的管理

旅游行业

如果没有旅游行业提供服务，旅游就很难实现。在某些国家，私有部门的力量很薄弱或者根本不存在，公共部门管理者在市场中竞争的愿望变得越来越重要。行业提供了投资、企业驱动力和必要的技能。在地方层面，旅游业中可以包括律师、房地产商、土地所有者、种植甘蔗的农民、开发者以及与旅游业不直接相关的当地商人。他们可能是本国或当地社区的常住富裕人群，也可能是在度假海滩出租驴子供游人沿海滩骑乘的当地人。当地的商业部和当地的旅游协会通常会发挥领导作用。当地的旅游部门，如在英国，可以由行业和地方政府共同管理。行业的一些领导者也许是地方政党中的积极分子，或者是由地方政府委员推选出的人员。贸易联合会会员和旅游业雇员也是重要的，他们参与政策流程并推动旅游业发展。很多当地人支持行业的发展，因为旅游业能够提供大量就业机会和收入。为了旅游业和当地社区的共同利益，公共管理者有责任与私有部门管理者协作，并与私有部门管理者分享共同的利益。

在美国，通常当地政府通过一个独立的合法机构承担对行业的管理责任。当地政府与州政府也有合作，并且制定了地区性协议。在纽约，合法的实体是纽约会议和旅游管理局，纽约市市长是名誉主席。在得克萨斯的休斯敦，则是大休斯敦会议和旅游局，类似的英国的管理机构还有默西塞德郡旅游局和列斯特旅游开发有限公司。

公共管理者必须要考虑不同利益集团的目标，包括地方和国家的利益集团，特别或一般的利益集团等。近些年来，保守和环保群体特别活跃，经常反对旅游开发。这些群体得到了当地居民的支持。

有很多国家组织在地方层面发挥作用，或是通过设立地方办公室或是通过拜访、会议和电话等方式。联邦和州政府部门例如财政、公安、土地、海洋和国家公园等部门都在地方层面的管理中发挥重要作用。它们可以通过部委组织、省一级管理者或行政职权直接发挥作用。它们可以提供基础设施，例如机场，或者允许中央政府的土地用于开发。地方政府可能非常依赖上级政府提供的财政补贴和许可，包括对外资的许可等。

无论行政安排是什么形式的，地方层面的官员必须在与诸多其他参与者和政治掮客的周旋中管理旅游业。

如何：领导，政策社团、权力和规则

地方政府体系如何管理将根据体系、管理者类型的不同而不同，管理者有可能是负责一般事务的通才也可能是负责旅游业等具体领域的专家。所有类型的管理者，应该是他们自身所在体系中的佼佼者，要能够利用体系达到各自的目标。为了做到这一点，他们要具有与韦伯理想特征类似的特征。为了成为成功的管理者，他们必须具有与公共和私有部门打交道的知识和经验，他们必须可以在政策社团中有效地管理。管理者要符合技术性的要求，具备所需要的专业知识，或者要能够有效利用咨询师来获得所需要的信息。

领导

管理者的权力来自于他们的职位和他们的知识与专业技能，也来自于他们的领导才能。地方政府管理者试图积极应对事件，但是成功的旅游业管理者应具备预见性的领导能力。如果所有事情都运行很顺利的话，那么管理一个组织就变得较为简单，但是管理一个不断变化、动态的领域，如旅游业就需要真正有能力的领导，特别是当地方旅游业下滑的时候，例如英国海岸度假胜地，或者遇有危机的时候，例如恐怖主义者袭击埃及和土耳其的时候，或者出现行业内部纠纷的时候，例如1989年澳大利亚的航空人员罢工事件。领导者应该遵守法律、正直，但是如果他们有眼光、创造性和决断力，他们可以对滞销的产品进行市场营销。有一个例子就是，英格兰北部一个衰败了的老工业纺织城镇布拉德福镇的失业率很高，有很多工人阶层的移民（Buckley and Witt 1985）。很强的创新型领导者更喜欢在地方自治的旅游业组织中有更多的自由。地方政府不重视旅游管理以及资源短缺无法吸引优秀的领导者。

政策社团

管理在政策社团和国家的合法体系中运行。法律和资源的有限性限制了管理。管理者在他们的知识和经验基础上实行管理，这些知识和经验来自于与政策社团其他成员之间的良好关系和联系。一个好的交流体系是必要的，这一体系在进行交流时将会利用正式的机制，例如咨询委员会或者政府委员会的会员，但是也会利用非正式的联系和咨询。紧密的联系不应该允许管理受行业的限制，或者成为私人利益的守护者。他们的作用通常是解决冲突，协调互相对立的群体，协商和咨询以寻求解决问题的可接受的平衡的方案。激烈的对立可能来自于旅游开发者和地方保守主义者之间，反对者认为前者只关注于获取利润。"在地方层面，对私营资本积累的需求与地方政府行使其环境、社会、经济方面职责之间会产生冲突"（Shaw et al. 1991：183）。

因此，管理必须清楚地明确公共目标和任务，要制定计划和战略。管理者应该有能力在冲突的情况下实现他们的目标，不应把太多的时间放在会议和咨询上。毫无疑问，正式的行政流程是缓慢的，耗费了公共和私营管理者很多时间。成本会逐渐提高，并且在通货膨胀时期迅速提升，提出的旅游项目可能也会无法实施。所以管理者对于旅游开发应进行快速跟踪。

权力

公共部门管理在正式和非正式方面都有很大的权力。非正式方面，管理者以真正管理流程的方式可以给予或拒绝给予利益。正如之前所提到的，对于依赖地方政府的决策和行动的那些人，耽搁导致的成本很高。是否符合法律由管理者自行判断，因此管理者要决定法律是否严格地被应用。管理者会解读和应用政治决策和战略。管理者有权将议题提到政策议程，以此来推动某项旅游业提案，或是不重视该提案。他们可以建议给予或拒绝给予某项许可或财政补贴。在这些情况下，管理者可以非正式地管理，应用他们的价值理念，而不是尊重公共部门管理的原则。当旅游开发者必须贿赂官员以使他们有效、高效、诚实地履行职责时，这会很荒谬。这与由于申请者不是完全合法而贿赂一个管理者是不同的，例如对于修建通过自然保护区的公路（该公路最终通向旅游度假区），管理者不运用相关法律予以制止。

正式的管理权力来自于行政法令和它们的官方地位。具体的法律可以给予公共部门权限管理对旅游业重要的一系列事项，包括公路和交通等基础设施建设、规划、规章、许可、保护、环境、市场营销和公共健康等。1974年英格兰和威尔士开始采用1972年制定的地方政府法案的条款，地方政府在旅游业促销和开发方面的权力得以确立。在政治体制下，地方政府可能有能力采取行动，除非在法律禁止的情况下，例如，提供停车场、旅游观景点和野营地。一些法律是强制性的，例如一个开发计划项目要求包括环境影响报告，或者如同英国那样，地方政府必须为该地区准备地区发展规划。地方政府必须确保它们没有超越权限。管理者可以利用他们的规划权力来实现旅游业相关目标，控制行业和发展，贯彻执行五项原则。简单的土地使用规划和区域性的更复杂的战略性长期土地使用规划是不同的。管理的有效性将根据可获得资源（如财政、专业知识和领导权等）的不同而不同。

一个地方政府体系应该在它的资源和权力基础上保护公共利益，控制内部和外部的腐败。资源和资助可以来自于上级政府或专门的机构，例如英国旅游者委员会。

我们也委托制作了一个关于英格兰较小海滨度假地所面临问题的详细分析。同样，分析问题是容易的，但是做出恰当的改正、寻求有效的措施是难的。很多度假胜地都一直不被重视，但是却没有简单的解决办法。只有地方权力机构和私营开发者才能解决这个问题，但是我们只能在力所能及的范围内尽力而为。

(ETB *Annual Report* 1990/1991: 2)

财政权力

地方政府所有的最重要权力之一是征税或者在土地价值基础上征收地产税（差饷）。地方政府财政收入越多，它们才能提供更多的服务，它们也可以更独立于上级政府和包括旅游业的私营领域。财力雄厚的地方政府更能阻止或拒绝旅游开发。市民给政府和管理者很大压力，迫使他们尝试从旅游者那里获得更多收入来支付提供的服务。当旅游业带来了支出成本时就会产生怨恨，居民认为旅游者降低了他们的生活质量，打扰了他们的正常生活。有时，管理者支持的政治领导人将推动项目和投资，即使没有有效评估该项目对于当地社区的经济和社会的影响。很难估测旅游投资的有利影响，政治领导者更关注于从项目中获得政治荣誉而不是评估它们的效率。在资源匮乏、失业率高的地方，这种评估对于地方政府更为必要。

日本九州的大型宫崎海洋鱼蛋（Seagaia）说明了这种危险。该景区于1994年开始对外营业，是宫崎地方和省政府以及当地公司共同投资的，资产2 000亿日元（约合20亿美元）。它拥有一个753间房间的饭店、一个可以容纳5 000人的会议中心、一个市内水公园、一个汤姆·沃森（Tom Watson）高尔夫球场、网球俱乐部和包括一个高技术游戏区的娱乐场。问题是它能否吸引很多的日本和海外游客；它是否可以与有海滩且内容更丰富、价格更低廉而且有国际机场的度假地竞争？地方政府是否已经评估了类似商业企业所需的短期和长期的公共投资基金、人力资源和其他资源等？

在新的管理体系下，公共部门管理者更愿意引入使用者付费的项目来吸引旅游者，这里有很多地方可以收费，如饭店住宿、食品和饮料、出租的住宿设施、为了旅游促销和环境保护而征税的税收等。地方政府在财政权力方面的管理低效对市民和旅游业产生了负面的影响。近些年来，地方政府和行业偶尔会利用一些财政资金来开发项目。在英国，国家政府依据1969年法案的第四部分给予旅游业财政补贴。

旅游业和地方政府从帮助较穷的地区的援助项目中获益，包括利用欧盟用于结构性援助和经济复苏的基金。英国政府也通过多种方案，如城市内部合作方案给予财政援助，地方政府一直在发起和贯彻执行这些项目中发挥重要作用。利用它的权力成为一个压力集团和催化剂。

原则和问题

在协助旅游业方面，管理需要是敏感的，它的主要责任是考虑当地人民的利益——例如，在提供休闲和娱乐设施方面，应该首先考虑当地人的利益。高消费的旅游度假地非常渴望对海岸入口的垄断，即只有通过度假地才可以到达或使用当地的海滩，有时，管理者轻易同意了类似的需求，代价是失去了进入海滩的入口或使一般民众到达海滩需要很长时间，而在开发以前，当地居民可以很容易地到达海滩。昆士兰的道格拉斯港口和泰国的普吉岛就是两个类似的例子。

这些问题强调了原则的重要性,以及公共利益和公共服务对于人民的重要性。这些都是公共部门管理的基础。在实践中,政治和控制体系可以保证公共部门管理能够遵守这些原则。一个民主的、公开的鼓励社区参与项目开发的(而不是精英化的、封闭的和秘密的)体系,可以更好地遵守公共部门管理的五项原则。旅游地属于当地的居民,居住在当地的居民在为旅游业所带来的成本以不同方式埋单,他们也为管理者的管理付费并给予他们权力(管理者代表当地居民行使这些权力)。然而,在某些执政理念下,私人经营者或地区旅游机构却只在地方政府的名义下肆意开发旅游。一些政治领导人和地方层面的管理者希望一种平静的生活,只作最少的贡献,有时他们希望维持现状和巩固他们自己舒适的权力基础。其他管理者没有能力管理动态的、实力强大的旅游组织和群体。

在地方政府所面临的问题中,与行业中众多的小型组织和个人交流与合作是比较困难的。例如,在市场营销或其他领域采取措施时,获得合作甚至是使他们同意某些目标都是很困难的。困难开始于制定和贯彻执行阶段,例如在澳大利亚,"地方政府是与旅游开发中很多问题联系都最紧密的一级政府,也是最适合社区规划的一级政府,但几乎被所有的部级委员会和咨询委员会所排斥"(Hall 1991:69)。地方管理者可能缺少资源——人力资源、财政、合法权力和必要的知识来管理大型项目。小规模的地方政府以及发展中国家更是如此。大型开发商在类似情况下会有更多的权力,特别是当管理者面临压力要允许开发并快速推进时。管理者通常都面临着压力"去做某些事",特别是在经济衰退时期,要允许通过开发来提供就业。一些选举的代表和管理者质疑旅游业的价值,他们希望要的是"真正的工作",例如制造业中的工作,但这些工作现在却在减少。他们将旅游业的工作看作服务员做的工作,是不牢靠的,所以他们对管理者施加压力要求集中精力关注非旅游业开发。类似的情况下,在发展中国家,一些政治家和公务员批评某些管理者将很多精力和资源浪费在"为外国人提供的奢侈行业"上,他们认为应该更关注地区生产和为人民提供"真正的工作"。他们提出,当地人只能做服务性的工作,而外国人霸占着管理岗位。但是,地区粮食种植和基础行业,如锡和橡胶,可能都在处于下滑,竞争力在减弱,如同发达国家的很多制造业一样。此时，制定决策和政策很可能只考虑一些权宜性目标和短期效益，而不考虑可持续发展和地区的长远未来，这是很危险的。管理本身也许是不灵活的、没有效率的，无法达到目标。地方政府的旅游管理如同在休闲服务中的管理一样。"休闲服务部门建立后，其作用正在被强化，但是总的来说，工作人员仍然像在内敛、狭隘并独立的领域中工作"（Travis，1983）。

结果是什么？英格兰、澳大利亚、泰国

地区旅游开发的影响清楚地展现在西班牙和泰国等国家的沿海地区以及澳大利亚的黄金海岸和墨西哥的阿卡普尔科（Acapulco）的大众旅游和高增长的开发中。经济和社会方面的成本与收益很难评估。一些地区取得了成功是因为它们很有名气，但另一些则是因为相对来说无人知道。远在昆士兰北部的库克镇标榜是"保持着最神秘的旅游地"，一直控制着旅游业的影响并保存它具有吸引力的特征。

英格兰泰恩河上的纽卡斯尔

泰恩河上的纽卡斯尔是英格兰东北部的一个工业城市，以历史悠久的煤炭贸易、船舶制造和重型机械生产著称，但是，它的所有传统行业正在下滑，有的甚至在消失。这个城市距离苏格兰边界60英里，人口将近30万，但是却是一个有着83.2万人的地区的商业和财政中心。从历史上来说，这个城市可以上溯到罗马时期，现在仍有哈德良罗马长城的遗迹，有来自于诺曼底时期的"新城堡"。纽卡斯尔不受郡议会的约束，有自己选举出来的市议会。

纽卡斯尔还没有成为一个优秀的旅游地时，大多数游客在从伦敦、纽约、达勒姆去爱丁堡的路上经过纽卡斯尔，但却不在此逗留。地方旅游业管理者说这个城市和地区与其他地区隔离了很久了。在20世纪60年代，该地区尝试了通过免税和低价购物吸引更多的斯堪的纳维亚游客，因为来自五个北欧国家的大多数游客通过坐船来到泰恩河。在这期间，市内的再开发成了焦点，城市是内城再开发的先驱，但那时很少提到旅游业。规划要保护尽可能多的历史遗产，为商人提供饭店。

政府为什么要参与

纽卡斯尔开始对旅游业感兴趣的主要原因是经济,英国经济中传统产业的衰落以及不断增长的失业率迫使纽卡斯尔关注旅游业。美国等发达国家中很多比较老的工业城市同样经历着类似的经济衰退。20世纪70年代晚期,经济发展和增长引起了人们越来越多的关注,旅游业也开始被看作是少数增长的行业之一。

专栏6.3 旅游业的优势

在地方层面,某些地区很难为失业人口提供可供选择的工作岗位,旅游业可以为类似地区提供就业和收入。除了工作外,旅游消费有助于支持很多社区配套设施,包括商店、餐厅、剧院和其他休闲社区。如果没有旅游业,这些配套设施的数量和范围将会大大缩减。旅游业可以使老建筑有新用途,因此有助于保护城镇和乡村的历史遗迹。

(Newcastle City Council 1981, quoting the ETB)

其他地方政府也在发展旅游业。纽卡斯尔的管理者也意识到如果城市发展旅游业,可以根据1969年旅游法案的第四条款申请财政补贴。

谁参与了旅游管理?

纽卡斯尔旅游业的主要参与者是政治领导人、城市官员、旅游业领导者和诺林伯利亚旅游局(见专栏7.5)。国家机构(例如英国旅游局)和国际机构(例如位于布鲁塞尔的欧盟委员会),处于旅游政策制定的外围。正如在大多数公共部门管理体系一样,城市主要通过委员会体系管理它的事务,官员有各自的责任。在旅游业中,经济开发委员会承担着主要责任,它有一个主席,一个当地实业家,如同其他城市议会一样它也有一个兼职的议员。在该委员会下面有一个旅游分会负责监督旅游开发战略的管理。其他委员会,例如财政、规划和艺术与休闲委员会同样涉及旅游问题,全职的有责任的官员包括经济开发官员(城市的高级官员)以及旅游业和会展官员。旅游业和会展官员领导一个由2~3个官员组成的小组负责旅游业和会议。

第六章 地方层面的管理

纽卡斯尔的旅游业发展规模并不大，包括很多小的经营者、几个大型的饭店和一个当地机场。主要机构包括泰恩河和泰恩—威尔郡商会，以及诺林伯利亚旅游局，还有一些地区组织如泰恩—威尔郡开发公司，北部开发公司以及英国东北部地区产业联盟。另外，也包括一些保护和环境群体，它们关注保护遗产和旅游开发的影响。

管理者如何管理

纽卡斯尔接受旅游管理和开发的过程很缓慢，市议会更倾向于提供基础服务，例如住房和教育以及社会福利等问题。在一个有活力的市议会领导者和非常积极的城市规划办公室领导下，20世纪60年代的城市规划中体现了对历史遗迹的重视，但是内城的很多地方遭受到了破坏，取而代之的是一些平庸的建筑。从那时开始，城市有了更多的传统的领导者，但是它也同样遭受了行业下滑和总体的经济衰退。

市议会已经接受它在经济开发方面的责任，建立了由一个高级主席领导的委员会，任命经济开发官员和旅游官员。经济开发成为一个首要任务，旅游开发成为经济发展委员会1987—1989年8个目标的其中之一。主席说在过去两年内创造了3 000多就业岗位：

> 城市被乐观主义和轻松愉快的氛围所笼罩，这使公共机构和私有部门能够紧密合作。现在，纽卡斯尔出现了一种真正的社会范围的开发来实现经济振兴，成功的信念将给城市和周围地区在未来几年带来重要的经济利益。

(Newcastle City Council 1989)

关于纽卡斯尔和它的经济与旅游业需求有很多报告和研究。在20世纪60年代，市规划部门被讥讽为是"自卡克斯顿（Caxton，近代英国第一个出版印刷商——译者注）之后最大的出版商"。英国国家旅游局在1973年关于"诺林伯利亚旅游业市场营销和开发"（*The Marketing and Development of Tourism in Northumbria*）的报告中，谈到了纽卡斯尔，并强调了可能增长的潜在税收。在1979年13/79号文件中（Circular, 13/79），环境部门敦促地方政府意识到旅游业的贡献，如可提供一系列配套设施和服务（如体育和休闲设施、餐厅、电影院和剧院），提到了协调旅游业政策与地区内部就业、体育和休闲政策之间关系的重要性。纽卡斯尔有很多古老的内城区。因此，在 20 世纪 80 年代，英国旅游局恰当地在纽卡斯尔市镇中心发布了它的报告——"旅游业和内城"（Tourism and Inner City）。

城市政治家和管理者逐渐意识到旅游业的重要性，开始贯彻执行政策。城市议会的政策服务部与休闲和娱乐部在 1981 年联合发布了一个报告——"纽卡斯尔旅游开发"（Tourist Development in Newcastle）。1982 年关于纽卡斯尔的报告将其更具体地定位为一个会议城市。城市规划部将休闲和旅游业作为 1983 年城市中心地方规划的第五项任务，并指出了旅游业如何提供新的就业机会。政策服务部与休闲和娱乐部的管理者开始在一个旅游办公工作组中定期会面，共同指导旅游开发工作。他们与诺林伯利亚旅游局经常联系，并尽量与私人经营者经常联系，包括饭店管理者和其他相关组织。政府接受旅游业的一个关键步骤是任命旅游和会议官员，在 1986 年建立了只有 2 个工作人员的旅游机构，1983 年增加到 3 人。它的价值被认可，它的预算在经费方面保持不变（但由于通货膨胀的原因实际上是下降的），但是其他部门无论在名义资金上还是实际资金上都缩减了预算。纽卡斯尔在遗产旅游吸引物方面取得了成功，将纽卡斯尔机场变成了国际机场，吸引更多的会议旅游者，通过"全英城市游客房价优惠"（Great English City Breaks）项目吸引了旅游者，并从英国旅游业和欧盟委员会获得了项目的财政支持。

结果是什么？实践和绩效

采用公共部门管理基础原则和旅游业的公共部门的检查清单，纽卡斯尔的发展数据显示喜忧参半。纽卡斯尔遵守了五项原则，特别是公共利益和公共服务，管理在口头上民主的政治和行政体系下顺畅进行，显示了高效性和有效性。旅游者的人数和消费在提高，提供了更多的旅游吸引物和当地就业机会。但是管理绩效是否如同预期的那样有效和高效呢？

在 1989 年，管理承认 "15 年来城市设施一直相对停滞——没有新的饭店，没有抓住机会开发会议设施——除了埃尔顿购物和休闲广场中心外"。同样，这个中心被认为是城市管理者和规划者在 20 世纪 60 年代所造成的旅游业最大败笔之一。埃尔顿广场（Eldon Square）曾是英格兰最好的历史广

第六章 地方层面的管理

场之一,虽然遭到公众的极大反对,但仍然被夷为平地,目的是建设一个知名设计师设计的五星级饭店。饭店没有建成,地面上的大坑被填平并建立了一个休闲中心。1978 年,两个可以与纽卡斯尔相媲美的城市——谢菲尔德和加的夫——的会议旅游收入分别为 650 万英镑和 620 万英镑;但纽卡斯尔在 1980 年只有 100 多万英镑。布拉德福的公共形象比纽卡斯尔差很多,但是它成功地应对了旅游业的挑战并克服了问题,它的包价旅游从 1981—1982 年的 2 000 团次提升到 1982—1984 年的 25 000 团次。在布拉德福:

"私营资本被吸引到了旅游开发。建立了新的饭店,一个大型的被废弃的饭店重新装修开业。"

(Buckley and Witt 1985)

政治

纽卡斯尔市政府在 20 世纪 60 年代有很强的政治领导,管理有眼光、能力、驱动力和潜在的权力来获得所需要的资源。近些年来,领导者和管理者一直表现很好,但是所处的环境却是下滑的经济和内部政党政治纠纷。工党已经控制了市议会很多年,但是却对旅游开发没兴趣。很多议员,特别是那些具有工人阶级或左翼背景的议员,极少支持旅游。他们倾向于制造业"真正的工作,真正的就业"。城市旅游业管理者因此没有获得全方位的政治支持,也没有得到他们需要的财政和人力资源。其他城市高级管理者质疑旅游业的价值,不重视旅游业。他们的兴趣只在他们自己的部门上,缺少更长远的眼光,没有能力具有全盘的观点也无法完成更宽的政策目标。他们对刺激私人经营者的参与或投资没有兴趣,也没有能力。他们关于公共利益的观点仅限于提供公共服务。旅游业私人经营者在纽卡斯尔的资源、投资和管理才能等方面的表现都不尽如人意,但是公共管理者却很少寻求机会来做出改善。服务业领域的就业占纽卡斯尔就业的 80% 以上。1981 年 3 月在提交给城市经济发展委员会的一个报告中,城市议会建议由于旅游业对于服务业就业的影响,应将旅游业作为一个关键行业,但这个建议最终没有得到采纳。

纽卡斯尔的低效管理反映了地区和国家层面管理和政治领导的无力。国家政府和在实践中的管理没有给予旅游业任何特权,也没有建立清晰、连续的国家目标。反之，有很多相互冲突的目标、项目和组织。工党政府建议较穷的地区优先发展旅游业，但是却给予很少的资源。保守党重新树立了伦敦"国家入口"的形象。无论是在工党还是在保守党的领导下，国家政府部门的地区办公室对地区或纽卡斯尔的旅游业发展都没有作出过有意义的贡献。1979年，保守党政府大幅度削减了旅游支出，特别是在管理上，目标是迫使旅游相关组织向外部寻求商业机会和资金支持。但在纽卡斯尔，结果却没有如保守党政府所期望的那样。

诺林伯利亚旅游局

保守党政府把责任和资源从国家旅游局转移到了地区旅游局。在诺林伯利亚旅游局（Northumbria Tourist Board）是倒退的一步，旅游局几乎完全被地方政府所控制，特别是郡议会。这种控制和领导与低效的管理被证明无法应对旅游业的挑战。英国旅游局的主席阿黛尔·比什（Adele Biss）认为"地区正在销售它的短处"。住宿设施的床位使用率只有50%（*Evening Chronicle*, Newcastle, 25 March 1994: 3）。缺乏政治动力、缺少资金和有效管理，地方政府和私营部门的支持很少，缺少资源合作的精神。通过研究证明，缺少企业家技能和动力、合作和持续有力的管理。例如，一直以来，地区委员会的首席执行官任职一般只有2或3年。与诺林伯利亚旅游局局长之间不会有很紧密的联系。

纽卡斯尔对委员会的财政贡献占到当地政府的10%。它的影响力是有限的，特别是它在一个很大的委员会中的代表只有2人，当委员会规模缩减后调整为1人。私人经营者代表的规模也很小。纽卡斯尔旅游业表现不好的一个原因是地区和国家旅游局没有利用城市的潜力和地区环境，以及作为北欧的入口的优势。纽卡斯尔没有把它丰富的历史和受欢迎的遗产旅游资本化。城市管理者也必须要对缺少创造力，以及没有摆脱城市的自然环境、政治和行政体系、文化和思潮类型的束缚负责。管理和旅游业在不停地变化，诺林伯利亚旅游局的战略"旅游业合作伙伴1991—1996"（Partners in Tourism 1991—1996）包括绿色旅游和游客人数控制等内容，这可能会带来一个更有效的合作。英国旅游局把四个北部地区作为"英格兰北部乡村"进行推广（由旅游局的品牌管理人员负责），这一举措使情况发生了改善。

澳大利亚昆士兰的黄金海岸

黄金海岸包括有冲浪运动员天堂美誉的冲浪海滩，是南部地区最流行的旅游胜地之一，是最成功的度假地之一。黄金海岸经历了19世纪80年代以铁路为基础的发展；20世纪20年代以改善的公路交通为基础的发展；20世纪60年代以国内航线特别是以20世纪80年代之后发展的国际航线为基础的发展。住宿从20世纪50年代低价的小客房发展到20世纪80年代和90年代的奢华饭店。

除了住宿便利外，主要的吸引物是漫长的海滩、海水、冲浪和阳光以及湿润的冬季气候。游客从当地昆士兰人发展到其他澳大利亚人，在近些年来它成为亚洲旅游者的选择之一，很多奢华的饭店和住宿设施都由日本人和其他亚洲人经营。黄金海岸的成功反映了昆士兰旅游业的成功，在20世纪90年代早期提供了12万个工作岗位，对国家经济贡献了45亿澳元。同期，一半的澳大利亚旅游设施建造在广阔的黄金海岸地区。1995年昆士兰的旅游者达到690万人次。与纽卡斯尔不同的是，黄金海岸是一个成功的旅游产品，但是仍然是需要管理的。

为什么政府要参与

由于市场压力和旅游业不断增长的重要性，澳大利亚的政府，无论是联邦政府、州政府还是地方政府，都被要求参与旅游业。黄金海岸地方政府和他们的成功者——黄金海岸市议会被要求为旅游者提供基础服务，例如公路、排水系统、水供给、垃圾清理、公共公园和厕所等。他们追求高收入、地产税（差饷）、税收、私营投资的经济利益、更多的就业机会，以及刺激当地经济发展。旅游业的吸引力也因为黄金海岸没有工业，而且农业回报率也低。

要求市议会参与旅游业，是因为昆士兰州政府法律给予地方政府责任来制定城镇规划，并提供其他服务。例如，1994年环境保护法案给予地方政府很多责任。市议会要应对旅游市场。另外一个重要因素是昆士兰政治文化以及来自于市民、政治家、开发商以及联邦和州政府部长等社会各阶层所有有说服力的发展理念。市议会是这种文化的一部分，无法与之对抗，即使个别人希望这样做。

谁参与了旅游管理？

黄金海岸市议会负责当地的旅游业公共管理。一个整体的黄金海岸市应该有自己的议会，这一提案在 1928 年就被提出。但直到 1949 年后，才因为 1948 年州议会的法案而组建市和市议会，如同昆士兰所有地方议会一样，它有足够的权力。但是在现实中，州政府以及其他部门经常无视它的存在。如果发生冲突的话，州政府的意志和政策将占上风。州政府权力的一个标志是 1978 年取消了市议会的一个开发项目。并由一个行政管理者管理城市直到 1979 年城市选举后议会重组完成。然而，当地政治家和官员虽很有权力，但他们也受其他权力中心的制约。这些权力中心包括有规划和其他权力的当地政府部长和他的部门。其他部门将根据政策发挥领导性角色，无论是在道路、环境还是在政治问题上。

昆士兰政府如同其他政府一样，利用组织的行政权力形式来管理旅游业。昆士兰旅游和旅行公司（Queensland Tourist and Travel Corporation, QTTC）建立于 1979 年，一直在地方政府层面非常活跃。它的主要角色是促销和开发，在黄金海岸发展方面较有影响。在城市层面，由一个独立的组织，黄金海岸旅游和会议局来管理旅游业。这是一个地区性的旅游协会，得到行业、旅游和旅行公司与当地政府的支持。它负责黄金海岸旅游业的协调和市场营销。澳大利亚政府可以协助地方政府，需要外国投资评审委员会来评估外国投资。黄金海岸的开发者和投资者比当地市民的参与更积极。

在 1995 年，城市的管理者包括：一个选举产生的市长和十四个议员以及被任命的固定期限的首席执行官、7 个指挥者和 39 个管理者以及 2 300 个职员。黄金海岸市议会是澳大利亚第二大地方政府。

第六章 地方层面的管理

管理者如何管理

城市由 7 个指挥者管理，他们担负对旅游业重要的职能：一个指挥者负责规划、开发和交通，包括研究、战略性规划、开发、环境、支持、交通和行政规划。一个指挥者负责城市项目，包括城市项目、资产、地区和经济开发、支持等。

由选举产生的议员组成的议会委员会也具有管理职能。委员会在制定政策和控制政策方面是重要的。对于旅游业来说重要的委员会包括：水、废水、海滩、浅滩委员会（Water, Wastewater, Beaches and Foreshores Committee），规划和开发委员会（北部）以及规划和开发委员会（南部）。委员会成员每三个星期召开一次例会，对公众公开。议会也代表地区联合旅游者委员会和黄金海岸旅游局。城市有一体的可以运行的规划，有行政规划，但是没有综合性的旅游业规划。

管理者提供一般性的服务管理。州和城市政府一直支持旅游业和市内开发，提供必要的基础设施，例如水供给和公路。它们资助并补贴开发旅游吸引物，例如印地（Indy）汽车赛。州政府通过旅游和旅行公司的管理直接支持旅游业，城市议会也支持旅游局工作。

1996/1997 年城市的预算是 4.24 亿澳元；因此，与一些地方政府不同，城市有大量的资源，可以雇用需要的专家。昆士兰却迟迟没有雇用专业规划师。昆士兰没有地区规划，当地政府的规划也很有限。市场决定了开发，城市议会回应了开发者的需求。一些政治领导者，例如前市长布鲁斯·斯莫尔（Bruce Small），一直主张开发，这与一些居民的希望相违背。他平息了反对沿海开发高层建筑的公开抗议。他说，海滩上的高层建筑在下午形成的阴影将使旅游者避免患上皮肤癌。开发的呼声在昆士兰处于主导地位，特别是 1989 年之前在国家党州政府的领导下开发笼罩着黄金海岸，主要任务就是开发、城市化和旅游者。当地居民的诉求被忽视了，地方商业利益控制着城市委员会。从政治上来说，信奉的主要哲学是自由放任（*laissez-faire*）政策、市场主导和自由的企业，政府的干预只是助力开发，而不是叫停或控制开发。干预方法是杂乱的、递增的和被动的，这可以从这些年的开发中看出来。反对任何控制或恰当的规划开发的建议。昆士兰旅游和旅行公司主席弗兰克·摩尔（Frank Moore）先生说：

我们是一个私人的企业。我思考的最后一件事是你得到一种可怕的社会主义规划，这将决定人员的流向。我们是一个自由的公开的社会。我们是一个私营的企业社会，人们为自己的行为和错误负责，很小心也很谨慎。

(ABCRadio, 1989)

城市管理者倾向于同意这种观点。在土地使用规划方面城市确实有规划权力，但是却很有限，缺乏有效的综合性的长期规划。在任何情况下，由于州政府的地位和地方政府的权力，这将很难强制执行。城市只控制海洋沿岸的一系列土地经营，内陆地区由其他政治保守型议会控制。1995年这种情况变化了，阿尔贝特郡并入到了这个城市，人口达到32万，更能有效地管理可持续和平衡的旅游开发。政府和黄金海岸以及昆士兰北部的凯恩斯一样，无力为大规模的旅游开发资助必要的基础设施，1990年两个议会要求外国投资评审委员会限制外国投资，因为它们无法应付对基础设施的需求，但是未能成功。为了解决旅游业的成本和居民的抱怨，黄金海岸在1992年引入了旅游业促销基金（税收），那些从旅游业获益的人每年要缴纳22澳元，任何经营住宿设施的地方每年要缴纳45澳元。这项措施于1995年被取消，旅游业的建筑地被认为是商业资产，并被征收差饷（地产税）。

结果是什么？实践和绩效

理论上，实践和绩效应该遵守原则。例如，希望政治家、公共部门管理者、政治和行政体制满足公共利益。在很多情况下，1989年之前，在昆士兰，他们都是过多地考虑政治领导者的私人利益。如果涉及政治或政治权力所有者的个人利益，正式体制和他所在的州和地方政府运行机制都将被践踏，例如城镇规划、重新界定区域、议事程序、公路提案、地方政府权限界定和责任等。民主体制和流程以及地方政府和居民都被忽视。州或地方政府都无法鼓励公共参与，任何批评都无济于事。

州议会推动了特别的法规，例如1987年的一体化度假地开发法案，以促进旅游开发政策流程的有效和高效。州和地方政府流程缓慢、繁复、模糊，开发商希望得到快速的许可。1987年法案控制地方政府权力和当地人民权力,但却未能充分地保护公共利益。该法案对于实力雄厚的开发商(有着一般居民没有的特权)来说,是有效和高效的。地方政府的公共服务责任或者当地社区中较贫穷的地区没有得到类似的关注。黄金海岸等地区因此成为富裕者、海外投资者和旅游者的保护区。

另外一个特别法案倾向于在黄金海岸保护私人利益而不顾公共利益,这就是1985年的保护小峡谷度假区法案(Sanctuary Cove Resort Act),该法案给予开发者特权,其权限接近地方政府首脑拉塞尔·欣策(Russell Hinze)的权限。政府提供贷款和公共设施。当开发遇到财政困境时,议会通过另一个法案允许该地区建设更高密度的建筑(参见 Craik 1991)。

昆士兰旅游和旅行公司也在开发项目中利用土地公共基金和土地,包括在凯恩斯附近的道格拉斯港度假区的公有土地。这个度假区倒闭之后,开发商逃跑到西班牙,拒绝回国在法庭应诉。大型旅游开发成为约翰·比耶尔克-彼得森(Joh Bjelk-Petersen,时任澳大利亚总理——译者注)政府政策的一个重要部分。

最高层公共部门管理者退休后加入了最大的日本旅游业投资商——大京(Daikyo)公司,作为他们在澳大利亚的高级管理者。蔓延的腐败导致了国家党政府在1989年的选举中失败,以及警察委员特伦斯·路易斯(Terence Lewis)先生的监禁。

在公共利益中,城市议会应该关注地区的长期和短期开发。城市资源、环境、配套设施和生活质量都应该得到保护。应该平衡开发需求,实现生态可持续发展。整个地区不应该被某一个利益集团所控制。黄金海岸的管理也遭受了批评,有人认为黄金海岸缺少规划和长期综合性的开发战略。特殊的一次次开发,未能使海滩附近的公共区域和公园得以保护,海滩地区遭到了破坏和腐蚀。此外,批评也直指不断增多的奢侈性的开发、外资以及所有和亚洲人尤其和日本人的不公平的贸易。低效管理导致高层公寓和饭店距离海滩过近,导致了严重的海滩腐蚀。这迫使城市大量投入财力以保护海滩。

公共服务原则需要地方政府以积极的方式服务于社区。也许管理必须是提供服务,因为这产生不了经济效益,或者说,私人经营者无法从中获得足够的金钱方面的回报。旅游开发商的目的是谋利,提供公共服务或保护公共设施不属于他们的主要目标。城市将大部分精力放在大的旅游项目和市区开发，有时是以社区较穷地区的利益为代价的，包括某些设施的不复存在以及生活质量的降低。旅游业、度假地和赌场开发以及国际汽车赛对于黄金海岸无家可归的人和失业者来说没有一点意义，但是却有助于保持黄金海岸令人有活力、兴奋和放松的积极形象。

在旅游业发展中，财富和炫耀性消费，奢华高层饭店和公寓，暗礁的开发，城市中剩下的唯一大型的自然区，河道开发当局的发展和昂贵的运河地产，所有这些都与年轻的失业者、城镇居民的陈旧设施以及廉价的住宿设施、大篷车公园和户外空地的消失形成了鲜明的对比。黄金海岸旅游和会议管理局首席执行官在1991年说，旅游度假地、饭店和租用的公寓都在互相利用价格竞争，他们对精打细算的游客需求以及经济衰退所造成的艰难情况很敏感。管理者意识到了批评，但是却无力解决问题。这部分是因为他们希望维持该地区成功的形象，这对于连续的开发和吸引越来越多的游客是必要的。成功的评价标准是旅游业的标准而不是社会或环境标准。

在旅游业发展所带来的变化和压力等方面，有一些管理是有效的，这种有效管理也缓解了救济金领取者人数膨胀方面的问题。管理提供了必要的稳定、基础设施和政治与行政环境。旅游者人数、消费、住宿设施和旅游吸引物不断增多，但是这主要源于旅游业需求以及独立的旅游局活动，而不是积极的城市管理。海外旅游者人数在上升，投资额在增多，尤其是来自于日本的投资从20世纪80年代开始在显著提高，近些年来自亚洲的投资也在增多。官员们已经发掘了该地区的潜力并回应了市场。特别重要的是希尔顿赌场大厦和其他五星级饭店、度假胜地、高尔夫球场、游船码头和吸引物，例如海洋世界和星光影城。因为飞机票的高折扣，使他们克服了20世纪90年代的经济衰退的影响。日本的经济衰退导致了日本变卖资产和一个最大的公司——转移到凯尔斯的澳大利亚大京公司，部分亏损由外国投资，主要是亚洲投资来弥补。

黄金海岸长久以来被正确或错误地认为是澳大利亚第一旅游目的地。但是，黄金海岸可能成为昆士兰未来发展问题的缩影。黄金海岸试图吸引大众旅游市场，虽然大众旅游毫无疑问会伴随我们很长时间，但是现在的趋势是

第六章 地方层面的管理

从大规模的开发向小型、人工色彩少的旅游目的地发展。昆士兰面临的挑战和黄金海岸一样，是如何将吸引物多样化来吸引游客，保证开发比以前听起来更环保，更以社区为基础。

(Hall 1991: 57)

  市议会负责旅游支出、政策和管理的效率。纳税人是否在最低成本的基础上获得了最好服务？一些居民认为他们在补贴旅游业，因此，他们要求实行旅游税。还有一个问题，就是城市是从海外投资中获得了最大的回报还是大量经济收益流向了海外。从长期来看，如此多的外国投资是否是有效率的？很难从旅游业基础设施供给中、对某些活动的补贴中，如印地（Indy）汽车赛中计算出回报，更难计算出长期回报。在短期有效率的政策和花费可能在长期没有效果。过量的建筑和高层建筑特别是在海滩附近的建筑在长期来看是成本很大的，降低了旅游者体验的质量，无法吸引回头客或新客人。在长期，也许更好的回报来自于支持生态旅游和文化旅游，这也更符合公共利益，应提供一种公共服务。有些措施，例如州政府采取的帮助旅游业的措施，包括补贴有可能倒闭的航空公司、提供政府土地，都不是公共资源的有效利用。黄金海岸在协调与昆士兰和新南威尔士的相邻地方政府以及州政府的关系上比以前更有效。效率反映了管理的能力，但是如果政治领导者的非正式目标导致了无效和腐败的话，效率则丝毫起不了作用。

  黄金海岸的负责原则被列在开发的市场需求之后。政治和经济权力所有者都曾经利用州和地方政府，包括公共管理者来获取他们的私人利益。审计机制、选举、选举的代表、利益集团和媒体都表现出了在负责原则上的无力。基础设施公共投资、市场营销方面以及某些活动［如一年一度的印地（Indy）国际汽车赛等］方面公共支出的回报却极少得到关注，或仅仅是流于形式。在昆士兰某些地方政府，有选举权的人反对支持高层建筑的竞选者，但是这种情况却从未在黄金海岸发生过。虽然就某些项目而言，环境影响报告已经提供了信息，但是总的来说信息是不充分的，公众无法参与到政策听证。体系没有在一个公开、民主的方式下运行，也没有公众参与。应该负责和控制的那些人对他们在公共服务、公共利益与社会和环境问题上的责任眼光狭窄，未能保护城市和旅游业的质量，对抗开发者和市场的力量。也许在短期内可能摆脱不断恶化的交通堵塞、高层建筑和大众旅游，但是在长期却是无法实现的。没有一个管理实体对旅游业负责，政治党派、州政府、各种地方政府、昆士兰旅游和旅行公司与旅游局看起来都可以制定和贯彻执行一个长期的生态可持续发展的战略，并把该地区建设成为澳大利亚和南半球第一目的地。如果不是令人担忧的话，至少是令人惊讶，黄金海岸市还没有委员会、部门或高级别的管理者专门负责旅游管理。

泰国芭堤雅

为什么政府要参与

20世纪60年代之后，泰国一直是世界上最成功的旅游国家之一，除了一两年以外，总的来说，游客人数逐年不断增长。其他国家，例如越南，把泰国看作是榜样。在泰国，芭堤雅是旅游业最明亮的珍珠，是增长最快、面积最大的旅游度假胜地。芭堤雅被看作是最理想的旅游产品，因为其异国风情的感觉、海水、沙滩、阳光和性，成为世界知名的度假胜地。

泰国政府支持旅游开发，因为旅游业的经济效益给国家带来了投资和外汇，公共支持进一步推进了旅游业，旅游业在1983年取代稻米出口成为最主要的外汇收入来源。芭堤雅开发和管理反映了对长期旅游市场的开发以及海外市场对泰国旅游产品的巨大需求。芭堤雅成为首选度假胜地，因为从曼谷可以很容易到达芭堤雅。此外，芭堤雅在越南战争时期就拥有了必要的旅游基础设施，那时候，芭堤雅是美国军方休闲和游憩的地方（R and R）。旅游业本身特别是芭堤雅和开发商也不断给政府施压，迫使其支持旅游业。

旅游管理的参与者是谁？

与英国、澳大利亚或美国相比，泰国国家政府更多地参与到地方层面。它有强有力的独立的部门，拥有分层级的结构，积极地参与地方旅游业政策社团。最强有力的部门之一是内务部，它控制警察和地方政府，任命省政府管理者。半自治的政府机构对于旅游业来说也是非常重要的，例如国家经济和社会开发委员会（NESDB）、泰国旅游局（TAT）以及泰国国家航空公司。泰国旅游局在芭堤雅设立常驻办事处。

第六章 地方层面的管理

芭堤雅市市长、理事会和官员负责旅游管理。议会认为芭堤雅非常重要，因此可以部分独立于春武里府（芭堤雅所在的行政区，相当于我国的省——译者注）而实行半自治，并允许它可以选举自己的市长，统领理事会的17位成员，其中8位不是选举出的成员。城市管理者是市长聘用的重要官员，负责管理城市，他的收入根据城市的收入而波动。市长和城市管理者都必须尽力发展旅游业，旅游业涉及一系列投资者和重要组织，例如泰国酒店行业公会芭堤雅分会，他们都试图影响市长、城市管理者和官员合法或不合法地代表他们的利益。

管理者如何管理

在实践中，管理者给予市场主体充分的自由，他们则提供必要的手续。他们并不积极地参与控制开发，很少使用他们的权力。权力都有效地掌握在旅游开发商和行业手中，并受到地方和国家官员公开或私下的支持。理论上来说，要通过国家经济和社会发展委员会和泰国旅游局制定规划来实现管理，但是这却从来没有贯彻执行过。1983年制定了城市规划，然而，1986年修改了规划以满足开发商的需要或需求。根据规划，因为环保和公共休闲的原因，芭堤雅22公里长的海滩和绿地应保护起来。但是，规划成为了无效的管理过程，与强大的经济利益相悖，没有强有力且诚实的政治领导者的支持。长期的战略管理是东部海岸开发项目的一部分，计划将芭堤雅变成新的产业带的旅游和商业区。

泰国在各个政府层面都设计了很好的公共部门管理流程，自治的公共机构领导者大多聪明、勤勉、诚实、受过良好教育。部门和专门的机构，例如投资委员会、国家经济和社会发展委员会以及泰国旅游局都拥有专业的知识和其他资源。但是，行政体制并不是永远有效或高效的，它有自己的价值观和组织文化，这种价值观和文化并不一定倾向于发展中的行业，例如旅游业。对公共利益或公共服务的关注较少。组织很保守、分散、自我保护、拒绝改变，管理体制的发展速度慢，官僚习气严重，更倾向于维持现状，或者获得一致性，而不是采取和贯彻执行困难的决策。体制中缺少相关的使命感，但是在偶尔的危机时期，这些机构可以走在前面并能有效推进。改革者和有活力、年轻的公共部门管理者在实现正式的公共目标方面面对很大的困难，因为体制中的主流是强大的非正式的私人目标。充满活力的管理者和资源缺乏影响力，有的目标和任务是冲突的。官僚体制沼泽般的特征迫使改革活动停止，使影响它内部权力的人窒息。它还会支持腐败和寻求自我利益的领导者。内务部提议应该改变芭堤雅市法案以解决问题。一个议员说：

  我们不需要改变法律，只需要改变负责执行的人。我们需要在城市中工作的公务员和不了解官僚体系的议员都具有更高水平的技能。

结果是什么？实践和绩效

效度

  规划和政策并没有有效地得以贯彻执行。1978年，东京的太平洋国际咨询公司进行一项可行性研究，评述了芭堤雅旅游业开发的现状。它们列出了很多问题，涉及公路和交通、空气、海洋和废水、下水系统和垃圾，特别是塑料、聚乙烯袋子和废纸等。它们使用1977年的数据分析游客为什么要选择芭堤雅，相对于海洋度假胜地，如夏威夷、里约热内卢、澳大利亚、美国和日本的水质量标准来说，芭堤雅的污染相当严重。芭堤雅海滩的污染指数大大超过了标准，特别是在芭堤雅市区。

  1989年，当日本国际协力事业团（JICA）进行另外一个关于芭堤雅旅游开发的研究时，情况已经进一步恶化和蔓延。度假胜地也遭受到了电力和水短缺问题，水短缺问题导致了"危险的、有噪声的"水上摩托的蔓延。饭店配备了水处理机器，但是只有检查员要求的时候才使用。由于快速发展的原因，即使这里有排水沟，也因为太小而无力排除过多的污水。公共基础设施的发展落后于其他的发展，如公共开发、公路、道路照明、公共交通、水处理、垃圾收集、街道和海滩清理。缺乏控制和缺乏对规划的贯彻执行导致过多的建筑，建筑高度过高，离海滩过近，以及贫民窟增多等问题。

效率

  公共资源、权力、财政和人力的使用都无效率。政府在提供相关设施方面的速度比较缓慢，例如在建造码头、为饭店员工提供培训和教育设施、改

第六章 地方层面的管理

造当地乌塔堡机场以符合国际标准方面。部分警察和公务员仍旧沉迷于酒吧、妓院，卷入毒品、艾滋病、暴力、腐败中。1990年1月，原计划将从芭堤雅带走至少70个警察，以改变犯罪和警察腐败的形象，但是最终被带走的只有25个人，因为担心士气下跌过大。技术工人缺乏以及劳动成本过高也影响着旅游业，行业和居民都不得不接受较高的价格。人们抱怨破旧的基础设施以及低于标准的机场设施。

1989年，泰国旅行代理商协会（ATTA）主席谴责公共部门管理缺少控制。"看看芭堤雅，污染太严重了，因为没有人真正控制那里的环境和污染"（*Bangkok Post* 30 August 1989）。他和泰国旅游局都认为泰国很多旅游景区遭受了破坏。媒体和行业都一直谴责政府没有执行规划。投资委员会也遭到了谴责，因为它没有能够判断出对饭店的需求，当饭店房间数量已经饱和，投资委员会仍然给很多投资者特权；而当饭店房间短缺时，它却不给特权。内务部下属的公共事务部在制定和贯彻执行度假地的建筑规定方面迟缓，而当他们已经尽力强化执行时却遭到了芭堤雅城市议员的谴责。

控制和负责

管理开始对饭店和其他开发实行些许控制，但对强大的开发者，例如20世纪90年代早期宗天海滩的大使城市饭店和会议中心的所有者等，很难实行控制。这可以说是亚洲面积最大的旅游项目，有3 650间房间和5 000名工作人员。旅游业每年给该城市带来80亿泰铢的收入，强大的利益集团也参与到旅游业中。

管理者和国家层面的内阁未能协调在芭堤雅的很多公共机构或将设立在芭堤雅的公共机构之间的关系。内政部也一样，从理论和法律层面来说，它的管理范围很广，涉及省长、警察、规划和公共人员。公共事务部未能彻底清洁城市，公共健康部在控制艾滋病方面的行动比较迟缓，商务部没有能力也不会去控制饭店房间价格，国家环境委员会的影响几乎为零。1986—1989年，每年人口增长5万人，最终达到20万。但是公共住宿设施不充足，质量也很差，而且还有违规建筑。

一个饭店经营者说，政府和地方城市官员已经放弃了他们监控建筑项目的责任，饭店和公寓即使没有内部水处理设施也可以开业经营。

(*Bangkok Post* 1 September 1989)

国家政府给该城市的财政补助十年来没有太大变化，基本维持在 3 000 万泰铢。1990 年城市委员会要求 1 亿泰铢。

公共服务

作为一个公共机构，泰国旅游局努力阻止性旅游业。例如，反对从欧洲到芭堤雅的公开的性旅游广告。泰国旅游局一直继续支持芭堤雅，包括联系到该地区的包机。泰国旅游局在芭堤雅设立专员，以使管理能够符合实际需要。泰国国家旅游局尽量安抚行业，并声明泰国旅游局一直将芭堤雅看作是最重要的目的地之一。泰国国家旅游局局长探玛暖·巴蜀莫（Dharmnoon Prachuabmoh）说，芭堤雅是亚洲最好的度假胜地。任何人都应该来这个地方。他说，这是泰国第二受欢迎的目的地，在特征、氛围和多样性方面任何一个地区都不能与之相媲美。

一些公共服务管理者认为很多问题的产生是因为法律中存在的诸多空白。问题是，严厉的控制在这样一个有着自由企业传统的民主国家运行时要受到一定限制。

公共利益

管理者有责任将法律和规则应用到公共利益中。在泰国和芭堤雅，管理者手中有大量的权力，但是却没有很好地利用。部分原因是因为公共机构内部以及与政治领导者之间，包括芭堤雅的市长和管理者、内务部的官员等存在着冲突，同时相互之间缺乏合作。城市管理者很难执行工作，不止一个管理者曾经提出辞职。

市长也批评议员。例如，他谴责某议员"非法参与宗天海滩的建设"。市长也曾说过，城市基本没有权力，由于"隐蔽的权力和影响"，他们无法严格控制城市的发展，这种隐蔽的非正式权力部分是金钱。据说，只要有足够的钱，在芭堤雅任何事情都可以办得到，即使是需要通过公共部门管理才能办的事情也可以通过金钱来解决。毫无疑问，一些公共和私营管理者一直都行为不端、唯利是图。部门之间的冲突也助长了这种风气。私营企业积极回应不断增长的市场需求，却无情地破坏了曾经拥有美丽沙滩的渔村。政府、管理者甚至是总理都无法控制这些有权势的群体。管理设计了很多规划和政策，但是流行的政治文化以及政治和行政体制却无力贯彻执行这些政策和规划。政治和社会改革方面脱节的渐进主义以及广泛存在的几乎无节制的开发成为主流。

关于芭堤雅的媒体报道可能过分渲染了它存在的问题，它仍然是一个受欢迎的、迷人的旅游度假地。很多原本打算去那些问题成堆的旅游区（如斯里兰卡和菲律宾等地）旅游的游客转向了芭堤雅。

绩效

绩效的最终评价指标是旅游业的影响，管理的最终检测指标是它如何恰当地回应影响带来的问题以及它如何保持城市的未来发展。

通过公共开支也可以分析政府的政策执行。因此，1994 年以来，芭堤雅获得了更多的公共财政经费并做出了一些改善，这是一种好现象：芭堤雅滨水地区环境改善了……以此复兴芭堤雅旅游，因此它可以重新塑造它的著名旅游景点的形象（TAT *Annual Report* 1994：21）。只有时间才反映出遵守公共利益原则、公共服务、有效和高效原则的地方管理能否提高标准，达到竞争者的水平。

小结

地方政府是重要的，因为它们代表了旅游业和政策产生直接影响的地区。政策必须在这个层面贯彻执行，当地居民应该有权影响结果。地方政府对居民和支持旅游业发展都负有责任，可以作为居民和旅游业之间的桥梁。政策、执政理念、目标是重要的，但是在国家层面，公共管理者应该在五项原则基础上行使管理职能。

当地人与政策社团的参与者有着很大不同，政治和企业领导者以及当地议会委员会在制定和贯彻执行政策上发挥重要的作用。管理和行业将在贯彻执行中发挥关键作用，但是也不应该忽视当地居民。管理者必须强化执行法律和规章。国家机构、当地机构和保守主义群体都将会积极参与制定和贯彻执行政策。

　　管理如何有效运行取决于它平衡不同政治、经济、社会和法律压力以及互相冲突的利益集团之间的关系。市场力量和地方社区的权力群体、旅游开发者以及州（省）和国家政府将共同推动旅游开发。但是，正如纽卡斯尔大学的研究所说明的，除非旅游产品已经存在，或者管理者可以制造出产品，否则开发就会很迟缓。由于经济利益，当地人会支持这些需求，但是重要利益集团（这里可能是指环保人士群体——译者注）和普通公民将会抵制旅游业，因此管理者有责任解决冲突。当地政府代表和管理者之间就原则和旅游业的价值和形式方面的问题也会产生冲突。在当地层面，管理者有责任要提供基础服务，旅游业必须要与这些基础服务相匹配。当地管理者可以与人民的关系更紧密一些，以便更好地了解和理解人民的需求和问题。

　　在地方和国家层面，都有旅游业政策社团互相交叉或联系，通过这些社团进行决策并贯彻执行决策。这些社团包括公共和私营管理者，他们必须相互协作以确保管理的有效和高效以及旅游业未来的发展。管理者可以通过他们的职位、资源，如知识、技能、财政和法律来行使权力。

　　管理的实际效果取决于当地管理者是否能够有权力平衡政治需求和原则以及行业的需求和原则。有效的管理实践需要敏锐、使命、能力以及旅游业方面的首创精神。在两个案例研究中，绩效方面的结果有些是卓越的；管理在增加旅游者人数方面是有效的。对芭堤雅来说，使用公共利益来评价绩效是糟糕的，因为当地社区和环境已经被无节制的旅游业所破坏。私营企业是增长背后的驱动力，下一章讨论公共管理者如何管理与私营部门的关系。

建议阅读材料

Adams, I. (1990) *Leisure and Government*, Sunderland, England: Business Education Publishers.

Ashworth, G. J. and Tunbridge, J. E. (1990) *The Tourist-Historic City*, London: Belhaven.（设有专门章节论述地方政府、中央政府和旅游业等议题）

Buckley, P. J. and Witt, S. F. (1985) 'Tourism in difficult areas: case studies in Bradford, Bristol, Glasgow and Hamm', *Tourism Management* 6 (3).

Carroll, P., Donohue, K., McGovern, M., McMiller, J. (eds) (1991) *Tourism in Australia*, Marrickville, NSW: Harcourt Brace Jovanovich.

Craik, J. (1991) *Resorting to Tourism: Cultural Policies for Tourism Development in Australia*, North Sydney: Allen & Unwin.

Hall, C. M. (1992) *Hallmark Tourist Events: Impacts, Management and Planning*, London: Belhaven Press.

—— (1994) *Tourism and Politics: Policy, Power and Place*, Chichester, England: John Wiley. (包含旅游业和地方州政府等章节)

Heeley, J. (1979) *Regional and Local Planning for Tourism: A Historical Perspective*, Glasgow: University of Strathclyde.

Hewison, R. (1987) *The Heritage Industry: Britain in a Climate of Decline*, London: Methuen.

Hitchcock, M., King, V. T. and Parnwell, M. J. G. (eds) (1993) *Tourism in South-east Asia*, London: Routledge.

Law, C. (1993) *Urban Tourism: Attracting Visitors to Large Cities, Writings of Harold D. Lasswell*, Glencoe, London: Mansell.

第七章 公共管理和私有部门

本章主要阐述：
- 为什么公共和私有部门之间的关系非常重要；
- 私有部门包括的群体和组织有哪些，以及它们的多样性；
- 公共和私有部门之间的关系是如何管理的；
- 实践和绩效是什么。

为什么：责任，相互的重要性

政府责任

为了公共产品，政府有责任管理其与旅游业之间的关系，公共产品中应该也包括旅游业中的产品。责任的范围将取决于政府的执政理念以及国家的主流政治文化。虽然有些政府可能试图不干预行业发展，并让旅游业在国际和国内市场充分竞争中找到自己的位置，有些政府却通过各种方式积极地支持产业发展。

例如，美国联邦政府从来没有积极地支持旅游业，但是古巴在卡斯特罗的领导下全部拥有并支持旅游业。在《1981年国家旅游政策法》出台后，美国政府正式承诺在旅游业领域的管理责任，但实际上情况却与之大相径庭。旅游评论家抱怨旅游业得到的关注和预算太少。1994年，旅行和旅游商务部副部长（the under secretary of Commerce for Travel and Tourism）格雷格·法默（Greg Farmer）与旅行运营商一致认为，国家（美国）未将足够的资源投向市场,因为政府并未意识到旅游业的经济重要性(*Japan Times* 1994)。

在英国,杨格(Young)报告反映了保守党政府的执政理念:

可能会问为什么政府应该直接参与到这个问题中,虽然这对于私人企业来说是一个首要的问题。事实上,政府相信对于任何一个产业的繁荣来说,政府能提供的最好方式的帮助不是直接介入,而是提供一个可以鼓励增长的整体的经济运行体制,同时清除不必要的限制和负担。

(UK, Cabinet Office 1985)

也有一些政府认为政府有必要介入旅游业,因为如果把旅游业完全放手给私有部门以及市场,那么公共利益将被私人利益所损害。

政府将支持经济发展并试图维持健康的收支平衡。这意味着政府将把旅游业看作是增长型产业并作为一个主要的外汇收入渠道来支持其发展。1998年,美国总统乔治·布什因此在电视上为旅游业做宣传:"现在比以前有更多的理由来游览美国,任何时间都没有今天更合适。因此,你还等什么?难道是总统的邀请!"英国首相撒切尔夫人在与美国国会的联席会议上也发表讲话欢迎游客来到英国。财政上的支持包括补助金、补贴、较低的税收、投资资本,政府所有的土地也将可供使用。提供基础设施以及行政体系和流程以促进产业发展。政府有责任通过减少规章和提供"公平竞争环境"来降低行业所承载的行政和其他负担。

对于私有部门来说,旅游业不仅仅是一个产业或者一系列产业。它是一种活动或体验,影响很多个人、社区和组织,它们参与到旅游业可能并不是出于经济原因而是其他原因。就旅游者本身来说,他们参加旅游业是为了休闲、放松、逃离日常生活环境等原因。因此,政府在管理私有部门时一定不能忽视它们非经济方面的责任。旅游学会(The Tourism Society)发起于伦敦,在英国目前已经成为关于政府和旅游业最重要的观察员之一,在提交就业部(Department of Employment)的备忘录(December 1989)中,陈述了学会所认为的政府责任(见专栏7.1)。

其他组织和政府也有不同的观点和政治文化,例如美国认为这些工作中有些并不是政府的必要工作,由私有部门做将取得更好的效果。

行业对于公共部门的重要性

是行业主体,尤其是私有部门,在旅游业的开发中起了关键性作用,提供大部分投资、住宿设施股本、酒店和度假区、主题乐园、旅行代理商、导游以及大部分交通。为了发展旅游业,私有部门管理者应该有创新、能力和经验。在高度竞争的市场上运行,行业管理者有关于市场、客户和产品的专业知识,有技能和必要的推动力。这些能力对于应对从飓风到军事政变(coups)等可能打击到行业的自然和政治灾难也很必要。中国等一些国家建立合资饭店,在获得投资的同时也获得了相关技能。旅游业可以在国外推销其旅游产品,不会产生如果是政府直接促销而导致的负面影响。因为并不受公共官僚体系及其等级制度和管理规则的限制,因此,行业可以自由灵活地冒险,此外,它可以为了获利而冒险,这是公共部门管理所不能接受的。行业在其他方面也很重要,格兰特(Grant 1987:37)说,政府在交换关系中寻求三种利益:政策设计所需的信息,清晰的政策认同,以及政策执行中的合作。

就如在苏联,在高速变化、高度复杂、充满了竞争的国际市场体系中,公共管理很难有效地达到目标。公共部门管理需要来自产业的信息、认可、合作和其他形式的协助。正如英国旅游大臣诺曼·拉蒙特(Norman Lamont)所认可的,旅游业也需要得到和其他产业一样的对待。公共管理应该同等对待旅游业与其他产业,所有产业都应该有公平的竞争环境。如果产业完全或主要由政府所有,如中国和越南,那么产业必须有很大的自治权,只有这样才能提供所需要的旅游业知识、技能和推动力,但是这的确是传统政府部门所欠缺的,传统政府部门具有官僚习气、层级制度和缓慢的管理程序。

专栏7.1　英国对国家政策的需求以及必要的国家任务

在这个行业我们确定了十项任务,保证旅游业在未来的增长和繁荣,限制其负面的影响。这些任务中的大部分只有在国家层面(联合王国)才可能被有效执行。当然,在当前的政治气候下,这些任务在英格兰、苏格兰和威尔士(北爱尔兰)层面完成得较不成功。

第七章　公共管理和私有部门

> 以下这些任务没有一项可以被剥离或转移至地方层面，虽然有些情况下地方层面也执行这些任务：
>
> *政策*：旅游业对整个国家的重要性和影响要求必须有国家层面的旅游业政策。应该有一个国家委员会依据政府宏观政策指引进行推进。
>
> *战略制定、执行和控制*：通过旅游委员会以及其他地方机构制定战略以贯彻政策。必须包括对贯彻执行的监控以确保公共资金花费的有效与透明。
>
> *开发和营销*：开发和营销项目的选择、制定和执行要考虑是否涉及全国范围。
>
> *合作*：涉及旅游业的诸多机构之间国家层面的必要合作。例如，政府部门（环保部和贸易部）；国家机构（乡村委员会、开发署、林业委员会、体育和艺术委员会）；国家贸易协会［英国饭店与餐饮业主协会（BHRCA），英国旅行代理商协会（ABTA）、英国入境旅行商协会（BITOA）］，以及主要的国家和多国商业部门组织。
>
> *质量标准*：质量标准行为准则和其他监控手段的定义和颁布，只有国家机构才能在整个国家范围内代表消费者利益，作为无偏见的仲裁者。
>
> *旅游信息服务*：建立和维护一个综合性、标准化、公平的消费者信息网络。
>
> *调研*：为了制定政策、开发以及市场营销，需要对数据进行确定、分析、解读和传递，形式包括调查，或通过一些机构进行，也会有商业组织的参与。
>
> *专业知识*：国家层面的工作将产生最高级别的信息和专业知识，以向投资者、财政机构、开发者和企业提供国家级服务，支持其他机构，以此提高旅游产品以及发展规划和市场营销的有效性。
>
> *教育和培训*：行业规模、对受过不同水平教育和培训的劳动力的需求以及国家机构的存在需要国家层面持续的支持。
>
> *领导*：旅游业涉及范围广、市场高度竞争、充满变化的旅游业营销的关系，领导力对未来繁荣和增长是非常重要的。
>
> (The Tourism Society, viii　1990)

在与政府的关系中，行业应该尊重公共利益和政治文化。应该公平公正地对待社区、旅游者、当地居民以及被雇用者。行业应该尊重和保护自然与文化环境，并力图使旅游业及旅游活动对相关利益者都有益。旅游业中的主要主体比公共管理者更能管理、控制并确保行业内持反对观点的会员遵守规则。行业合作对于政策执行起着重要作用。

根据1987年澳大利亚旅游调查报告（volume 1），私有部门的角色是"为旅游者提供旅游设施和服务，同时，获取最大化的经济回报"。这种角色使私有部门能够意识到市场需求或细分市场，从而能够有针对性地开发新项目，例如，20世纪30年代的青年旅馆的发展和20世纪80年代背包旅馆的发展等。私有部门发现并开发新项目，承担经济风险。私有部门不仅具备旅游业相关经验和技能，还通过专家、开发商、建筑师、工程师、设计师、律师、项目管理者和建筑者等获取专业化的技能。这些是政府所不具备的，而且政府也不能提供其他服务，例如住宿、餐饮、交通和零售。公共组织私有化的趋势是对私有部门管理价值的认可。

公共部门对行业的重要性

如果没有公共部门在体制、安全和基础设施方面提供的支持和保障，行业就无法生存。如果政府能制止暴力和恐怖主义并提供安全的环境，将大大刺激旅游业的发展，如埃及在1994年和1995年，由于政府在这方面做得很好，入境旅游者人数提高了21.9%。在体制内，不论是在法律、税收、入境、交通，还是在态度方面，行业发展都需要公共管理的确定性、一致性和连续性。私有部门需要了解公共许可的范围，以便在许可的范围内做出决策。行业需要在稳定的法律和财政体系中运行，这种体系使旅游业活动具有合法性。旅游业需要政府许可并支持其发展，例如饭店的建设和度假地的开发。英国旅游局主席邓肯·布卢克（Duncan Bluck）说：

虽然旅游业主要是私有部门为主的行业，但是政府在各方面参与是很必要的，保证各方面的基础设施建设能够最大限度地帮助这个重要行业的发展。

（British Tourist Authority *Annual Report* 1985：6）

旅游业的市场营销，尤其是海外营销，可以很好地说明政府介入的必要性。因为行业的多样性，很难达成一致意见并为市场营销活动筹集基金，因此政府组织和基金是很必要的。1965年的报告中提出了这一问题，促使澳大利亚政府和公共管理参与到旅游业。

（ⅱ）在与澳大利亚旅游吸引物和旅游设施相关的海外旅行市场上，实施一种全面的促销计划。确保足够的基金用于规划和执行成功的海外促销。

2. 从私有部门产业以及国家和地区的财政收入中出资，在某种程度上满足澳大利亚旅游局提出的需要。

（Harris, Kerr, Forster and Co. 1965：4）

美国根据 1981 年法案以多种方式为旅游业提供支持和帮助，包括国际市场营销、提供信息、帮助各州的地区旅游促销等。

补助金和税收

行业一直渴望从公共部门获得基金，1929 年和 1969 年英国政府更深入地介入旅游业就说明了这一点。在很多国家，行业的公共基金采用了政府对商业企业投资的形式，也就是说，政府提供启动项目的资金。

澳大利亚旅行业协会主席兰克·摩尔（Rank Moore）先生在 1992 年就已经非常清楚行业到底希望从政府得到什么，包括税收优惠。

在 20 世纪 90 年代，行业必须更智慧地工作，但是也可能需要来自国家和州政府的支持。

我们不想要政府的施舍，我们希望政府能够尽可能少收税，然后离开，让私人企业自由发挥。

他说今年早些时候政府在优惠清单中提到的贬值和投资补贴增加的数量并不够。他说：如果政府的措施对我们来说没什么作用的话，还要这些措施做什么？补贴 4% 没有什么效果，如果要发挥作用的话，或许要达到 7.5%。

澳大利亚的亚洲邻国更灵活，并大力支持它们的旅游产业，为旅游业投资者提供更多的刺激。

弗兰克（Frank）先生认为对于州政府来说，分析土地税和差饷的评估基础是很重要的，目前评估的基础是土地的最大限度的必要使用而不是真正使用。

这意味着饭店承担的费用与商业办公大楼相同。他说，悉尼的一些饭店在 100% 的入住率基础上必须付给政府 18 美元/间夜，如果一个饭店的入住率只有 50%，那么它必须为每间房支付 36 美元。

政府也应该关注行业内的工资税和工资奖金。弗兰克先生说，以 100 个工作日来说，因为目前的工作情况，我们需要为额外不工作的 63 天付费。他说，这就是为什么五星级酒店费用高的原因。

特别是 20 世纪 80 年代以来，因为高失业率，政府不断发现旅游业在促进就业方面的重要性。在政府资助下新的工作机会不断涌现。英国旅游大臣厄尔斯沃特子爵（Viscount Ullswater）在 1990 年写道，行业提供了 150 万个工作岗位，对经济的贡献为 2 200 万英镑。在 1989 年，旅游相关行业的正式从业人员为 191 000 人。比 1981 年高 18%。他说行业正在面临着一个人口定时炸弹，因为就业和培训有一定的压力。他说：

  政府在其中的角色是什么？部分可以体现在培训机构以及新成立的培训和企业委员会的工作方面。同样，地区旅游者委员会的重要性也很突出，此外，还包括英国旅游局的海外办事处。

(The Touism Society　1991：V)

稳定和自由

  行业需要政府的财政支持，但也需要稳定、确定、自由、可靠和快速决策。政治和官僚层面的不稳定可能导致市场份额的下降，例如昆士兰，行业地区旅游协会说，"一个州在过去三年中有三个旅游部长，在过去六年里有五个委员会主席和三个执行官领导昆士兰旅游和旅行公司"（*Courier Mail* 4 June 1996）。稳定与安全环境有关，在此环境中，法律得到强化，自然和文化资源得到保护。公共服务规则促使政府提供法律和相关规定保护消费者，例如旅行代理商的执照和保险以及旅游者住宿设施的官方评级。

  虽然行业的发展表明由于行业的动态特征和激烈竞争，行业需要支持，但是旅游业需要自由来应对市场。公共管理者有时发现很难给予这种自由，他们希望保留对行业的权力，有时是为了遮掩非正式的原因，包括希望保护部门利益而不是公共利益。这种危险已经在解除管制、公司化、私有化的管理形式中体现出来。美国已经解除了对航线的管制，简化了旅游入境程序，这些刺激了旅游业增长，但是在其他方面如环境保护和劳动者关系方面有了更多的控制和限制。州和地方政府继续对行业征税。有时行业本身也需要公共部门管理强化规定和规则以限制行业中的成员。

  政府在商业领域有五个主要角色：政策制定者、支持者、管理者、客人、所有者。作为经济政策的制定者，政府持续影响着企业制定决策时所处的环境。

(Grant 1987：36)

第七章 公共管理和私有部门

行业需要公共部门管理作为政策制定者,但也作为支持者,因为只有政府才能支持旅游业并与其他政府协商航空线路问题。公共旅游业管理者可以在更广阔的公共体系中支持旅游业。英国保守型的政府旅游部部长曾经使用"支持者"来表示政府在旅游业中已经降低了的作用。它可以帮助教育公共组织使其认识旅游业的价值。行业需要公共部门管理作为一个与其他国家、公共部门和更广范围社区相连接的桥梁。成功的旅游业需要公共部门建立交流和合作的体系,并具备相关交流与合作方面的技能。作为客户,政府可以购买专门的旅游业服务,例如市场营销或顾问服务。由于旅游业对经济的重要程度不断增加,近些年大部分政府更多地扮演着调节者的角色。澳大利亚的行业反映,州政府、国家公园和地方政府过度管制环境问题。平均起来,旅游业经营者需要支付总收入的5%用于环保。其他行业支付的却很少——煤炭支付1%,农业支付2%,制造业支付不到1%(Manageing Director, Tourism Council Australia, *The Australian* 13 July 1996)。政府在旅游行业可能依旧是一个巨大的所有者,这主要体现在公共交通体系方面。

在实践中,政府和行业互相依赖,公共部门和私有部门必须合作才能实现旅游业目标。

谁:行业、政府商业企业

私有部门和公共部门之间的界限是不清晰的。旅游组织可以由两个部门共同所有;由公共所有的饭店可以由私有部门管理;由公共所有的航线可以作为私人公司并由私人公司管理。政府商业企业可以像私人组织那样进行管理和经营,有私有公司那样的目标、价值、态度和行为,很少关注公共利益或服务。

特征

旅游业具有多样性、复杂性和易变化等特点。因此,需要公共管理。旅游业包括的一些公共部门也涉及其他行业,如交通和休闲,这些行业的客户可能不是旅游者。管理者必须不仅仅关注行业,也需要关注政策社团,旅游业社区和公众。参与者还包括市民、旅游业工作者、贸易联盟和利益相关者等。

多样性是旅游业的一个主要特征——多样性几乎无处不在：在活动中，从住宿到租车再到海滩食品的售卖；交通从国际航线到河流独木舟经营者、旅行代理商、旅游经营者、饭店经营者提供的交通等。规模也有所不同，从国际连锁饭店和航线到向旅游者售卖手工艺品的个人兼职者。既有大型投资者、数百万美元的国际企业，也有以出租房屋作为兼职经营早餐加床铺（B&B）旅馆的妇人。私人、公共或私有部门都可以从事旅游业经营。所有者可以是地方、国家或国际投资者。一个由地方所有并由地方经营的旅游公司可能与国家所有国家经营的企业有所不同，但是都要遵循同样的公共规则。这些组织与不同级别政府的关系也有很大不同。

行业除了具有多样性，还具有复杂性，这增加了政府支持旅游业发展的困难。复杂性广泛存在于旅行代理商大型网络中、旅行代理商与其顾客的关系中、代理商之间、代理商与主要组织之间以及与公共部门之间等。不同级别的政府和它们的组织以及社区、相关利益集团和媒体强化了这种复杂性。公共管理者不能顾及到行业所有的复杂性，但是应该关注从公共部门目标角度来说最重要的问题。复杂性部分是缘于私有和公共部门的混合和重叠。在旅游业中，两个部门之间的混合和相互依赖是非常显著的。参加者可以不止一个头衔，国家旅游机构的主席也可能是一个大型私人组织的最高领导。一个全国范围内选举出的代表支持国家层面的国家公共利益，也会通过其地方旅游企业积极追求个人利益。公共官员，例如警察也会腐败地保护非法赌博和性场所。管理者在公共和私有部门间自由地转换，与那些完全关注一个部门的管理者相比，他们的价值、目标和行为更加复杂。管理者、通才、专家都可以是政策的制定者和执行者，这增加了旅游业的复杂性。

行业的特性、竞争的市场环境，公共和政府需求，都意味着行业经常处于变化的状态。随着国家、地区或旅游业类型的变化，旅游业经常要面临不断回应市场的压力。行业是反复无常和不断变化的。旅游组织常常面临内部和外部的压力，需要有很强的生存能力，要有足够的能力应对压力和挑战。否则，这些组织就会倒闭，如最主要的航空公司之一——泛美航空公司

(Pan American)。通常情况下，旅游组织不能控制外部因素，但是它们应该积极地应对。管理应该是随机应变的，支持行业发展。旅游业的历史就是行业不断积极地回应市场新需求的历史，例如20世纪90年代开发的生态和探险旅游，残疾人和退休人群的旅游，主题乐园和"用者付费模式的旅游设施"（user pays），以及新的目的地，例如印度尼西亚和东欧。

世界范围的私有化运动给旅游业和管理带来了变化。例如，英国政府将英国航空公司、英国机场管理局和海链渡轮（Sealink Ferries）出售，目前这些机构已经成为私有公司。地区旅游业委员会可以是一个私有公司，可能由于管理不善导致经营困难和倒闭。在英格兰，这种情况发生在泰晤士（Thames）和齐尔特恩斯（Chilterns）地区旅游协会，涉及贝德福特、伯克郡、白金汉郡、赫特福德郡、牛津郡。这个地区（泰晤士和齐尔特恩斯地区）又与南部地区合并。所有的这些变化都检验着公共和私有部门管理者的反应和能力。

在多样性、复杂性和变化的环境中，公共管理者必须决定谁是最重要的角色，谁是最重要的权力所有者，但是他们必须同时清楚他们的职责是为谁服务。地方、国家、国际航空公司是行业中最重要的权力主体，这不仅仅是因为它们与公共管理者之间的密切关系。很多利益相关者给政府和行业施加了很多压力。至少包括那些国家和国际性环保组织，它们的重要性和影响力不断提升。那些行业主体至少要能保护自己，并要给予低收入人群、童工和当地人特别的帮助。

当地人也可以施加影响，他们的反对阻碍了旅游业发展。同样，个人旅游业经营者已经有能力拒绝强势的大型组织或者国家旅游机构的活动。收入少、教育水平低的泰国饭店工人在20世纪70年代民主时期的活动影响了强势的泰国旅游业，澳大利亚航空公司飞行员在1989年国家行业纠纷中的罢工削弱了旅游业。如果沙滩是一个度假地的一部分的话，在沙滩的豪华旅游建筑旁边出租轻便折叠躺椅的经营者也会因为他们的行为和态度给大的投资者和经营者造成麻烦。贸易协会也是重要的权力所有者。权力可以通过很多形式表现出来，经营者必须判断什么是合法的权力，以及权力的使用是否合法。

大型组织

一个大型组织尝试代表行业内部的所有公司。在旅游业中有一些大型组织，这类组织通常是自愿加入的，但是这类组织需要包括行业内的大部分主体以确保该组织能够有效地对政府产生影响。类似这样的组织包括美国旅行代理商协会（American Society of Travel Agents）、澳大利亚饭店协会（Australian Hotels Association）、澳大利亚旅行代理商联合会（Australian Federation of Travel Agents）、英国旅行代理商协会（Association of British Travel Agents, ABTA）以及泰国饭店协会（Thai Hotel Association）等。也有一些涉及多个领域的行业组织，例如澳大利亚旅游业协会（Australian Tourism Industry Association）、美国旅行业协会（the Travel Industry Association of America）以及致力于入境旅游的澳大利亚入境旅游组织（the Inbound Tourism Organization of Australia, ITOA）。政府旅游公司甚至政府都可能成为这些类似组织的成员。

大型组织行使重要的职能，如联合行业中的大部分会员、收集信息、与会员和政府交流、协助会员形成集体的观点以及制定组织政策等。这些组织得到公共管理部门的支持和认可，因为这些组织确保有效和高效地达成公共目标。它们为公共部门管理提供必要的信息，是政府与行业之间的桥梁，传达并支持政府的观点与相关行业政策。公共管理部门试图与大型组织管理者保持联系并与之协商，这使得大型组织处于有一定权力的地位。与一个大型组织而不是很多小型组织保持联系更利于管理。此外，一个大型公共组织机构与一个大型私人组织机构有共同的目标，即制定平稳、有效的流程与程序，使多数人满意。

英国旅行代理商协会建立于 1950 年，是典型的单一行业（one-sector）大型组织。代表英国的旅游运营商和旅行代理商。行业内 95% 的企业属于该组织，该组织包括近 5 000 个会员。

> **专栏7.2 英国旅行代理商协会的主要目的**
>
> 英国旅行代理商协会的主要目的:
> 在维护会员之间关系及会员与国际旅游业其他组成部分,如航空、运输、铁路、巴士公司和饭店的关系基础上保障所有会员的利益。
> 为了会员和旅行业的利益,维护规范旅游经营者行为的准则。
> 维护政府和与在英国和国外开发旅行和旅游业相关的组织之间的关系。
>
> (Association of British Travel Agents 1990)

协会不仅仅注重与政府的联系,而且积极地说服政府支持旅游业。因此,它实质上是一个利益和游说集团,有着这种集团所特有的优势和劣势。

发展中国家和新生产业发现协会需要给政府带来压力。1993年,泰国建立娱乐和休闲公园协会以促进会员之间发展信息和技术,发展国家娱乐产业,优先在政府之前,考虑它们自己的利益。虽然相对于人口数量来说,该行业目前发展的规模较小,但希望未来人们会从自然风景区转移到娱乐场所。这个协会有16个会员,包括魔术乐园(Magicland),暹罗公园(Siam Park),赛福瑞世界(Safari World),北榄府鳄鱼湖动物园、金刚岛、绿洲海洋世界(Oasis Sea World),PATA百货公司动物园、大型百货公司水上乐园(Mall Water Park),沙慕普兰大象乐园(Samphran Elephant Ground&Zoo),马哈猜公园(Mahachai Park),清迈的天堂乐园(Paradise),三廊县的帝国世界(Inperial World),邦巴功的北揽鳄鱼农场和动物园,百万年石公园,芭堤雅鳄鱼农场,芭堤雅水公园。

澳大利亚旅游协会有限公司(Australian Tourism Industries Association Ltd,ATIA)涵盖全行业的群体。委员会在1992年对澳大利亚旅游业主体以及行业的主要组织提出了看法。重要的是,其他主要组织的高层人员也是委员会成员或者航空业的代表。委员会成员包括行业中最有经验的人,但是没有女性、环保主义者或公务员。一些分支委员会以前包括这些代表。ATIA的最初目的是发展营利产业,这反映在委员会的商业人士方面。它不是如同ATC的公共委员会,ATC包括与旅游相关的不同层面的人员。

小型组织和个人企业家经常感觉到被大型组织和国家与地区旅游委员会

这样的公共组织所排除在外和忽视。很难使企业加入行业性的组织或者跨行业的组织，即使行业领导者和旅游部部长认为需要这种组织。私营组织高度强调它们的自由，担心这种组织会削弱它们的独立性。泰国在1993年仍然在努力建立一个全行业性的组织，包括56个单一行业的全国范围的旅行协会和泰国旅行社协会，泰国旅行社协会的会员从1984年的220个增长到1993年的386个。预计80%的主要行业将率先加入。

专栏 7.3　澳大利亚旅游业行业协会委员会，1992

弗兰克·穆尔爵士，董事长，丘比特公司

特里沃·霍沃斯海军上校，副董事长，总经理，库克船长邮轮公司

弗莱德·贝希尔，全国主席，澳大利亚酒店协会

格雷厄姆·库奇，首席执行官，旗帜国际有限公司

约翰·达特，执行董事，澳大利亚联邦旅行社

朱利安·赫克斯，商务副首席执行官，快达航空有限公司

乔恩·利迪克特，首席执行官，最佳西方酒店

杰夫·麦吉里，主任，澳大利亚太平洋旅行社

鲍伯·罗伯茨，公司业务经理，安捷运输公司

约翰·罗，董事总监，悉尼会议与旅游局

尼克·泰特，澳大利亚/新西兰区总经理，英国航空公司

托尼·泰列维尔，营销服务总监，快达航空公司

列恩·泰勒，董事总经理，澳大利亚入境旅游组织

布莱恩·怀尔德，总经理，澳大利亚大陆航空公司

与泰国不同，从1982年起，美国就建立了专门的组织负责向位于华盛顿的联邦政府传达对行业的共同看法。旅行和旅游业政府事务委员会（The Travel and Tourism Government Affairs Council）代表所有部门，包括交通、食品和饮料、住宿、景区和旅游代理商等。

个体组织

旅游业涵盖了很多私有和公共部门的企业，它们与其他行业的企业的区别是它们大多规模小、各不相同、分布在从内城到郊区的每个社区。英国是

该行业广泛分布特征的一个典型代表。在每个主要领域,都有十多个主要的公司,如特拉斯特豪思弗特(Trust House Forte,THF)公司(英国的一家连锁酒店集团——译者注)、兰科集团、英国航空公司、因塔森以及杜莎夫人蜡像馆等,它们都非常有影响力。但是即使排位在前 100 名的企业的收入也仅占到旅游消费的不到 1/3;它们无法代表自己的行业,当然更无法代表整个旅游业。

政府承认旅游业主要包括的是私有部门的企业。这些企业之中有些企业是主营旅游业(如经营与过夜游客和一日游游客相关的业务),有的企业的经营是与旅游业相关,然而它们也是一个成功旅游业的必要因素。

(The Tourism Society 1989.3)

专栏 7.4　英国的旅游者和半旅游者组织

全行业包括近 50 000 家商业企业(具体数字不详),包括:

饭店、宾馆和其他形式的住宿设施;

度假露营公园和度假中心;

商业性吸引物,包括主题乐园、工业遗产和娱乐公园;

旅游经营者、旅游代理商和其他旅行组织。

其他旅游者和一日游游客会使用的设施和服务,包括 150 000 家左右的不同组织和设施,很多都是由公共部门提供:

餐厅—咖啡厅—酒吧和俱乐部;

交通企业(航空、航海、公路、铁路);

休闲和体育中心——国家公园;

户外运动设施,例如高尔夫球场和航海码头;

博物馆和画廊,艺术和娱乐。

(The Tourism Society 1989:3)

公共部门管理不仅要管理个体组织以及在地方、国家和国际层面与旅游业相关的个人,同时它们也必须管理与不同利益集团的关系,包括商业联合会、环保组织。这个 who(谁)还包括连锁性的国际饭店和度假地集团,如希尔顿(Hilton)、喜来登(Sheraton)、凯悦(Hyatt)、诺富特(Novotel)、全日空(ANA)、艾美(Meridien)等,它们可能是特许经营的,也可能是

直接由在美国、日本和欧洲的母公司直接经营的。

政府企业

在众多的"谁"中，也包括政府所有的企业。它们可以依据国会或议会的专门法案采用行政机构的方式，也可以依据当地民商法以普通公司形式出现。可以是合资形式，政府全资或参与出资的方式，或者是政府所有但由私有部门经营。合资饭店在中国比较普遍。人们希望这些企业如同私人企业一样纳税和盈利，但是也要遵循五项原则。

如果主要目标是建立一个新兴产业，那么在该产业完全建立以前，政府都需要接受财政上的损失。可以建立一些政府企业来提供必要但非营利的服务，或者来更有效地管理委托给企业的公共资金。在新管理主义影响下，商业企业越来越受政府欢迎，这种趋势要求国家旅游业机构的管理者要像私人管理者一样。它们的组织要创造税收，自给自足而不是通过公共基金来维持。面对这种压力，英国旅游局首席执行官说：

总的来说，我们会采用一种更商业的方法来寻求更多的私有经营者支持我们的计划。我们可以使投资的每1英镑的公共资金产生23英镑收益的事实说明英国旅游局对于私有部门公司或者更广层面的英国经济来说是一个多么有效的合作者。

(BTA *Annual Report* 1995)

政府企业的范围很广，包括饭店、飞机、机场、开发性金融公司（development finance）、当地政府码头（government piers）、旅游景区（例如公园或石窟）、高尔夫球场以及市场营销机构。美国的国家铁路公司（Amtrak）是类似的一个组织，从1970年开始通过国家铁路旅客公司运营。澳大利亚立法机构把澳大利亚旅游委员会归类为一个商业机构。

这类机构的一个必要特征是它们进行私有部门可以进行或者正在进行的商业性的活动。它们通常为公司的形式，至少是部分自谋收入，员工不受公务员法的约束，但接受部门的行政管理。

(Australia, Parliament, Senate Standing Committee on Finance and Government Operations 1979: 9)

这反映出这种组织形式的基本理论。它们应该与私有企业一样自由地在市场中竞争，而不需要受传统政府部门的限制。作为一个公共企业，必须承担某些社会服务责任，遵守授权法和部门的一般政策指导。由于具有企业的特征，它们被期望从商业活动中赚取活动经费（或至少赚取部分活动经费）。旅游委员会一直部分依赖政府财政的支持。衡量一个企业能否生存的指标是它在一个动态市场中竞争的能力，在这种游戏场中，与其他竞争者相比，它有没有特殊的优势和劣势。旅游组织必须在一个高度竞争的环境下与其他组织以及海外国家和度假地竞争。行业和委员会必须以市场为导向，如同其他市场一样，鼓励消费者——旅游者来购买产品，游览本国的旅游吸引物而不是其他国家的。

一些政府企业是旅游业的一部分，管理方式与其他私营企业相似并且也要像私营企业那样参与竞争，例如由公共所有的航线或铁路。它们要获取收益，也许没有公共服务义务，但是如果有的话，要清楚地在年度损益账户中披露。公有航空公司也和私有部门企业一样，它们不愿意减少收益，不愿意在低票价基础上提高座位数。理想状况是，对政府企业的管理和监控应该如同私人企业那样。

如何：政治、自由、依靠、地区委员会

公共管理者如何管理旅游业要取决于国家的政治文化和政府执政的理念。美国的政治文化意味着在管理上，美国的介入者比法国少，英国撒切尔夫人更强调私有部门。公共部门也受到了大的管理趋势的影响，如私有化、缩小国家对经济的干预范围和市场化。与行业的关系也受公共部门原则的限制。对公共利益的追求或管理责任可以使政策过程复杂化和持久化。例如，对于一个旅游公司而言，获准在一个特殊指定的历史或自然区内开发需要很长的时间，但是如果这些区域是保护区，这个过程则是必要的。

公共部门管理和行业在正式的制度、流程和法律体系下运行，但是，也有非正式的关系或共同的目标、需求和价值。制度和规定可以是正式和静态的，但是关系和流程通常是非正式的、灵活的和动态的。这部分反映了旅游业的特征，如果要想生存，就必须永远是动态并接受变化的。行业的复杂性

以及它不同的目标需要公共和私有部门管理者之间建立一种流动的、公开的和合作的关系。至少公共部门管理必须建立一种框架来使行业能够回应市场。这需要给行业大量的自由，即使它们不是私人组织，例如在中国和越南，它们仍然有充分的自由来参与竞争。主要组织将努力在制定法律和主要政策的国家层面维持良好的关系。这个层面的很多参与者必须与其他层面的其他组织来合作，以获得政策的贯彻执行。在英国和其他地方，行业的一个问题是高层级的公务员在旅游业相关职位上任期过短（只有2年或3年）。双方面没有足够长的时间来相互了解。公共或私人组织的参与和如何参与将取决于政治领域。有些旅游政策社团的构成将根据问题来改变，旅游业政策框架将使公共部门和行业保持联系。

大臣们已经采取了一系列措施来促进行业的工作。媒体、公众和寻求就业机会的人正在广泛意识到旅游业对国民经济的重要性。在过去的一年中，劳工部大臣与政府其他部门曾经召开会议确保政府和产业间的合作畅通。英格兰、苏格兰、威尔士和北爱尔兰的旅游业大臣曾经开会确保政策的持续性以及讨论它们在旅游业问题方面的共同利益。

(UK, Department of Employment 1988, *Tourism'88*)

官员偶尔参与到与行业的会议和对话中，但一些管理者往往是每天都在商讨、协商和合作。

所有的参与者，无论是公共的还是私人的，都互相依赖。他们都可以为旅游业作贡献，但有些参与者比其他参与者更具有影响力、更积极。影响力来自于资源如法律权力、财政和专业知识，公共部门管理和行业都具有这些资源。例如，国家旅游委员会可能有法律权力，可以直接接触到政治决策，但是它没有专业知识和行业的相关知识。因为部门互相依赖各自的权力，因此也限制了独立性。这些限制加之旅游业的内部特征意味着行业的成功与否取决于各个方面的合作。必须要有好的交流和信任、协商的愿望，并正式和非正式地交换意见。如果要使政策有效地执行，公共部门需要行业的合作。例如，澳大利亚尝试采用入境税。联邦财政部在国际机场对入境旅游者收取入境税。收税是因为澳大利亚财政部希望增加收入，并没有和行业相关人士协商，行业强烈反对收税，航空公司拒绝收税，公共部门也很难管理。最后不得不取消该政策。

旅游组织如果要被政策社团所接受，必须是看起来负责的、可信的，能意识到公共利益和服务的合法需求。例如，人们认为信用卡公司是负责的，他们的信用卡广泛用于旅游业。正如维萨公司所言，"维萨（Visa）希望展示并支持树立一种'我们是泰国负责的企业公民'的形象"。

合资企业

私有公司广泛使用的一个管理工具是与公共组织共同参与旅游项目开发。私有公司将投资于项目，但是它们更多的是提供开发、市场营销和运营方面的管理技能。越南的一家合资公司（1994年），67%的股份归美国公司BBI投资集团所有，广南—岘港省旅游公司（Quang Nam-Da Tourist Company）和广南—岘港省人民委员会持有33%的股份。它被认为是外国公司在越南最大的单笔投资，包括四家酒店、一个会议中心以及在岘港附近海边的高尔夫球场。

地区旅游委员会

这些委员会展示了公共和私有部门如何共同管理旅游业。在英格兰有11个地区级旅游委员会。国家旅游局的重组使这些委员会获得了更多的权力。自治的委员会包括公共和私人代表。12个英格兰地区机构中有7个机构的主席是行业的从业人员。兼职的委员会委员决定政策，全职的专业管理者负责日常管理。这些组织被寄期望于代表整个地区，专业、独立并能够响应市场需求。1988年的两个关键目标是在英国更广泛地体现旅游业的经济和就业优势，鼓励旅游不仅在主要的度假季节（UK, Department of Employment 1988），也要在一年中的其他时间发展。

国家政府支持的重要性可以在收入来源的表中体现出来（见专栏7.5），但是来自地区旅游者委员会自身商业活动的收入超过了来自国家委员会的收入。自身收入提升了委员会的独立性。国家政府可能针对委员会行使过度的控制和指导。在英国，国家政府由于执政理念的原因削减了国家支出，试图减少它的自身责任，将其转移给地方委员会。为了获得国家统一并支持旅游业，国家政府必须为地方委员会提供一些资金。一些地区委员会在资源、领导、管理和获得地方政府与行业的支持方面较弱。地方政府可能进行政治干预和过度控制。地区委员会中的政府与行业会员之间需要有更多的合作和信任。委员会是获得公共和行业合作的一个很好的途径。

下面的 1990/1991 年英格兰地区旅游局（England's regional tourist boards）的报告中展示了不同的公共组织和行业如何参与到旅游业中。该报告讨论了管理者认为的重要话题，如财政。

专栏 7.5　英格兰地区旅游局

当年，旅游局进一步将一些责任转移给 12 个地方旅游局，提供了 640 万英镑的资金支持。但是，支持新的项目的总花费是 740 万英镑，将近一半的支出是以专项绩效的形式，地方旅游局代表国家执行相关的服务。近一半的付款是以向委员会代表的地区提供相关服务合同的形式。协议是为了保证一种统一的方法来限制某些活动，例如旅游信息中心网络、商业建议以及信息搜集。它们证明是成功的，并商讨未来从 1991 年 4 月之后的合同。包括就业和培训、企业交流、旅行贸易开发、旅游道路标识以及直接市场营销数据库的开发。其他基金用于某些特别项目的投标过程。这使旅游局给予当地创新、战略技术信息中心（TIC）和市场调研更多的支持。

同时，也高度强调对旅游局基金是否有效使用的监控。合同制定了特殊的任务，对地区市场营销项目的支持与实现目标是相关的。此外，针对选择的活动制定了评估项目，从 1991 年 4 月开始执行。

在这一年中，三个以上的地区选举行业代表作为主席，从 12 个地区中选出 7 个地区。

英格兰旅游局给予地方基金的增多带来很大的影响，提高了地方活动的层次，有助于地方旅游局从合作伙伴特别是私营企业获得更多的支持。商业会员捐献额增长了 7%，达到 174 万英镑，但当地管理机构得到的总赞助额仍保持稳定。这主要是因为伦敦市对伦敦旅游局的财政贡献减少了 200%，德比郡议会从东米德兰旅游委员会成员名单上被撤除，坎布里亚郡议会也减少了对坎布里亚郡旅游局的资金支持。

地区旅游局的商业收入在稳定上升，达到 930 万英镑。加上从 1990 年 4 月 1 日英格兰旅游局将维多利亚旅游信息中心转让给伦敦旅游局，1989/1990 年商业收入已经达到了 7% 的增长。

下表说明了地方旅游局从当地权力机构、企业以及它们自身商业活动中所获得的收入。

第七章 公共管理和私有部门

地方旅游局收入来源	企业上缴（英镑）	当地管理当局（英镑）	英国旅游局基金（英镑）[1]	其他收入（英镑）	总计（英镑）
坎布里亚	100 200	74 900	511 000	540 100	1226 200
东安格利亚	65 600	92 600	452 100	458 900	1069 200
英格兰中东部	49 000	69 900	414 700	315 200	848 800
英格兰中部	126 800	153 800	611 700	756 800	1649 100
伦敦	609 000	294 000	727 300	1650 000	3280 300
诺森布里亚	62 000	265 600	362 300	246 300	936 200
西北地区	105 000	244 400	461 800	1027 800	1839 000
英格兰东南	125 900	185 400	508 900	659 700	1479 900
南部地区	105 800	86 000	542 800	1435 700	2170 300
南泰晤士和奇尔特恩	129 600	48 000	334 300	872 900	1384 800
西南部各郡	135 300	142 600	810 700	765 700	1854 300
约克郡和亨伯赛德郡	126 000	189 200	681 200	544 000	1540 400
合计	1 740 200	1846 400	6418 800	9273 100	19278 500

1. 包括来自地方对旅游信息中心的创始和战略投资 75 万英镑；包括 1990 年 4 月 1 日起将维多利亚旅游信息中心的收入从英格兰旅游局转入伦敦旅游局的经营性收入。

(ETB *Annual Report* 1990/1991：21)

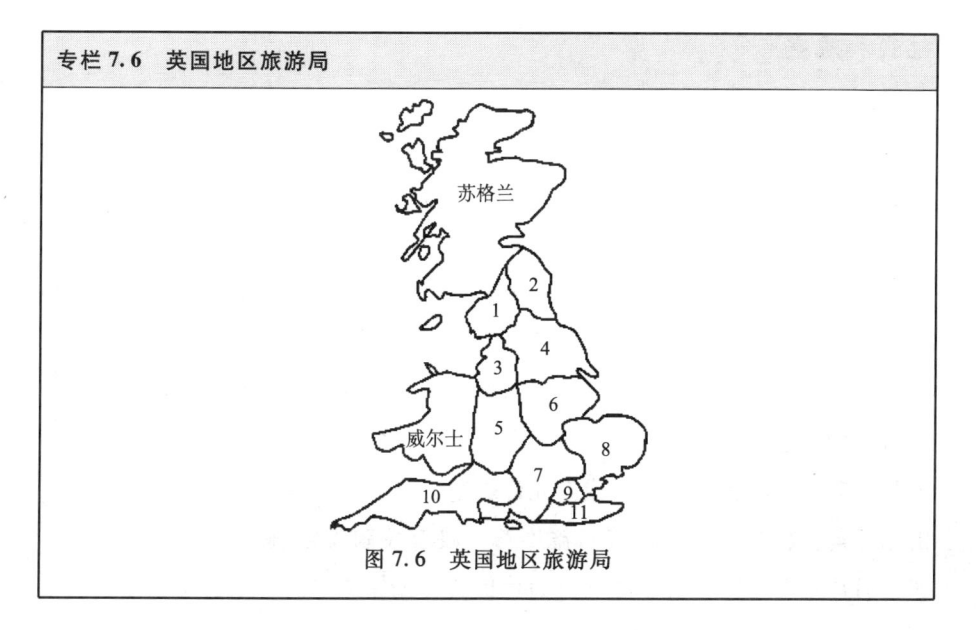

专栏 7.6 英国地区旅游局

图 7.6 英国地区旅游局

> 1. 坎布里亚
> 2. 诺森布里亚（克利夫兰、达拉姆、诺森伯兰郡、泰恩和威尔河谷）
> 3. 西北地区（柴郡、大曼彻斯特、兰开夏郡、默西赛德郡、海皮克、德比郡地区）
> 4. 约克郡和亨伯赛德郡（北、南和西约克郡和亨伯赛德郡）
> 5. 英格兰中部（格洛斯特郡、赫里福德郡和伍斯特、什罗浦郡、斯塔福德郡、沃里克郡和英格兰中西部）
> 6. 英格兰中东部（德比郡、莱斯特郡、林肯郡、北安普敦郡、诺丁汉郡）
> 7. 泰晤士和奇尔特恩（贝德福德郡、伯克郡、白金汉郡、赫特福德郡、牛津郡）
> 8. 东安格利亚（剑桥郡、埃塞克斯、诺福克、萨福克）
> 9. 伦敦
> 10. 西南部各郡（埃文河、康沃尔郡、德文郡、西多塞特郡、威尔特郡、锡利群岛）
> 11. 南部地区 7（已修改）（东多塞特郡、汉普郡、怀特岛）
> 12. 英格兰东南部 11（已修改）（东萨塞克斯、肯特郡、萨里郡、西萨塞克斯）

现在只有 11 个地区旅游局，泰晤士和奇特恩斯河谷已经与南部合并到修改后的 7 号地区，英格兰东南部合并到修改后的 11 号地区。

结果是什么？航空旅行，奖励旅行

航线和航空

为什么政府参与

　　航空业非常重要，特别是对国际旅游市场而言，对于地域面积较大的国家如澳大利亚、加拿大和美国等国家的国内市场而言也很重要。虽然国内旅游业占据市场主要份额，政府更倾向于吸引海外旅游者。对于国家来说，国际航线本身就是外汇收入的主要来源，至少可以降低外汇交易逆差。由于经济原因，航空和旅游业是非常重要的，航空在宣传国家形象方面也很重要。它们可以通过向全世界展示国家标志提升国家形象，例如澳大利亚快达航空公司的袋鼠标志和英国航空公司的英国国旗。航空公司有很强的政治使命，因此，有时政府提供资助，或者允许航空公司亏损，或者允许航空公司更自由地经营，甚至有时与国家利益不符。政府控制飞机进入本国领土的降落权，通常是以牺牲旅游业的利益为代价，首先保护本国航空公司，限制其他航空公司。公共和私人管理者已经努力争取更多的国外航空公司能够进入本国，以提升入境旅游者人数。

航空公司通常是大型企业。其市场营销费用比旅游业高得多。航空公司在飞机上的投资以及国家在机场上的投资都是巨大的，航空业提供了大量的就业机会，通常是在高技术层面，例如飞行员、技术人员以及有经验的乘务人员等。由于经济和政治上的重要性，无论是公共还是私人所有的国家航空公司都需要得到政府的高度关注。只有国家政府才能与其他国家政府商讨各自国家的落地权问题。航空产业在政治上是很重要的，因为如果它的管理低效，可能给政府和官员带来麻烦。

航空对于国家经济的交通和通信以及旅游业都是重要的。伦敦的希斯罗机场是世界上最繁忙的国际机场之一，1992年的乘客量达到4 496.8万人。芝加哥的奥黑尔机场更加繁忙，但是很多乘客是国内线路的乘客。机场的重要性可以在希斯罗机场体现出来，它的就业人数为54 000人，它的收入达到英国国际贸易总量的16%。1987年，据估算，如果希斯罗机场增加5个飞机跑道，将使英国经济收益每年再增加1.8亿英镑。

谁是参与者

航空公司是一个复合体，体现了公共和私人利益，国际、国内和地方利益。航空公司可以是合资公司，例如1993年澳大利亚快达航空公司（Qantas）由英国航空公司（British Airways）控股25%，澳大利亚政府控股75%，这种状况一直维持到其股权私有化。快达航空公司是以私有公司的形式管理，但是其他航空公司是以公共企业的形式管理。在美国，航空公司由私营企业所有。航空公司也可以属于某个大型交通企业或者旅游组织。

私有化是当今的政治和管理潮流，很多国家将国家航空公司卖给私营企业，如英国、新加坡、日本和泰国。在美国，航空公司一直由私营企业所有。如果政府许可，航空公司可以提供包机，这将促进旅游业的发展。在20世纪60年代和70年代，旅游业在西班牙等国家的快速发展不是因为航空公司从欧洲北部到南部的正常航线，而是因为私营的包机公司的推动。政府必须尝试并维持常规航线和包机公司之间的平衡。行业内部两个部分的关系变得越来越差，例如英国航空公司和由理查德·布兰森创立的维珍航空公司，如果它们在定期航班方面继续竞争，这种关系将继续存在。

在航空和旅游业政策领域中，有很多公共和私人组织、管理者和官员。最重要的组织之一是交通部。这通常是一个大型、建立时间较长、有权力的部门，得到它的企业集团如航空集团的大力支持。交通部致力于保护它的地位和它的客户群，一直高度保护航空业。如同其他部一样，具有一定的地位、重要性以及专业性。它的视角过于狭窄，伤害了其他利益集团的利益，例如旅游业。组织文化可能过于保守，建立在服务既得利益上。这种文化导致完全支持国家航空公司，而反对国家的旅游业发展政策。

在这些利益集团中，也可能是半自治的公共机构管理航空业和机场，例如中国民用航空局（CAAC）负责管理全国将近30%的航空公司。在行业中有很多既得利益集团，包括有实力的贸易联盟，准备退役后到航空公司找一个优越的管理岗位的军队干部等。很多年来，泰国国家航空的主席是泰国军队的总指挥。国际航空的管理，包括特殊旅游团队票价的协议，由国际民用航空组织（ICAO）总部执行，这有助于将不同的政策区域集中起来。

其他的组织必须包括航空管理机构，例如英国机场管理局（直到1987年被私有化）以及澳大利亚联邦机场公司，它拥有并管理澳大利亚25个主要机场中的22个机场。大部分机场由国家政府所有，国家政府通过隶属的企业进行管理，但是在美国，当地政府和州政府也拥有机场，并通过隶属的企业管理机场。接待入境旅游者方面快速发展的澳大利亚机场是昆士兰北部的凯恩斯机场，由凯恩斯海港局管理，悉尼机场由联邦政府管理，是入境旅游者最多的机场，1992年人数为200万~300万。

管理者如何管理

通过多样的组织、过程和网络，管理提供了行业所需要的方向、交流、协作和控制职能。它有责任提供必要的基础设施，保护当地社区和环境，支持国家和当地经济发展。好的管理者需要有平衡各种对抗力量的能力。通过自治的法定机构的典型管理手段进行管理，任命不同部门的代表来服务于决策的委员会。委员会成员应该提高航空公司的有效性和高效性，但是他们可能做的正好相反。例如，在泰国国际航空委员会中，交通部和财政部都由常任部长代表出席。各自对航空公司以及谁应该成为高级管理者有不同的意见。1993年，泰国公布了它长久以来最坏的财政结果，这可以归罪于管理不善，但是既得利益和管理内部的冲突也是导致这种情况发生的原因之一。通常委员会间断性地召开会议，航空公司或机场的首席执行官作为会员或观察员。首席执行官应该可以自由地管理航空公司的日常事务。

因为国际航空业竞争的特点，如果要想取得成功，航空业必须有很强的市场驱动力。因此航空公司把获取利润作为第一要务。它们希望飞很少的航班，却有最多的乘客，它们希望乘坐飞机的是付费较高的商务旅行者，或者是购买全价票的经济舱乘客，而不是购买团队折扣票的旅游者。

旅游管理者必须奋力获取航空公司政策社团的支持，这些群体有他们各自的目标，但对旅游业并不看好。为了达到有效和高效，旅游业和它的公共管理者有必要成为航空政策社团中的一员，成为政策体系中的一部分。通常来说，航空公司都有政治背景，它们是保守性的，由自我利益所主导。这种僵化的局面遭受了批评。例如，1994年一份关于政府所有的欧洲航空公司的报告中显示了它们的高成本和缺乏竞争力的运行以及高额债务，建议削减政府航空补助，实现私有化。

作为航空公司政策社团中的一部分，管理可以通过提高旅游者人数来帮助航空公司获得更多的收益，使其更有竞争力。快达航空和日本航空公司（JAL）抵制旅游业的作用，旅游部部长和旅游公共管理部门为了刺激日本旅游者而增加从日本到澳大利亚的航班数量。澳大利亚一位新的旅游部部长打破了这种抵制并推动了两国间航班数量的增多。航空公司也抵制新的加入者，旅游业公共管理部门必须力争使这些国家组织和他们的支持部门接纳新的航空公司。

公共管理可以花大量的时间协商如何与其他国家以及它们的航空公司、国内航空公司、机构和旅游组织处理相关事宜。然后，它们必须监控、控制和确保贯彻执行协议。像航空公司联盟这样强力的利益集团也必须要管理，并且要使其满意。航空业是以人为本的产业，因此良好的员工管理是维持员工士气和快乐，给乘客提供高效服务的基础。苏联民用航空总局的负面形象部分源于其粗暴、不友好、工作效率低下的员工。

结果是什么？实践和绩效

　　针对航空业的公共部门管理是保守和保护性的，但是却不回应旅游业和市场需求。近年来旅游管理面临的最大问题之一是无法提供充足的现代飞机来应对旅游业和空中交通量的大幅度增长。伦敦、悉尼、纽约或东京都出现了此类问题。空中和陆地到处都是交通拥堵，飞机延误的时间比真正的空中飞行时间还长。从20世纪50年代早期起，英国政府一直尝试解决交通堵塞问题，有大量的公共需求提议修建更多的机场和跑道。一个解决办法是增开伦敦附近和其他地区的机场，但是大多数航空公司都希望使用希斯罗机场。

　　部分问题是机场建设费用过高，如果要使新建机场能够运行需要很长的时间，而且当地居民和一些公共管理者强力反对兴建机场。当国家出现了严重的社会问题时，例如贫穷，这些管理者便开始质疑新建机场的意义。国内机场和国际机场之间激烈竞争，如伦敦、巴黎和阿姆斯特丹之间的竞争，也强调了需要建设机场。曼谷的主要竞争对手为新加坡和吉隆坡。

　　航空交通控制体系运行需要高额花费，同时，还存在由强势的军方贸易联合会强加给航空业的成本。在澳大利亚，1989—1990年的飞行员大罢工给旅游业带来了致命的打击。公共部门内部也有冲突，例如在哪个组织应该管理免税品商场的问题上。在泰国，泰国国际航空公司和泰国机场管理局争夺控制免税品贸易的权力。国内冲突和官僚政治也会使管理变得困难，如1993年泰国军事机构与民航管理部门对于泰国国际航空公司的争夺，以及航空公司内部的裙带关系。政府官员的腐败也是一个问题，例如日本前首相田中角荣收受美国洛克希德公司上百万美元的贿赂，因此劝说日本一航空公司购买洛克希德公司的飞机。这是所谓的"小事件"，他为这些小事件签署了很多文件，意味着数百万美元。

　　国际经济衰退也沉重打击了航空业，导致一些航空公司倒闭，一些航空公司因此合并。军事冲突也是一个问题，例如1991年的海湾战争。影响航空业最重要的公共政策变化是缩小国家对经济干预的范围。在美国，这导致了机票价格下降，使一些规模最大历史悠久的航空公司蒙受了巨大的损失，包括泛美航空公司。1978年的《美国航空放松管制案》使公共部门和美国民用航空委员会开始撤销法律和行政结构，以此使航空公司自由应对市场。新西兰从1983年也开始放松了管制，之后加拿大和澳大利亚也分别于1987年和1990年开始放松管制。在1986年5月，欧洲法院宣布，在原则上，航空公司卡特尔定价违反了罗马条约关于自由贸易的规定。欧盟委员会支持这一说法，但是欧洲一些政府不愿意放松管制，因为政府所有的大型航空公司和它们的贸易联合会抵制该做法。例如，法国政府试图保护法国航空公司，以便使其与英国航空公司竞争，因此反对欧洲联盟的一个决议。世界旅游组织、世界银行以及国际货币基金组织敦促各国结束双边限制性航空协议，实行开放的航空政策并降低票价，以此刺激世界旅游业。

管理机构，例如物价监督机构会详细审查行业以保护公共利益。但是，市场和世界经济衰退的压力使一个国家内的国内和国际航空公司合并，也出现了航空公司买进外国航空公司的情况，例如1992年英国航空公司花费了6.65亿英镑购买了快达航空25%的股份，击败了新加坡航空的出价。航空公司公共管理的其他挑战包括航空安全和恐怖袭击等。

政府更关注于保护它们的国家航空公司和其在航空业的地位，而不是更广的公共利益或服务，或者是有效和高效。

奖励旅游市场

旅游业的这个细分市场可以说明公共部门管理和行业协作后在实践中的效果。奖励旅游是相对来说较新，但却是一个高利润回报和高增长的市场。它确实需要公共和私营管理者的紧密协作，这样才能获得成功。

奖励旅游是指保险和汽车公司等企业员工完成目标，例如汽车的销售指标，或超额完成任务时，企业给予员工回报或奖励。它的建立基础是如果有可能获得国内或出境旅游作为回报，员工将会更努力工作。它也建立在员工的"贪婪"基础上，但是它的目的也包括建立组织内部的忠诚并鼓舞士气。在20世纪60年代美国高度竞争的市场中，奖励旅游刺激了产量也提升了工作绩效。

为什么政府要参与

奖励旅游是非常重要的，这主要是由于旅游者的花费较高。例如，它比会议旅游游客的平均花费还多，而会议旅游者的花费已经是一般旅游者的花费的 3 倍。

1992 年，据估计，日本香罗奈（Charle）内衣公司奖励 4 500 名女销售人员到悉尼旅游期间的花费达 1 000 万澳元。在 1992 年，澳大利亚的入境旅游者达到 230 万人次，其中，23 万人次参加的是奖励旅游。据估测，20%的旅游收入来自于奖励和会议旅游，达到 5 亿至 6 亿澳元。在经济衰退时期，到澳大利亚的传统形式的旅游者例如蜜月旅游人数没有增长，但是奖励旅游一直在增长。例如，1992 年，到澳大利亚蜜月旅游的人数提高了 19%，来自日本的游客增加了 11%，1993 年该细分市场没有变化。但是所有来自日本的游客中 20%，近 8 万人次，参加了公司组织的旅游。

旅游业的原则之一是竞争能力，奖励旅游的发展说明澳大利亚正在积极应对挑战。行业必须一直寻求办法积极应对竞争。在航空业也在实行常旅客奖励计划。在美国，1991 年，会议和奖励花费下降了 4%，但是实际旅游人数上升了 8.7%，达到 83 400 人次。从亚洲市场特别是日本市场中，澳大利亚获取了大量收益。

参与者是谁

公共部门管理应该帮助行业应对竞争。例如，日本需要刺激旅游者出境旅游以降低它的外汇顺差。1993 年 4 月，日本税务署允许公司推行 4 晚的奖励旅游计划以减免税收，这进一步刺激了日本市场。受到激励的国家旅游组织也推动日本财政部撤销所有的限制。政府税收政策和机构有助于旅游发展。澳大利亚的税务局质疑会议奖励旅游，除非它们属于必要的业务花费。目的地国家的官员需要非常灵活地调整他们的日常程序，以便在任何时间能够吸引大量的游客，他们不得不准备取消或调整海关和入境规定。例如，当泰国引入会议旅游后，他们必须允许一些物品和人在泰国滞留很长时间，这在以往的规定中是不允许的。

国家旅游组织调查和确定不同市场的可能需求。他们也需要长期、更具体地研究需求并确定市场趋势。新西兰意识到游客现在更关注于环境问题，于是把自己营销为"绿色和环保"的目的地。国家旅游组织应该一直积极寻找新的顾客群。随着美国奖励市场的下滑和日本旅游业增长速度减缓，国家旅游组织必须准备开发泰国、马来西亚、中国台湾和韩国等新兴中产阶级市场。国家旅游组织经常建立专门的部门来管理利润型业务，澳大利亚旅游委员会在美国、日本、新加坡和中国香港建立了会议和奖励办事处。行业也必须建立专门的组织，例如澳大利亚建立了奖励旅游协会（AIA）和专业会议管理协会。

管理者如何管理

现在，管理必须使用最新的技术来接近潜在旅游者。例如澳大利亚旅游者委员会（ATC）的内部数据库——"会议和奖励直接访问系统"（Meetings and Incentives Direct Access System）（主要针对北美市场）。无论奖励公司是否使用旅行社、航空公司、国家旅游组织来组织它的奖励旅游，它都需要公共和私有部门的合作。管理者必须在各个阶段紧密合作。公共和私营管理者应该能够管理不同层面的工作人员，以此为旅游者提供高效和友好的服务。1993年的AIA会议上也强调了这一点——人的力量——人、生产力和繁荣。旅游业是一个劳动密集型产业，这意味着人（雇员）能够影响行业的好坏，影响到其成败。权力取决于行业中的普通员工，因为是他们而不是高级管理人员在前台、餐厅和酒吧与游客面对面地接触。如果一种激励是成功的，它就会有良好的反馈，所以，香罗奈公司总裁正治敏（Masaharu Hayashi）把澳大利亚作为他公司员工的第一目的地。在旅游业中，口碑效应是重要的市场营销渠道。

旅游管理必须要有全面和长期的视野，同时也要考虑是否符合公共利益。管理者必须与包括当地政府的公共部门紧密联系，同时也要与行业紧密联系。行业有很多组织，但是会议和奖励部门是高度细分的。由于会议和奖励旅游的特征，整个旅游行业都是与之相关的。在新西兰，政府为旅游行业收入每2美元提供1新西兰元的奖励。旅游社区应该给购买者免费提供或提供最少费用的产品，以说明或解释产品。此外，也需要专业的研究和市场营销以及公共基础设施，而不是一般的旅游设施。新加坡是奖励旅游发展比较迅速的国家之一，因为它的管理者富有远见，政府也提供资源支持。澳大利亚、英国、泰国在为奖励旅游业提供资源方面略为落后。即使有资源，奖励旅游对于管理也提出了挑战，这主要是因为奖励旅游通常是很多人集中在一个较短时间内。旅游者对一个国家的预期是重要的，如同他们对入境、海关、交通等服务的真实体验一样重要。公共管理者需要意识到旅游者如何感知他们组织的绩效。澳大利亚提升了它的形象和绩效，在20世纪90年代初期成为美国会议和奖励旅游者第三喜欢的国家。

结果是什么？实践和绩效

奖励旅游说明了行业与公共管理部门伙伴关系的重要性。如果没有各方的支持，任何一个目标都难以实现。如果不采取组织形式的话，合作可以采取合资的形式。因为奖励旅游时间长、规模大以及大多是出境旅游等，这一特性使行业和公共部门管理的复杂性增加，而且使需要面对的挑战和问题变得更加难以应付。国内奖励旅游容易些。制定的目标需要清晰，管理网络应该是高效的。

奖励旅游的成功与否取决于旅游政策社团内部的合作关系以及其强有力的支持，以及国家旅游组织和核心组织的关键领导作用。不仅需要行业领导、首创性、才能和专业知识，还需要勤奋、长期的研究和敏感的市场营销。因为法律和其他壁垒、长期规划、市场营销和与不同层面政府和行业协会合作和交流的困难等问题，奖励和会议旅游尤其需要专业管理，还需要承担更大的压力。因为主要政治和社区领导人经常会向大型奖励和会议旅游团表示问候和关切。

如果这种类型旅游业的管理不善，会伤及未来业务。如果政府已经大规模开发和建设会议设施和其他基础设施，这种问题将会更突出，例如马尼拉在马科斯政权下的措施。由于澳大利亚的政治文化和联邦体制形成的局限、政府缺乏在此方面的使命感以及公共和行业管理的限制性视角，澳大利亚在奖励旅游方面发展缓慢。

第七章 公共管理和私有部门

小结

旅游的发展需要公共和私有部门之间建立良好关系。政府承认它们需要旅游业的经济收益，旅游业有必需的专业知识、资本和企业家。政府能支持行业，它们应该服务于游客和公共利益。行业依赖于政府，希望政府能够提供一个稳定和安全的环境与基础设施。

旅游业相关的私营和公共部门涉及不同类型的人和组织。参与者包括大型的政府部门、大型国际企业，但是大多数私营经营者的规模较小。如果大型组织联合起来，会使这些组织产生重要的影响力。虽然政府部长和部门拥有权力，但是通常是具有专业知识的国家旅游组织，与行业发生直接的关系。越来越多的利益集团积极参与到保护和其他领域，刺激了社区活动并影响到旅游业。

两个部门之间的关系需要通过组织及正式和非正式的流程变革使之更加紧密、连续、和谐。管理需要建立在诚信的基础上，应该有持续但灵活的政策来回应市场和行业的现实需求。理想的关系建立的基础是合作。这是一个动态权力关系，不是固定的。公共管理必须保持行业所必需的自由与公共政策之间的平衡，公共政策应该保护那些受到行业负面影响的群体。缺乏决策的管理让旅游业自行面对市场和私营部门。

在实践中，公共管理没有将原则充分应用到行业中。主要强调有效性，测量的指标通常是旅游者和饭店房间的数量。在近些年才正式考虑绩效，包括公共投资的回报等。在实践中，市场驱动力成为核心，很少控制旅游开发和结果。行业有大量的自由，法律和政策或者不存在，或者贯彻执行不到位。

公共利益和公共服务原则并没有得到充分的强调或者仅在经济范围内被关注。在很多领域，国家目标和指引不够清晰。尽管它在经济上是很重要的，但在政治上没有力度，因此，政府一直没有全面重视旅游业。

行业的结果和绩效已经是很好的，旅游者人数、旅游者花费、投资、就业人数一直保持增长。这种成功部分是源于行业不停地创造出新的产品、航空公司的更多开放以及公共部门对行业重要性的逐步认识。但是，在英国和美国等一些国家，国家政府停止对行业的支持，给行业和州与地方政府更多的管理权限和责任。这种对旅游业的负面影响导致对旅游发展更多的控制，下一章我们会继续讨论。

建议阅读材料

Baldwin, R. (1985) *Regulating the Airlines: Administrative Justice and Agency Discretion*, Oxford: Oxford University Press.

Doganis, R. (1992) *The Airport Business*, London: Routledge.

Findley, C. G. (1985) *The Flying Kangaroo: An Endangered Species? An Economic Perspective of Australian International Civil Aviation Policy*, Sydney: Allen & Unwin.

Grant, W. (1987) Business and Politics in Britain, London: Macmillan.

—— (1989) Government and Industry: *A Comparative Analysis of the US, Canada and the UK*, Aldershot: Edward Elgar.

Holloway, J. C. (1994) 4th edn, *The Business of Tourism*. （设行业专门章节，包括民航业）

Mcintosh, R. W., Goeldner, C. R. and Ritchie, J. R. B. (1995) *Tourism: Principles, Practice, Philosophies*, 7th edn, New York: John Wiley. （设有专门章节，说明旅游业是如何被组织起来的，包括航空公司）

Page. S. (1994) *Transport of Tourism*, New York: Routledge.

Sampson, A. (1984) *Empires of the Sky: The Politics, Contests and Cartels of World Airlines*, London: Hodder & Stoughton.

Stewart, R. G. (ed.) (1994) *Government and Business Relations in Australia*, St Leonards, NSW: Allen &Unwin.

Wilks, S. and Wright, M. (eds) (1987) *Comparative Government-Industry Relations: West Europe, the United States and Japan*, Oxford: Clrendon Press.

Wilson, G. K. (1990) 2nd edn, *Business and Politics: A Comparative Introduction*, London: Macmillan.

第八章 旅游控制管理

本章主要阐述：
- 为什么旅游业公共部门管理控制是如此重要；
- 其中的参与者包括哪些；
- 公共部门管理如何管理其旅游业控制责任；
- 什么促使了越南环境可持续开发。

控制和负责是公共部门管理的重要职能。控制一个组织或官员就是有权强制、说服、强迫或指导其以某种方式作为或不作为。管理者有责任控制旅游业，以便使其符合公共利益，但是控制管理者又是公共部门中的其他组织尤其是被选举的代表的责任。公共管理中包括对控制工具的管理，如应加强对泰国旅游警察的管理，其作用是控制有可能抢劫旅游者的非法活动。最大限度的控制是管理者直接允许或停止某项活动，例如一个度假地的开发。规则是一种常用的管理工具，用来控制活动，如旅游业，以保护公共利益或者保证公共服务。近年来，一直有关于缩小控制与干预范围的提议。

第三章中已经给出了关于负责（accountability）的定义和讨论。负责不是直接的控制，但却对公共组织产生控制的影响，是指导管理的五项原则之一，因为管理有必要对他们的行动负责。负责需要报告，以便说明组织或官员的绩效，通过议会要求、年度报告、财务报表、管理评估等形式体现。

通过部长、审计总长、组织层级机构等形式可以实现长期、规则的管理控制。暂时的控制可以通过临时调查委员会进行，或者是在公开反对旅游业开发的游行示威活动结束后而应急开展。

专栏 8.1　控制和负责

1. 旅游公共部门管理控制
   - 旅游行业
   - 其他公共部门管理者
2. 政府和由旅游公共管理的公共部门控制
3. 担负的责任
   - 旅游行业
   - 公共部门管理
   - 旅游公共管理
4. 正式或非正式的
   常规的或非常规的，临时特别的

也有无控制的地区，在这种地方，完全由行业自控，在某些情况下，管理没有或几乎没有控制力，这主要源于外部因素，例如国际市场动向、气候或航空灾难，这些可能会给旅游业带来灾难性的影响。非政府组织和外部因素也可以对控制发生影响，例如公共舆论、媒体和利益集团。衡量有效和高效的管理型责任可以利用绩效或财务审计。对执行官（包括管理者）的正式控制，是司法和立法组织的责任。部长和地方政府领导者有责任控制不同层级的管理者，同时，上级的政府对下级政府也有一定的控制。管理者可以直接、间接或通过地方政府控制旅游业。控制可以是正式的，例如通过规章，也可以是非正式的，例如通过企业文化。

近年来，就旅游开发缺少公共控制问题一直都存在强烈的争议和大量的批评。旅游度假地、游船码头、高尔夫球场严重破坏了自然环境和人们的生活方式。富裕的外国旅游者的福利被视作是建立在当地贫穷居民付出代价的基础上的。同时，对性旅游业和艾滋病扩散也缺少控制。在发达国家，就大众旅游对历史城市和自然美景的破坏性影响一直都存在着批评。

第八章 旅游控制管理

为什么控制？公共部门管理的原则

公共利益

政府和公共部门介入和控制旅游业的原因有很多。法律和规则以及它们的政治领导将保护公共利益的责任赋予公共部门，并要求其控制旅游活动。政治文化、体制和公众期望可能要求其作为或不作为。公共部门有责任控制可能会破坏公共利益、人民、社区和文化、国家资源和环境的因素。控制体系试图确保开发建立在考虑长期生态、经济和社会可持续发展的基础上，试图确保在短期与长期目标之间的均衡以及可持续发展。管理者有责任介入，因为通常只有他们才有相关的权力、知识和资源来调查、报告并控制旅游业的问题。当旅游业基础很薄弱或者正在被外国公司为了自身的目的而利用时，情况更是如此。公共部门管理可能必须保护旅游业这一稚嫩的产业，以便使其在国际市场上竞争成为可能。无论是泰国的高尔夫球场的开发，还是大众旅游者以及他们的交通工具破坏了如剑桥等英国历史城市的安宁，这些都需要旨在保护公共利益的控制。

在旅游业中，环境和社区问题已经成为政治议题，政府和公共部门管理者已经对压力做出了回应，通过了立法，建立了新的制定规章的机构，并及时地对这些问题给予了高度关注。旅游者对自然美景、荒野地带、历史城市的压力，以及过度开发和外国投资，都刺激了反对者，有时导致愤怒和民族主义。变化的威胁，私人开发和管理者没有征求当地人的意见，旅游业对当地社区的负面影响，以及旅游业带来的社会和经济问题等，都是导致不愉快和愤怒的原因。为了避免出现这些状况，用来帮助确保管理者在实践中遵守法律和民主的规则的控制体系就显得尤为必要。如果说旅游业在社会上没有得到一点尊重，那么管理者应该承担一些责任，并反思控制体系如何才能改善这些状况。

公共服务

控制也属于公共部门管理的公共服务责任中的一部分。管理者需要尽力提高穷人的生活水平，保护那些很难保护自己的人。在不少对传统地区的旅游开发案例中，当地居民失去了土地或权利，旅游开发商剥夺了当地人对传统土地的话语权。大型投资商有很大的权力并且往往滥用这些权力。小型投资者也会滥用他们的职权，他们的活动会对自然环境产生破坏性的影响，例如渔民为了旅游者从热带珊瑚礁收集珊瑚。

公共服务有义务去帮助失业和贫困地区，这可以通过旅游开发来实现。另外，还存在公平及保护那些有需要的人群方面的问题。因此，政府应该去控制工资和旅游业从业人员的工作条件，对性工作者应开展教育活动，提供健康设施并强化执法。此外，还应该通过对旅行社的准入许可和饭店的等级评定来保护游客权益。

有效

公共部门管理的一个主要原则是有效，也就是说要有效地贯彻目标和政策，这就需要有效率的控制体系。这种体系在保护和服务公共利益的背景下运行。公共利益目标的有效应用将取决于社会中的政治和权力，控制旅游业的管理权力通常也受制于这些因素。影响管理有效性的因素包括：旅游地贫困和经济需求、社会运动、西方价值观、物质主义和大众传媒。并不是所有的社会顽疾都来源于管理的无效率。社会价值观和价值体系是有力的控制体系，管理者应该尽力利用。法律、政策和规划未能达成预期目的可以归因于其他力量的影响，不应仅仅责怪贯彻和控制的无效。但是管理者有责任实现并维持有效性，以确保达成政策目标。

管理仅停留在制定政策或依靠立法层面是不够的，应该进行控制，如果必要的话，要控制贯彻执行和强化。例如，必须维持公共标准并保护公共安全。无效的管理控制导致泰国那空叻差是玛（Nakon Ratchasima）的皇家广场饭店在1993年8月13日倒塌，130多人身亡。20世纪70年代，消防体系管理的无效执行导致东京的一家大型饭店着火，很多人因此葬送性命。旅游业允许建立不安全的饭店或运行不安全的游船都是违反公共利益的。

高效

高效是公共部门管理需要遵循的另外一个原则，也就是说，在付出成本

第八章 旅游控制管理

后应该有合理的回报。应该在最小成本基础上达到目标，当然，成本不能过度。公共部门管理应该对公共资金和资源的高效使用负有责任。曾有对旅游业市场营销的批判，质疑其结果是否与花费匹配，是否有成本更低的方式来达到同样的目标。撒切尔政府通过调查认为英国国家旅游委员会的运行和管理效率低下。

很难找到合适的控制体系来清晰地评估从公共花费和用于旅游业的公共资源所获得的益处和结果。花费在某些方面是可以了解到的，但是花费在营销、设施或环境保护上支出的收益却不可确切知道。面对挑剔的、对成本很谨慎的政府时，公共部门管理更多地强调高效，力图寻找更好的方式衡量高效以及公共花费的回报。

公共管理与私人管理不同，在控制旅游项目时要考虑所包含的社会成本。很难测度大众旅游给小型乡村社区造成的成本，或者给一个中世纪教堂（或佛教寺庙）的精神生活所造成的成本。对于英国哈德良长城的大众旅游来说，很容易测量停车场和厕所容量以及墙体的检修成本，但是你很难计算大众旅游所造成的大气污染成本。

负责

负责是公共部门管理的另外一个指导原则（见第三章）。它有助于阻止滥用职权，保证权力被用于公共利益，而且被用于有效并高效地提供公共服务。这一原则本身也包括评估。因此，负责也是控制的一种形式。它在整体上约束了公共部门管理以及旅游业管理者的行为。负责可以保证对旅游业的管理是在保证公共利益的前提下进行的。在遵守管理五项原则的基础上，管理者会对其管理负责。

但是有时，最大的问题是如何控制那些滥用职权的公共机构或政府。它们不遵守法律，拒绝咨询利益相关者的意见，与公共意见相悖，它们是无效果和无效率且腐败的。控制体系必须足够强大和独立，能够使公共机构和政府接受监督和控制。这种体系包括立法机构、选举体系、法律体系、公众舆论和大众媒体。此外，还有一些自治的公共管理机构，它们也有监督和控制的责任，例如国家环保机构。近年来，不同的利益集团更积极主动、更有影响力，它们成为一个重要的控制因素，可以影响与支持管理和正式的控制机构，因为它们试图管理和控制旅游业的权力拥有者。

谁是参与者？

旅游业公共控制中主要涉及五个群体：公共部门、行业、当地人和旅游者、相关利益集团、公众舆论和大众媒体。这些群体可以分为国际层面、国内层面和地方层面的。公共部门包括不同层面的政府以及它们的公共机构、国家和地区旅游业机构和办事人员。一些机构可能倾向于发展旅游业但另一些机构则反对发展旅游业。行业包括大型和小型投资者、个人和高峰组织（peak organisations），它们的共同点是以营利为目的，希望获得经济回报。行业通常要接受公共部门的控制性指导，但是行业也可以对公共部门管理者实施控制，因为警觉的管理者要在整个公共利益背景下对行业需求以及市场情况做出反应。管理应该鼓励行业自律和自控，这是高峰组织的一个主要功能，高峰组织可以对其下面的会员实施控制。环境和社区往往不是优先考虑的。当地人直接受影响，或者获得经济收入，或者在经济和社会方面受到负面影响。当地社区范围很广，从那些不希望改变的北欧富裕地区，到渴望经济发展的渔民和农民的贫困社区。一些社区反对旅游业，因为它们希望保留它们的生活方式，不希望旅游业来破坏，另外一些人由于经济目的而非常支持发展旅游业。当地政府应该代表所有人，但可能更倾向于代表当地社区富裕人群的意见，这些人包括从事旅游业的人。公共部门管理应该试图减轻当地政府政策对当地穷人所产生的负面影响。当地公共部门的权力以及它们对旅游业的控制根据国家体制和政治文化而有所不同。

旅游者可能需要得到保护，以免遭受旅游业从业者对其利益造成的侵害。管理可以控制行业以确保旅游者的花费物有所值，得到好的服务，其安全和隐私得到保证。旅游者本身最大限度地控制了行业，因为如果他们不满意产品，他们就不会再次购买并且会把这种不满传递给其他人。

相关利益集团在旅游区是活跃的，特别在环保领域，它们迫使政府要考虑到利益集团的利益。贸易联盟也给政府带来一定的压力，迫使政府能够代表它们的利益，它们可以控制整个行业。集团可能是永久的也可能是临时的

(*ad hoc*)，可能是正式的也可能是非正式的。

公共舆论和大众媒体也会对公共部门管理和旅游业产生很大的影响。舆论通过很多途径来表达，如国家和地方媒体、与管理过程中的相关人士直接接触、信件、游行、抗议集会和直接行动等。公共舆论和媒体是非常重要的控制机制，因为他们对政治人员、官员和行业产生影响，这些人会担心对他们形象的负面评价以及对他们选举或升迁机会的影响。管理者可以广泛利用媒体人员、新闻发布和公共关系，有时是纯粹为了通知和教育，但是有时是作为安抚或宣传的手段，试图掩盖真相和真正的问题以及腐败。

五个群体相互依赖，相互牵制。公共部门管理负责总体上的控制，并负责追究责任。控制机构例如总理办公室和财政部对其他公共机构和控制体系的疏忽负责。此外，还有一些专门的控制机构，例如审计委员会和日本的管理与协调局（MCAJ, Management and Coordination Agency of Japan）。

一个积极和有执行力的旅游部部长在控制或影响产业、公共部门和旅游业的管理中起着非常重要的作用。例如在泰国，米猜·威拉沃迪亚（Meechai Wiravaidya）在 1992 年 3 月之前的十三个月内担任旅游部部长，在社会健康问题以及通过教育、宣传和法律方式控制性病等方面非常积极。旅游管理方不喜欢他的这种做法，因此他们认为这样做影响了旅游业形象，但是作为部长，他率先实施了控制。

全世界大量的政府环保机构不断涌现，专门保护和控制自然景区或有自然重要性的地区，保护海滩，并减少空气和水污染。它们执行和强化法律，提出政策建议，发放准入许可，并且教育公共和政策社团。

通过把某些特别地区指定为国家公园、野生保护区或遗产地也可以执行公共控制。这有助于防止旅游业过度开发对这些地区产生的破坏，但是仍旧将这些地区作为旅游区。这些是国家资产，应该保护其不受旅游业和其他用途的开发的破坏。博茨瓦纳一直很成功地通过发展规模小但成本高的旅游保护它的野生区，并控制旅游业。同时，也有一些问题，如肯尼亚在国家公园保护上遭到政治干预。在泰国，旅游部部长在 1993 年的政治干预迫使国家公园开放以发展旅游。在泰国的这一案例中，公共管理者与旅游部部长的态度相反，旅游业开发者支持国家旅游局，但国家公园部门和环保利益集团却反对，例如泰国野生动植物基金会以及自然资源和环境保护委员会。由于公共利益/公共服务的要求，所有的公共机构都有不同程度的控制责任。但是它们对这些责任的解释可能是狭窄的，可能主要从部门利益的角度来解释。

专门的公共机构例如开发机构主要是用于旅游业开发，但也是作为控制机构，例如在墨西哥。国外的投资对于旅游业是重要的，但如果不控制可能就会是引起争议，在经济和政治层面造成伤害。澳大利亚有国外投资审查委员会（Foreign Investment Review Board，FIRB），包括一名公务员，其秘书长由澳大利亚财政部的外国投资分支机构任命。FIRB在旅游投资方面为政府提供独立的意见，但是政府一定要确定决策中需要采用的标准。1986年，为了鼓励更多的投资，控制的强度有所减轻，即采用了"不违背国家利益"的标准，代替了"经济收益"的审查。

如何控制：正式和非正式的

控制可以因为控制者的职位或特征而变得有影响力，例如一个强势的高级别部长。控制方法可以是正式的或非正式的。从某种程度上来说，最终的控制要依靠市场力量，旅游业管理者将利用市场力量控制行业。

正式的控制

国家宪法可以将控制权力分配到不同层级的政府，确保人们有不同的权力。宪法带来的权力可以用来控制旅游业开发，例如为当地人保留土地。立法机构有权通过法律和财政的分配实现控制。可以通过提议、辩论和问题核查来监督公共部门。大多数监督和控制权力是通过议会或国会的委员会实施的，议会或国会的委员会拥有对人员和文件的控制权。议会或国会有权召唤并调查所有相关的人员和文件。在澳大利亚、英国和美国，由这些委员会来审查旅游管理，允许由选举出的代表监督政策和绩效，接受来自公共部门管理、行业和其他利益集团的举证。

第八章　旅游控制管理

民主

在民主体系中，通过选举形式，公民可以控制政府和政策，他们用一个政府取代另一个政府。在昆士兰，市民曾经通过投票淘汰地方委员会，因为他们不满意高增长和旅游开发。在澳大利亚，联邦和州旅游者委员会的成员曾经被持不同政见的新选举出的政府所换掉。当一个行政体制是公开和可以了解的时候，当市民可以得到相关的信息的时候，民主控制可以非常有效地进行。服务于公众的管理是公开和透明的。不透明的行政流程将导致不信任，保护私利和腐败。一个民主体制有助于控制政策社团、过程、公共部门管理和掌权者。也有助于公共管理履行其相应的责任。声援和警世性的公共舆论、媒体和利益集团对此也是有帮助的。

如果当地人真正享有知情权，他们会是地方层面最有效和最有效率的公共利益保护者。他们了解旅游业开发的优势和劣势，可以最大可能地参与到政策决策中。当地和国家官员也应该接受管理旅游业的相关教育和培训。大部分当地政府对旅游开发比控制旅游更积极，但是一般意义上的控制还是经常应用的，例如规划、环境和区域控制。当地政府在很大的压力下采取措施阻止旅游者的涌入，因为旅游者正在威胁或破坏世界上很多地区。

司法

旅游业相关的司法控制通过法院和法庭来进行。但通常来说很难执行，即使是通过特别的旅游警察，例如在泰国和瑞士。司法行动也是昂贵且耗时的，通常情况下不是很有效。如果一个饭店非法地修建过高并且离海滩太近，法院很难要求拆除这个建筑。正确的程序（在美国称为"正当程序"）、信息自由、立法和监察专员可以协助市民控制行业和公共组织。

执政理念

政治文化和执政理念影响着控制和负责。自治的法定委员会被当作管理工具，因为人们相信这种类型的组织更可能控制行业和公共支出。近年来，新管理主义已经反映了这样一种理念，即认为政府过于庞大，政府过多地介入商业行为，而最好的政府是最少介入的政府。

这种理念在里根总统和撒切尔夫人的新管理主义中都有所体现，都主张减少公共消费，减少政府干预并强调使用者付费的原则。他们认为政府控制应该大规模地减少，要求组织在市场上通过竞争来证明自己。这种理念可能削弱公共利益、公共服务和负责原则。1979年和1990年期间，撒切尔夫人将很多公共领域私有化，缩减英国旅游局和英国旅游者协会的活动，试图将更多的责任转移到行业、地方政府和地区旅游者协会。这些控制产生的影响有些时候是有悖于初衷的。

管理

管理有很广泛的权力可以用于旅游业。例如，他们可以拒绝颁发必要的资格或准入许可。在1993年，由于住宿设施的闲置和希望减少大众旅游而增加奢侈性旅游，马耳他禁止建设除五星级酒店之外的任何旅游业住宿设施。管理者可以制定规则和采取管理性行动。可以采用土地分区和其他标准，可以要求提交环境影响报告书，为履行特殊职能和解决关键问题可以建立一些特别的临时性机构。信息、合作、合作监控和反馈都是控制体系的必要部分。它们必须持续，这样才能取得成效。成功的控制也需要政策和规划是现实可行的，要求公共部门管理具备执行和控制的能力。

非正式的控制

对旅游业和管理的控制可以是正式的，并通过部级单位的指令、规章和行政管理来执行。但是，通常来说对旅游业和管理的最有效率和最有效的控制形式是非正式的。因为旅游业、旅游业的活动和公共部门是多种多样的，以至于正式的控制体系很难奏效。为了有效和高效地控制，更多的决策权应留在管理者手中。

非正式的控制经常是内部的，可以自我强化。包括个体和组织的价值，与正直、诚实和公共服务相关的规范和目标。一般来说，这些价值和目标反映了主流的国家信仰。人们曾希望私有化通过引入一种新的组织文化来改变和控制公共组织。在可以把贡献和责任感灌输到公众的原则基础上，管理者和其他人可以被社会化到一个体系和组织中。可能将使用正式的培训，但是当它反映出非正式的社会化程序时,这是最有效的。非正式的控制可以建立在敬畏、相互尊重或共同的价值与目标基础上。作为政策社团的一部分,旅游业意识到它对政府的依赖,也意识到对双方信任的需要。如果执行非正式控制,自然会尊重规则和规定,将不会需要管理来正式地强制执行。每一方都渴望维持诚实的形象,考虑共同的价值。如果他们不这样做,他们将失去作为政策社团一员可能享受的益处。非正式的因素可以是积极的,支持规范化,但是也会助长追逐私利的管理者、私人组织和腐败。

在实践中,一个控制体系如何有效运行以及控制是否真正被贯彻执行将取决于权力是否在体制中运行。因为政治权力或经济利益的原因,公共利益可能被忽视。通常情况下,管理者只能就有关什么是公共利益和如何采取正确的行动等方面向政治领导者提出建议,实际决策是由政治人物做出的。在执行中,政治意愿是重要的,但环境因素也同样重要。很多因素都会导致执行失败,如时间拖延、利益集团的拖延策略、冲突性的目标和利益以及无法预见的因素。在旅游业快速的自然增长过程中,在监控旅游开发方面,有些控制体系是无效果和无效率的。

结果是什么?越南,环境

越南

为什么控制?

与其他国家政府一样,越南政府参与旅游业控制和开发是出于经济原因。越南是世界上最贫穷的国家之一,这主要归因于其一直持续到1979年的40年的军事冲突。高度集权化的规划和经济体制以及在执政理念基础上建立的经济政策导致了灾难性的经济,在20世纪80年代导致了饥荒。另外一个原因是美国直到1994年才解除对其经济封锁。越南人均GDP约200美元。失业和未充分就业率较高,高出生率和恶化的社会服务业进一步加剧了这种情况。

越南的状况反映了很多发展中国家的状况,包括柬埔寨和老挝。在西贡1975衰落之前,越南就向苏联、西方国家和国际金融组织大量举债。这些因素加上外汇短缺、收支平衡问题以及改善基础设施和提升生活水平的需求等，迫使政府开发旅游业。

1990年，越南失去了原本来自苏联的大量援助，必须尝试从西方国家和国际机构获得援助。联合国的代表机构、国际货币基金组织和世界银行给予其援助，但是希望政府和公共部门能够控制通货膨胀并支持可控制的市场改革和行业发展，例如旅游业发展。只有公共部门管理才能应对这些国际机构，建立一个好的环境吸引外国投资，建立有效和高效的管理控制体系。

如同其他发达国家和发展中国家一样，越南关注为大量未就业的人提供工作，为国家较贫困地区提供帮助。发展中国家的一个主要问题是生活在较穷地区的人为了摆脱贫困涌入存在很高失业率的大城市。较贫穷地区的旅游开发可以提供就业以及一种经济刺激，防止人群流向大城市，例如胡志明市和河内市。

错误和过度的投资会产生通货膨胀，对现有基础设施造成压力，产生社会动荡，需要控制来防止这种投资对经济和社会的破坏。越南处于一个从高度控制的国家经济到向市场经济转型阶段，需要对市场的敏感和适时的强有力的管理控制。旅游业如果想意识到它全部的潜力并把它的破坏性影响控制到最小的话，也需要敏感而积极的控制。

发展中国家对私人经营者的控制必须是积极的，社会不能提供监控或控制功能。例如不能把旅游业完全交给市场或者国际和地方开发者。市场力量不会追逐公共利益或者为穷人和有需求的人提供公共服务。只有公共部门才能运用权力和知识保护当地人，保护越南的自然和历史遗迹。遗产是脆弱的，过度开发破坏遗产。被列入世界遗产的下龙湾珊瑚礁随着旅游业的开发在逐渐被破坏。河内古城以及古老的中式和法式建筑也濒临被破坏。由于经济发展的需求和快速发展的需要，很容易将自然资源出让给开发商。很容易忘记人们的社会需求，也意识不到对社区和文化的破坏。因此，公共部门管理需要有效率的控制体系，并且要保护公共利益。公共保护也要体现在关怀贫穷的农业和渔业地区以及旅游业中的性工作者，这些群体都是很容易受影响的。

越南有很好的旅游产品资源，但是不应该被过度快速的开发所破坏。公共部门管理应该关注旅游质量。需要控制来保护越南的旅游业形象，旅游业需要一个好的形象。由于密集的社会和经济需求以及旅游业竞争，管理承受着推动旅游业快速发展的压力。要确保这不会导致公共目标的降低，以及稀缺的公共资源和资本的无效和低效利用。

越南的管理表明可以效仿泰国旅游业模式。泰国在吸引旅游者和发展旅游业方面一直很成功，但是却付出了沉重的社会和经济代价。导致付出经济和社会代价的原因是缺少有效的控制体系，这是越南需要从泰国吸取教训的地方。

有效的公共部门管理控制体系非常重要，原因之一是控制管理本身的需要。好的、有效率的、诚实的管理对于任何一个国家来说都是至关重要的，对于发展中国家尤为重要，因为在这些国家中私人经营者和民主制度是如此的脆弱。从20世纪80年代中期起，越南公务员、国有企业、地方政府以及共产党干部多次出现腐败和非社会行为。控制必须从上层开始，国家管理部门在控制下级政府和有实力的国家企业时，必须是诚实有效的。

印度支那开始接受外国援助和投资，以及1994年美国解禁引发了主要的控制问题，如果说投资没有对经济和社会产生灾难性影响的话。官员可能有权力来决策，但是缺少知识和技能来评估和处理大型外资企业复杂和技术性强的提案。国家和地方层面的管理者渴望获得投资，但是不能完全理解这种投资可能产生的反作用和负面影响。在这种情况下，就需要好的控制和监控体系，特别是来自中央层面的控制和监督体系，在这一层面，可以有专门的政治和技术机构帮助旅游项目开发，防止错误和滥用的发生。

谁是参与者？

与旅游业控制相关的包括议会和共产党机关，政治领导人和下级政府。控制责任在政府部门、财政机构、国有企业以及州和政府的管理者身上。有专门的机构通过规划、环境和投资负责控制旅游开发。政府旅游业企业也应该被管制，包括航空公司和地区旅游业企业。

西贡旅游（Saigon Tourism）是最大的企业，拥有100家饭店，经营范围广泛。但是在胡志明市中也有其他旅游企业。控制也应该体现在不断发展的私营旅游企业，包括合资企业，例如河内最豪华的饭店铂尔曼城市酒店（Pullman Metropole），是一家与法国合资的公司（法国雅高集团旗下的一个五星级品牌酒店——译者注）。合资企业在越南旅游业中很普遍。小型旅馆和咖啡屋等当地私人企业以及为旅游者提供多样服务的个体商户在不断增多。在非法的毒品、赌博和性企业等方面很难实施控制。

图 8.1 描述了有助于控制和监控旅游活动的一些组织和机构。这个网络犹如一种负责体系，所有的部分都通过组织、规定、政策和实践直接或间接地互相关联。

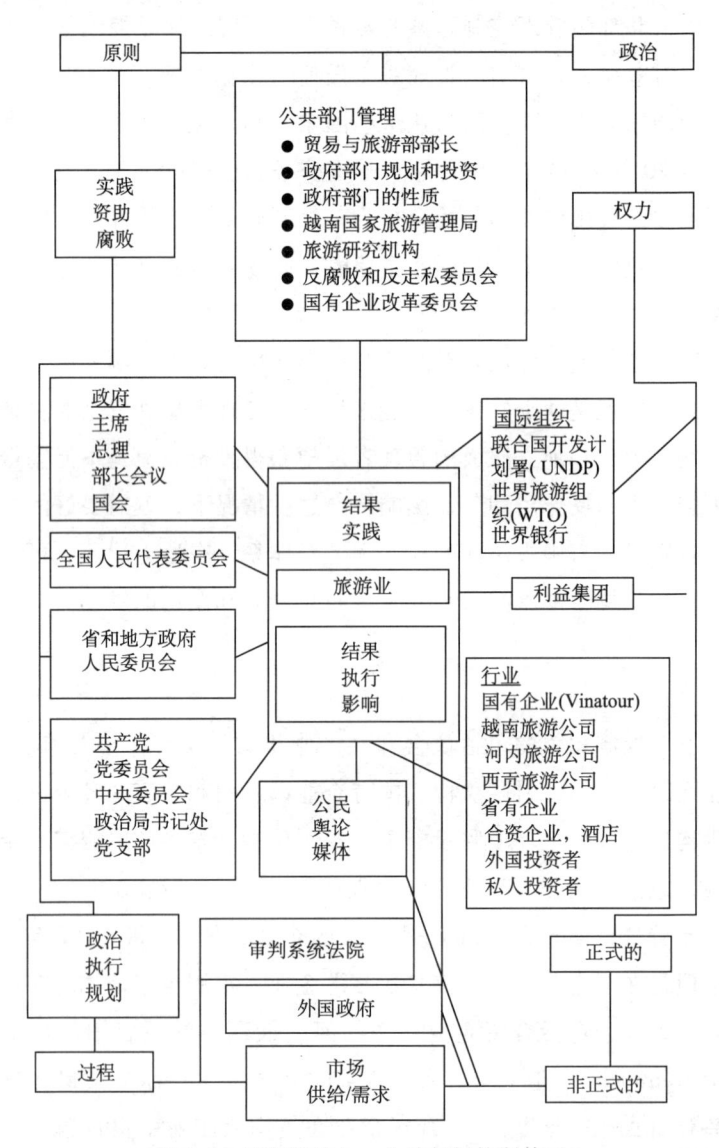

```
原则                                              政治

          公共部门管理
实践      ● 贸易与旅游部部长
资助      ● 政府部门规划和投资                     权力
腐败      ● 政府部门的性质
          ● 越南国家旅游管理局
          ● 旅游研究机构
          ● 反腐败和反走私委员会
          ● 国有企业改革委员会

政府                             国际组织
主席                             联合国开发计
总理                             划署(UNDP)
部长会议          结果           世界旅游组
国会              实践           织(WTO)
                                 世界银行
全国人民代表委员会
                  旅游业         利益集团

省和地方政府
人民委员会        结果           行业
                  执行           国有企业(Vinatour)
                  影响           越南旅游公司
共产党                           河内旅游公司
党委员会                         西贡旅游公司
中央委员会                       省有企业
政治局书记处      公民           合资企业，酒店
党支部            舆论           外国投资者
                  媒体           私人投资者

政治              审判系统法院
执行                              正式的
规划              外国政府

过程              市场            非正式的
                  供给/需求
```

图 8.1　越南旅游业：公共部门控制体系

第八章　旅游控制管理

如何参与
越南共产党

由于有很多非正式的因素，因此，旅游业控制体系如何在越南运行是很难说清的。理论上，一个重要的控制组织是越南共产党，它通过党内的不同层级如同正式的政治和行政体系那样运行。政党的控制部分通过决定什么是公共利益和公共服务以及政策目标是什么来实现。1986年第六次共产党大会决定旅游业属于公共利益，越南应该向所有旅游者开放。为了给来越南的外国旅游者创造适宜的环境，决定为所有国家的外国人简化入境签证手续，允许在海外的越南人在签证过期的情况下来越南旅游。希望通过投资和就业使旅游业服务于公众。

共产党总书记杜梅（Do Muoi）认为，共产党在政治体制中没有取代其他组织，它领导政治体制，同时它也属于这个体制。它与人民保持密切的关系，受人民的监督，它必须在宪法和法律的框架内行使权力。

政党通过他的领导者角色实行控制。在政治和行政体制中，主要的管理机构是由161位成员构成的共产党中央委员会以及有17位成员的政治局，它的常务委员会成立于1996年，由5位成员组成。这些机构是平行的，有大量的成员也是政府内阁的成员。负责控制管理和政策的高级别的领导者是主席、总理和部长。共产党的总书记有很高的权力，但是在政党与国家相分离的新政策下，他只能通过间接的方式负责政策和控制。

国会

选举出的国会通过立法使政党的决策和政策产生影响。1996年以来，在更加公开的体制下，可以通过国会表达不满和意见，可以产生一种控制的效果，刺激公共部门管理采取措施或停止不合法的行动。它也通过它的常务委员会行使该职能。

旅游管理

旅游部部长以及旅游业的管理者负责越南旅游政策和开发的执行、监督与控制。旅游业属于贸易和旅游部管辖，该部强调旅游业在经济和赚取外汇方面的重要性。之前，旅游业属于文化、信息、旅游和体育部管辖。旅游业现在属于一个更强有力的部门，但是部长和相关管理有更多贸易方面的责任，因此减少了他们在对旅游业方面的控制。因为对投资和开发的需求，他们努力积极回应大部分旅游业提案。

一个重要的控制机构是建立于1989年的合作和投资国家委员会（SCCI）。它对旅游业负有特殊责任，把旅游业定位为吸引外资的五个重要行业之一。越南在任何一个重要的旅游开发项目上都非常依赖外国投资，合作和投资国家委员会必须分析、评估和控制提案，例如从1989年以来在河内和胡志明市的不同的饭店开发项目提案。此外，还存在其他的国家委员会履行控制职能。国家规划委员会也扮演重要角色。直接负责旅游业管理的是越南旅游管理总局。总局由1名局长和2名副局长领导，其中一个副局长管理南越旅游。他们负责管理越南总体的旅游业——市场营销、开发和调节。他们有控制和批准某些项目如合同和协议的权力。

当地政府和国有企业

真正的控制和执行取决于基层政府和国有企业：一些地区包括河内市、海防市、胡志明市以及一些基层政府在促销和开发旅游业方面非常积极。它们也有控制责任，但经常在项目开发过程中被忽视。当地政府管理机构对选举出的人民代表大会和指定的人民委员会负责。在这些委员会下面是执行的分支委员会和各种类型的公司，有些从事旅游业务。一些国有企业也积极从事旅游投资，如越南旅游公司（Vinatour）、河内和西贡的旅游公司。还有很多合资公司，例如一家平阳省国企（Protrade）和一家新加坡公司合资的松北高尔夫俱乐部。因为它们的规模和背后很强的政治关系，公共管理部门很难控制这样的企业。科学、技术和环境部下属的自然资源和环境部门负责控制环境。

规划

公共管理也可以利用规划作为一种控制形式：包括国家规划、地区规划、土地使用规划和部门的规划。日本和法国成功地使用了规划，而且规划广泛用于发展中国家。以前，高度中央集权的规划体系主导着越南的开发，现在，越南已经从这一体系中逐渐摆脱出来。但是，它也有一个长期的规划，还有一个旅游业规划，制定于1991年，由联合国开发计划署、世界旅游组织和越南政府组织参与制定。旅游业规划在1996年被一个新的规划所取代。

越南全国划定了四个旅游区，这四个区域在吸收外资方面有优先权：

区域1：河内、海防、鸿基

区域2：岘港、顺化

区域3：金兰湾、大叻

区域4：胡志明市、南越的东部和西部省份

还有一些规划专门针对某些旅游景区，如下龙湾、顺化、芽庄制定的开发性计划。正如泰国所面临的，公共部门管理的问题是如何执行这些规划。可执行的规划需要建立在完善的调查研究基础上的良好的信息和技术性建议。河内的旅游业开发研究机构试图提供这样的服务，但是缺少资源和专业人员。他们必须依赖当地公共部门管理和人们的协助和提议。

司法体系

公共部门管理可以使用法律来控制旅游业，例如1988年的投资法。该法在税收减免、利润汇回本国和投资自由方面的规定很宽松，尤其是如果投资用于主要公共利益部门或需要更多公共服务的偏远地区。但是如果要使法律有效而不被滥用，它必须被有效地监控和控制。必须有一个有效的责任体系。法律有时候很难执行，或者实际上没有一个法律可以涉及现实中所发生的一切情况。河内机场的免税品商店签了五年的合同，但是仅仅三年之后商业部就让另外一个公司来经营该商店。合法的体系无法保护这个五年合同。

从1986年后，法律体系就无法跟得上现实变化。法律和法规体系不断改善，但是这主要取决于管理者的警觉、主动性和责任。

当地政府和国有企业管理者有责任必须贯彻执行公共政策，但是他们的主要任务是发展经济，他们承受了很大的经济压力。越南的地区自治以及抵制国家政府控制有很长的历史。所有这些因素使得法律的执行和规划的贯彻执行具有很大的难度。

问题

区域和地区组织在当地的政治层面是很强势的，在国家层面它们通过在国家人民代表大会和党代表大会的代表施加影响。在开发旅游项目方面，地方可以不依靠国家财政支持而进行独立开发，这又进一步加强了地方的自治性。

当地和企业管理者达成协议并开始旅游业项目，但是这些可能与国家政策和投资与环保法相冲突。地方管理机构并不完全履行国家政府制定的协议。越南的旅游控制限制包括：

为了使旅游业快速发展，很多实际中的限制必须被克服：政府应该尽快学习、建立和颁布旅游业方面的法律，要有具体的政策涵盖旅游业管理和旅游事务，旅游开发的规划应该清晰、简洁，应该涉及整个国家以及每个地区；强调旅游开发的同时也应该强调文化、环境和自然的保护和开发；应该建立和贯彻执行首要的政策涉及旅游业相关的机构，涵盖入境手续、签证、国际航线规定、海关政策等。因此，地方旅游机构应该首先投资于它们的工作人员、物质和技术设备以及产品等方面，以提高它们的服务质量。

(*Panorma* Magazine,'Vietnam Fair and Exhibition Center'1992：121)

从1986年开始，高度中央集权的规划和控制体系以及共产党的干预被大幅度地削弱了。现行的控制体系允许行业更自由地回应市场需求和竞争。选举出的实体、媒体和培训项目也强化了间接的控制。

为了使旅游业快速发展，控制体系应该坚持五项原则，但是应用需要管理者敏感并积极地回应公众和行业的需求。

结果是什么？实践和绩效

本书在五项原则的框架内来讨论现实中的越南旅游控制。

第八章 旅游控制管理

公共利益

计算旅游者人数、外资、外汇收入以及饭店数量比计算管理如何有效地保护公共利益容易得多。在达到旅游业政策目标方面，管理必须是有效的，但是它重要的基础目标也包括保护社会、提高人们的短期和长期生活水平。这保证了旅游业政策目标与国家目标的一致性。但是目标经常是冲突的，例如2000年前力争使国内生产总值翻一番的目标和保护环境的目标。短期的目标可能与长期的目标是冲突的。国家层面定义的公共利益可能很难在地方层面进行贯彻执行和控制。

支持可持续开发属于公共利益，但是推动快速旅游开发却是与之相悖的。1993年12月的环境保护法反映了对逐步恶劣的环境的担忧，以及需要支持1991年的国家环境和可持续开发规划。但是在现实中，缺乏保护的责任，缺少专业以及有效的可实施的控制。人们对生态系统的脆弱以及自然和历史资源的重要性并不完全理解。如果试图保护公共利益的话，需要更强的控制体系、更清晰的发展任务和对公共管理的更强有力的政治支持。

至少在越南，所有土地都归国家所有。这意味着农民无法将土地卖给旅游开发者而丧失他们的生活手段，但在泰国却出现了这种情况。在越南，农民长期或终身租赁土地。一些共产党员认为国家控制是无效的，泰国不加以控制的增长模式带来了很多社会问题。他们更希望实行不丹的控制模式以及老挝的限制性的进入模式。

公共服务

理论上来说，遵循越南共产党的执政理念意味着政党和管理应该严格遵循公共服务规则。这在一党执政的国家尤为突出，因为政党有垄断性的权力，它可以服务人民，维持社会稳定。与殖民统治的法国政府的战争以及对南越的前政体的对抗是为了停止对人民的剥削和腐败，然后为人民提供服务。管理控制没有充分考虑旅游开发的社会和环境影响。所谓的公共和私人投资的"涓滴效应"看起来是可以忽略不计的。

当越南首次向西方旅游者开放时，它只对有钱的团队旅游者开放。政策改变后，背包族旅游者也可以来游览，毕竟他们的消费高于更穷的当地人。由于大多数旅游业投资都在河内和胡志明市，投资对偏远地区起到的作用很小。现在需要的是一个在更贫穷的地区发展旅游业的项目，以便解决2/3的劳动力就业问题。

也要关注劳工状况，看他们是否被保护，他们是否被当地和外国公司剥削，包括一些旅游业的公司。在1993年12月，总理承认政府必须"像保护雇主那样保护劳工的权利"。管理者没有以法律或程序现代化来应对新的经济体系。政党口号无法取代管理行动。

由于贫穷，严格的社会控制的减少以及城市中财富的增多和旅游业的发展，社会问题，如犯罪、贩毒、嫖娼等问题越来越严重。这意味着管理无法控制这些行为。同时，这也反映了需要为某些特殊群体提供更有力的公共服务，如乞讨者、儿童、失业者、残疾的退伍军人和艾滋病患者。信用卡欺诈问题也在日益显现。

政治稳定有时比公共服务更加重要。正如1988年越南的一个政府管理报告所言，在旅游业的社会经济影响方面："在未来，即使旅游业有成百上千或者上百万的外国旅游者，越南也不能成为社会问题的温床，因为越南是一个社会主义国家，有相应的控制措施。"这种盲目反映了没有经验、过度自信的管理忽视了旅游业的现实情况。越南的控制措施，如同在很多发展中国家一样，最终表明是无效的。管理和"很多干部"涉嫌腐败，利用他们的职位和权力谋取私利。在这些组织中，公共服务原则和目标被取代了。如同内政部在1993年12月在国会所言，腐败问题在1993年成倍增长，"应对措施没有带来任何重大的变化，情况仍然很严重"，这在1996年的共产党大会上重申。

有效

越南的管理在提升旅游者人数、外汇收入、国外投资、饭店和饭店房间数量等方面一直卓有成效。1986年旅游者入境人数是54 353人次，在1994年将近100万。收入额在1990年至1994年增长了9倍。在1991年至1995年期间，外国旅游者人数每年增长39%，超过了专家在1989年的预测。目前，有很多住宿设施，从豪华饭店到私营的宾馆。服务设施也在不断提升，包括高质量的餐厅。在一些地区也开始了开发,特别是在头顿(Vung Tau)。更重要的是自由,这意味着管理更能回应市场需求和竞争,提高旅游产品的服务质量。公共部门管理以多种形式进行控制,但是在市场的压力下它们已经被减少和修正了。安全对于内政部、警察和保守型管理来说仍是一个问题,旅游管理要采取措施来确保控制没有伤及管理的有效性。

高效

管理的一个主要责任是为了高效而控制。收益和支出相符吗?公共获取的价值是金钱吗?旅游业外资企业的控制比较容易,因为外国投资者只在一个有效率的企业基础上和好的回报基础上才投资。外国投资者是受欢迎的,不仅仅因为他们的投资,也因为他们的专业,这种专业带来的效率是当地管理控制无法提供的。外国投资者不诚实或贪婪,公共投资的回报较低,社会成本高,对待劳动力不公平,这些都会导致出现控制的问题。为了帮助实现高效的控制,国会建立了经济法庭来调解纷争。大型基础设施项目很难控制,因为涉及了大量的企业和权力中心。不仅在最重要的高级管理层面存在效率问题,在地方和企业层面也同样存在效率问题。在这些问题上,一个古老的越南谚语这样描述:皇帝的规则止于村庄的门口(意即"天高皇帝远"——译者注)。当地的管理者不欢迎控制,有活力的管理者也不在旅游业中竞争。一些管理者,尤其是在发展中国家,可能更关注大型建筑、旅游交通工具和飞机,而不是真正的高效。

资源短缺的地方,管理必须更加小心地进行管理控制,考虑社会和其他成本。需要从社会和经济两个方面评价项目。规划开发五个涉及海外大额投资的高尔夫球场和度假胜地导致了大量的基础设施投资方面的公共成本。应该进行这些基础设施方面的投资吗?是否应该将这些基础设施投资资金用于乡村开发或别的开发项目上?公共管理无法做出这样的决定,这些是在更高的政治层面才能决定的,但是公共管理可以建议,对高效控制负责。需要考虑环境成本。在越南,高效的障碍不仅来自于破旧的或者根本不存在的硬件基础设施,例如公路和电力,也来自于缺乏软件基础设施,例如行政和法律体系及能力。成本过高的管理也可能是没有效率且官僚的。利润是隐性的而不是显性的。在中央和旅游业中的控制机构并不总是具有必要的权威、专业知识或资源以及充分的合作。缺乏有效的规划、合法的许可、清晰的指引和目标以及效率意识使管理控制变得困难。错误的控制以及过多的干预会妨碍高效的实现。正如世界银行报告中所言,在某些方面过多的政府干预导致过多的不必要和没有效率的管制以及对市场活动的干预。

负责

从1986年开始,议会、法律和行政体系更多地强调责任。1994年2月,第一个高级别的政府和中央委员会委员被认定有罪。能源部前部长因腐败入狱四年。现在国民大会、党的代表大会和媒体中提到了更多的批评。1986年发生了一个有趣的控制事件,总书记阮文灵(Nguyen Ven Linh)以笔名(nom de plume)写了一篇新闻专评,抨击政府的腐败和滥用职权。阮意识到以往正式的责任体制无法应对新的动态的经济方面的问题。例如,旅游业是一个新的事物,包括外国人、大规模投资和对国家安全及稳定可能产生的威胁。之前,一个高度中央集权的规划体系曾经有助于强化责任。

虽然责任制度已经越来越强化,但是它仍无法应对经济的激增和变化所带来的权力滥用,以及普遍存在的腐败现象和旧体制中控制和责任体制的崩溃或不足的问题。管理和责任制度需要政治领导人的有效支持。

绩效

五项原则已经在越南应用,但是只有有效性原则得到了重视。在实践中,其他的原则获得的关注度与经济增长相比,只是"半心半意的"。旅游开发与越南其他方面的经历很相似,特别是从1986年实行经济改革之后。通过党中央集权式的规划体制和社会原则实行的传统管理控制无法适应经济改革、经济增长和腐败带来的变化。越南等发展中国家由于贫穷和客观需要,很难控制快速的经济发展和影响。因为经济、社会和政治力量强势导致一般的公共管理没有力量来控制,有时公共管理不想控制,只是想享受经济收益。

公共管理要在控制和自由中间找到平衡,因为旅游业是非常具有竞争性的，必须自由地应对市场需求。开发豪华度假胜地和高尔夫球场的主要原因是使越南能够在国际上竞争。但是问题是这类决策是否体现了公共参与？这种控制体制是否体现了足够的公共利益和公共需求？越南是否从泰国的经验和旅游开发的负面影响中学到了什么？

旅游业的运行舞台应该和其他行业类似。管理控制应该主要体现在公共利益问题和公共服务、税收、劳工保护、环境和法律执行等方面。类似的控制可以应用于行业中的所有方面；不应该有政治倾向的干扰。

如果某个单独的部门专门负责旅游业且国家总理支持这个部门的部长的话，就可以实现更有效的控制。可以建立清晰的指导纲领和目标，并实施有效监控。管理的关键目标是公共利益和公共服务而不仅仅是经济目标。必须严厉打击腐败和追求私利的行为。共产党能够遵守其信仰，在实践中支持人民，并为人民选出正直和负责的领导者。如果没有这些支持因素，就无法成功地实现控制和负责原则。

环境控制和可持续发展
可持续发展的一个现行定义

公共部门管理者面临着控制的挑战，例如旅游开发，管理者必须不仅支持旅游开发也要支持保持一个吸引人的、可持续的环境，旅游业依赖于这样的环境。需要有一些定义，管理必须知道它将要干什么。《布伦特兰报告》(Brundtland Report) 中关于"可持续发展"的定义是比较有用的。

专栏8.2　"可持续发展"的定义

人类有能力使发展可持续——确保在没有影响到子孙后代满足他们的需求基础上，满足现代人的需求。

(World Commission 1990)

追求经济、社会和文化发展，必须包括生态可持续发展（ESD）(Australian Government Ecologically Sustainable Development Working Groups 1991)，包括所有的自然环境、社会平等和当地社区。世界旅游组织（WTO）1980

年在马尼拉宣言中也认为，所有资源都是人类的共同遗产。

但是，政府和高层政策制定者应该制定可行的定义。定义应该有力度和合法性，只有政府通过民主渠道才能制定并应用该定义。为了旅游业可持续开发，如果允许更多不同群体参与该过程将是更有用的。为了获得国家范围内的一致同意，制定过程必须是自上而下和自下而上双向并行。过程不仅是为了制定定义和政策，同时也要使国家意识到可持续发展的重要性。这种类型的过程有助于形成一种环境，使政策的真正贯彻执行更有效和高效。

定义可以在国家规划过程中形成并作为国家目标和战略的一部分。规划有助于制定和建立可操作的定义和战略（Inskeep 1991）。即使在澳大利亚，在联邦层面从未有过国家规划，现在也在制定一个旅游业国家战略。

在旅游业中，广泛使用"环境"这一词语来描述自然环境和资源以及历史和文化资源，也包括生活在该环境中的当地人。

需要制定一份详细的名录，记录国家重要的自然、历史和文化资源，尤其是对国家有重要意义的以及杰出的资源。这些资源包括自然资源（例如岛屿、森林以及海滨）、历史城市、文化景点、有生活气息的社区（如威尼斯），以及当地人（例如泰国北部的高山部落）。环境保护管理者应该参与到制定名录和制定定义的过程，他们也有责任支持和保护这些资源不被潜在的破坏性旅游开发破坏。

各种目标的制定应该以资源名录、国家的发展需求以及生态可持续发展（ESD）为基础。对饭店、度假胜地和其他开发需求的反应应该意识到一些国家资源是不可以替代的，开发应该有限制。

现行体系也要保证政府的其他目标，包括旅游者人数、旅游者消费、饭店数量、地区和季节性扩散、就业，尤其是外汇收入。现行的定义是动态的，当旅游开发高度竞争而且不断变化时，管理可以将其用于真正的实际情况中。

可持续发展的任何定义都包含的因素

首先，在一个操作性定义中必须对如下的基本因素做出有效回应：

· 旅游产品的市场需求；

第八章 旅游控制管理

- 市场是高度竞争的,所以管理回应需要是有效的、灵活的、高效的;
- 人们对经济发展的需求;
- 来自旅游业开发的压力。

第二,管理应该非常关注开发环境保护资源以及回应不稳定的旅游市场,包括需求、需要、质量、数量和价格。需要对旅游开发和环境保护之间的平衡保持敏感性。也要对当地人的需求和愿望有敏感性。

第三,要达到目标,保持高质量的旅游产品和高质量的环境以及生态可持续发展。需要做出一个政治的和管理上的承诺并提供必要的资源来贯彻执行旅游业和环境保护政策,维持二者之间的平衡。承诺保障公平、当地人和后代的福利是基本任务。

第四,长期的规划或战略对于生态可持续发展而言是必要的。管理不仅要关注成功的开发也要关注成功的可持续发展,这需要从长远角度考虑。过多的旅游开发者和政府只关注短期回报,却以长期可持续发展为代价。有必要对机场等基础设施进行长期规划。官员倾向接受类似会议中心和主题乐园等提议。规划建议(Planning proposals),如会展中心、主题乐园之类的规划建议可以帮助政治家和政府官员接受此类项目。

第五,管理资源要素对于可持续发展的质量和数量也是必要的。公共部门管理必须有经验、能力和创新才能,以应对竞争性的环境。管理必须能够处理复杂且有时是互相冲突的环境,有能力管理公共和私有部门之间的关系,在竞争性的市场环境中给予行业自由和支持。最重要的是对可持续发展的管理。

在管理可持续开发中,必须进行的最重要的交易

政府可以与私有部门交易某些资源以获取收益回报。政府从私有部门那里获得至关重要的企业动力和在发展中需要的创新技能。回报也是管理资源:诀窍、能力、经验、知识、合同——国际上的和国内的、开发和市场营销技能,企业创新和天赋等。私营开发创造了外汇、资本、就业、地区开发和资本实体结构,例如度假饭店。开发的负面交易包括非法开采,滥用权力,腐败,使当地人失去土地、传统文化和所依赖的社区。

公共部门的交易包括：允许开发旅游设施、以低价格出卖或租借公共土地、代表私营开发者来掠夺社区的利益、快速地跟踪开发以避免官僚体制中的拖延问题，提供的资源包括基础设施、公路、机场、水、排水设施、补助、税收减免、管理和专家服务（包括海关、入境、规划、教育和培训），给予私有部门自由以使外国人和自负盈亏的机构追求他们的目标和发展。这种自由可能将阻碍实现统一的、一致的、公平的管理。

政府有责任刺激开发，但是也有责任保护遗产和人民的福利。必须在竞争性需求和各种交易评估之间找到平衡。太多的旅游、经济开发对环境和文化造成了负面的影响。例如，性旅游可能会有助于旅游发展，但是它对于当地社区来说却带来了恶劣的影响，尤其是艾滋病的出现。

最有效的机制，为可持续开发提供财政和其他支持

最有效的机制是政策制定者建立清晰的指引，清楚地显示生态可持续发展的需要。一个有效的政策制定机制应该是公开的，鼓励政策社团中不同部门的积极参与，以便更好地贯彻执行政策。政策制定机制应该是动态的，管理在旅游开发和生态可持续发展中连续出现的紧张问题。政策制定机制涉及如何使政策社团发挥更多的效应，还涉及合作、信息交换和研究，所有这些都是为了避免或解决冲突，从生态可持续发展中获得支持。

获取财政和其他支持最有效的机制是获得总统或总理对生态可持续发展的支持。他们有效且清晰的指令和控制将获得必要的支持。1992年泰国重组了国家环境委员会以使之更有效，泰国总理任该委员会主席。同样，一个高级别的内阁部长要对可持续旅游发展负责。1991年12月，澳大利亚首次任命一个高级别的部长专门向内阁负责旅游业。以前，旅游业由级别较低的部长负责，而且不是内阁成员，他还负责其他政治事务。政府部门，例如英国环境保护部，管理很多事务，但是这些事务过于不切实际和官僚，无法积极地回应实际需求。

无论是在旅游开发、环境保护还是国家公园管理中，最有效的机制都需要独立的专业公共机构（Elliott 1987）。这些机构有各自的目标、足够的资源、专业的人员以及希望实现目标的领导者。这些机构的有效不仅仅来自于

第八章　旅游控制管理

政治支持、技术知识和研究能力，也来自于他们对公共和私有部门、当地社区和非政府组织（NGOs）的理解以及与他们之间的联系。这些公共机构可以意识到并更快地应对形势状况，主动采取行动和帮助协调所需要的政策性开发。有效的机构将有足够的资源来控制既得利益和破坏性开发，克服官僚阻力和低效率，因此允许竞争，但必须以可持续发展为前提。

环保机构，例如国家公园机构一直在管理、维持和开发公园方面很成功。在公园方面，设定特殊的环境保护区有助于在自然保护区、历史和文化区域以及遗址上提供有效的保护。国际压力或世界遗产也可以有助于进行保护管理。

有效的机制包括不同类型的规划，包括地区规划，应该综合使用环境影响评估（Environment Impact Assessment，EIAs）。应该鼓励控制和保护环境敏感地区。可以指定某些地区代表一个生态系统。如果要可持续发展并鼓励跟踪性开发，开发者需要相当大的自由，但是如果他们破坏自然或文化环境，他们将受到惩罚。

资源，尤其是财政补助和税收，在使组织遵循政策和指引方面非常有效。非政府组织、当地政府和社区需要积极的参与者以确保资源和权力没有完全留在国家层面或者大的部门和开发商手中。

在可持续发展中需要解决的公共部门与私有部门关系方面存在的最重要问题

最需要解决的问题是来自开发与环境的负面影响之间的冲突，开发来自于私有部门，而关注环境的影响则是公共部门的责任之一。开发所承受的压力来自多方面，包括开发者、当地居民，并且经常得到的政府和管理者的支持。对环境的潜在危险没有得到很多关注。事实上，在较贫穷的地区，居民把环境保护看作是阻止他们摆脱贫穷的原因（de Kadt 1979）。

大型旅游地自身也许是有利于环保的，但是它们破坏了脆弱的生态系统，在更广的范围来说是不环保的。小型投资者在海滩上提供服务也会降低环境质量，只不过是影响程度小些。旅游旺季的需求和历史城市与文化遗产的可持续发展之间也有冲突，关键问题是如何解决冲突，如何在两个对立的需求中间寻求平衡。进一步说，私有和公共部门之间的界限是不清晰的，很多公共组织，包括政府旅游办事处、当地政府、政府持有的航空公司和饭店，都在推动旅游开发。有时，冲突只能通过使用权力来解决，包括公共舆论和抗议。

另外一个必须解决的重要问题是公共和私有部门之间关系的本质。开发和环境保护之间必须要有一种合作关系。公共部门的角色取决于不同的国家，政府将提供基础设施和管理服务。旅游业发展不应该受到限制或过分青睐，应该像任何其他行业一样，遵守环境法规如环境影响评估的成本不应过度。

公共和私有部门之间一个重要区别是它们对市场的反应。管理应该支持和补充而不是破坏或反对市场机制。这种关系应该使私有部门有更多的自由来回应竞争，在环保原则下开发。

政府有压力缩小经济领域公共部门的规模和参与程度，这反映在一系列的政策中，例如私有化、集团化和"使用者付费"等。在过去，政府将成本收益分析应用到基础设施和某些服务的速度一直很慢，因为成本与收益很难计算，但是这是管理者必须面对的问题。很多资源的价格一直太低，导致过度开发。为了了解旅游业开发或者不开发的收益，需要对已知的社区进行成本或收益的评估。基本的问题是由谁付钱，由谁受益，公共管理有责任回答这个问题。而生态可持续发展涉及当代人和后代人的公平和幸福问题。

另外一个重要的问题是公共目标、政策、计划和战略的贯彻执行。公共部门经常会花费大量的资源，包括时间来设计计划和指南，但是，私有部门或者公共部门中的某些机构经常不贯彻执行或遵守这些公共政策。环保政策得不到贯彻执行有很多原因。其中之一是政府过于重视开发而忽视环境保护。通常来说，私有部门是旅游开发的主体，但是私营和公共部门可以共同应对环境的负面影响。因为旅游业是一个新兴的快速发展的行业，公共部门管理和法院并不经常有权力或恰当的手段来强化贯彻执行。法律和行政过程可能是低效的，并且是耗时的，导致没有效果。官员与私有部门过于紧密的接触导致了腐败，忽视了公共责任。对地区和公共机构也缺少有效的控制。公共执行机构过于官僚，拖延时间导致他们失去了刚启动的投资。一般来说，当地层面的关系决定贯彻执行，如果经济发展主导着这种关系，就会减少对环境保护的关注。另一方面，强有力的地方反对以及对环境的保护可能阻碍旅游开发。

公共和私有部门缺少一致性，有很多不同类型的组织和目标。在私有部门中，小型投资者不包括在决策体系中，大型投资者，即使是在大型企业代表性的组织中，例如饭店协会，也有不同的目的。同样的问题存在于公共部门中：不同的公共部门有不同的目标，它们的行为会与旅游业有冲突。

所有的公共机构都追求它们各自的目标，有些公共机构如同私营组织一样只关注开发，而忽视其他公共目标，例如环境保护。它们可能过于神秘和封闭，因此，没有公开、透明的管理机制获取私有部门的信任。在这种情况下，两种部门之间很难交流并达成一致意见。如果目标存在争议或不清晰，就会导致制定和贯彻执行过程中的冲突、复杂、分裂，职能的重叠以及旅游开发和环境保护无法融合。

公共和私有部门需要解决开发过程中使用的管理技巧问题。这方面存在着很多不足之处，例如规划，关注点过于狭隘导致无法采用综合的方法来涵盖社会的更多方面和变化。类似的问题也同样出现在环境影响评估中，没有考虑到地区性的问题。还有很多难题，例如环保和生态资源的花费以及旅游地区的容量。这些与其他有争议的问题都使公共和私有部门关系变得紧张，给管理者和专家顾问提出挑战。

成功可持续发展的因素

一些相互关联的因素对于成功来说是必要的，公共管理需要关注这些要素（Williams & Shaw 1991）。首先，需要决定什么是成功的旅游开发。成功的一个评判标准是外汇收入的数量、旅游者人数、人均消费、停留时间、投资数量、新的饭店房间的数量、旅游地区的持续发展等。这些是政府和国家旅游组织通常使用的标准。从这些方面来看，在过去十年里，旅游业是成功的，这可以从统计数据中体现出来（WTO）。

第二种评价因素为旅游业的长期可持续能力。即旅游业是否能继续发展或幸存下来，是否有回头客和新的旅游者？持续能力没有引起足够的关注，它需要政府的关注，因为政府往往更关注于现有的旅游者人数和外汇收入。

第三种评价成功的因素是旅游业发展是否遵循了生态可持续发展的原则：是否保护或改善了环境？这很难得出结论，因为旅游开发后的地区只有经过很长时间后才能知道是否可持续，生态系统中没有足够的数据来评价可持续能力。这些困难可以作为借口来避免评价，或者因为从政治的角度来说答案难以启齿。

对于行业和生态可持续发展应该接受和做出基本承诺。这种接受可以进而转化为对生态可持续发展的积极承诺，这种接受来自于改变和公共舆论的压力，以及公共环境和旅游业机构、非政府组织、教育和媒体的共同作用。透明、公开、参与性、一致的管理体制有助于推进关于可持续发展的教育进程，也有助于获得接受和实现承诺。在获得接受旅游业和生态可持续发展的过程中一个重要因素是显示它们如何能够创造更多的经济收入。在过去的十年中，越来越多的国家认识到保护的重要性，但更需要接受谨慎的开发项目（Annlas of Tourism Research 1987）。旅游业也在致力于保护，表现在生态旅游、绿色旅游、自然和遗产旅游的不断增多。

未来的公共管理应该了解国家环境资源以及开发的危险，他们有责任和能力来进行必要的研究。并根据研究成果给出一些可操作性的定义，并运用相关定义指导战略、规划以及一系列的开发和保护。可以建立一种有助于生态可持续发展的舆论氛围。

另外一个取得成功的重要领域是公共和私有部门之间的关系，特别是公共和私有部门在大的背景下追求发展的自由。过去十年中，旅游业的成功大部分取决于私有部门的动态特征，可以回应市场，没有被公共官僚机构过多的需求所妨碍。在澳大利亚，最成功最大的度假胜地昆士兰的黄金海岸更愿意回应企业家的提议而不是旅游业和环境规划。在澳大利亚联邦和州的层面，没有明确针对旅游业的定义或综合的目标，因此没有可操作的规划，这与英国和美国类似。

当与旅游业相关的不同的公共和私营机构能够进行有效管理和协作时，旅游业就可以成功地发展。在过去的十年里，非政府组织在发展中越来越重要。旅游业可以很容易地得到有关生态可持续发展的信息，如可从澳大利亚 1990 年制定的环境保护实践标准中获取（Australian Tourism Industry Association 1990）。

一个有效的控制体系可以获得成功的可持续发展。只有中央政府才有权力、责任和合法的资格做出困难的生态可持续发展决定，例如逐渐停止开发、宣布自由开发的地带。划定保护区是一个成功的控制手段，无论是历史城市中心如斯德哥尔摩还是美国的国家公园。但是没有一个成功的案例是完全成功的，它需要一系列的手段来达到目标（Soden 1991）。

有特殊责任以及有权力管理包括生态可持续发展等政策的自治机构可以做得很成功，例如澳大利亚的大堡礁海洋公园机构。一些成功的控制通过经济惩罚或给予补贴和奖励实现。使用者和污染者必须为他们的行为负责。提高收费会减少旅游者人数，以此来保护环境，提高的收费用于保护。其他控制和贯彻执行手段包括设计旅游区的容量要素，实行生态可持续发展以及控制垃圾、下水系统和其他类型污染的规定。

在成功的生态可持续发展中，当地政府和社区要在当地层面接受并贯彻执行可持续发展的理念。当地人参与到国家政策的制定中，并通过小型和大型投资者来强制执行。生态可持续发展对于社区的未来发展是重要的，即使它们必须向可能的现有回报做出让步。过去关于环境的冲突推动了这种成功，因为这已经帮助敏感的社区、开发者、当地和中央政治家和管理者意识到生态可持续发展的重要性。

可持续发展的失败和为什么失败的原因
区位

在沿海地区，包括海岛，三个"S"——阳光、海水、沙滩，在过去十年里吸引了数以千计的游客，例如西班牙的贝尼多姆和泰国的芭堤雅。未被破坏的沙滩地区被大面积地开发，很多建筑与海滩距离过近，高度也过高。产生了水、海滩、空气和噪声污染。有时，基础设施的建设无法跟上发展的速度，或者没有被完好地维护，这些设施包括排水系统、水和电力设施、公路以及垃圾清理等设施。

当地社区的经济和文化已经被打扰或破坏了。渔业和偏远社区居民赖以生存的生态系统无法抵抗住旅游业的冲击。旅游业侵蚀了传统文化和价值，但是偶尔也会刺激传统工艺的发展，例如手工业和舞蹈。卖淫和犯罪在某些旅游区域增多。当地人发现环境的变化使他们无法从事传统职业，食物、物品和土地的价格上涨。

由于旅游者人数的上升，导致对很多世界历史城市和遗址保护失败。脆弱的地区无法应对旅游旺季时的大量游客以及交通和服务的需求。地方特色已经逐渐消失，体验质量也逐渐下降。

同样，在野生地区、森林、沙漠和山地，由于没有应用可持续发展的原则，也导致了对这些地区的保护失败。这在富裕和贫穷国家都发生过。例如欧洲阿尔卑斯地区周末的过度使用以及徒步旅游旺季的尼泊尔山区。

为什么生态可持续发展在过去一直不成功（参见 Farrell and Runyan 1991）

第一，政府过度重视经济增长和开发；没有连续、有力地支持生态可持续发展。政治、公共和经济的舆论带来的压力很小，因为它们也主要致力于旅游开发。环境保护机构确实有一定的使命，但是大部分这类公共机构关注于自己的目标。政府已经开始关注保护，但是只是在近期非政府组织、公共舆论和反对者才使政府考虑生态可持续发展。在佛罗里达南部，面临每年100万的旅游者以及在主要地区每年20亿美元的旅游收入，保护脆弱的堡礁确实很难。

第二，无法提供规划和清晰的环保目标或者无法贯彻执行规划。很多旅游开发都完全依赖于行业本身，政府极少关注保护。一些政府规划过于全面和具体，不切实际。土地使用规划在地方层面很普遍，但是政府也很少关注环境，更极少考虑生态可持续发展。规划没有体现在其他开发以及地区范围的问题上。

第三，正式的控制体制在各级政府层面都没有生效，不仅不适用于大众旅游也不适用于小规模开发或者背包旅游，这对于脆弱的生态系统来说是破坏性的。中央机构既没有担负起保护的使命，也缺少资源。法律一直是不到位的、不清晰的、不恰当的或反应速度过于缓慢。议会和媒体没有持续推动控制，行业也反对被政府干预。经济激励和环保花费一直都很薄弱。对于一个动态和复杂的行业来说，例如旅游业和生态可持续发展，控制机构缺少权力、资源和充足的人才。这些机构有时过于官僚、缓慢，与行业交往过于密切，因此无法作为一个有效的监控或控制机构。这些机构没有政治管理体系中所需要的地位或影响力，没有取得竞争性公共机构和行业之间必要的合作和协作。例如，在东南亚一个旅游岛屿，九个公共机构使用九张不同的地图。

第四，生态可持续发展不成功，是因为它在当地层面没有效果，而当地是最能感受到影响的。当地政府缺少资源、技能或必要的联系，以理解或贯彻执行生态可持续发展或阻止开发者，中央权力也没有有力地予以支持。在真正执行生态可持续发展的地区，当地人的观点不被采纳，政府和开发者忽略了他们的意见。政府未能实现生态可持续发展，也未能使当地人了解可持续发展、艾滋病，或未能使当地人了解他们的土地可以租借或者自我开发，而不是将其卖出。现代化和旅游业一样对环境造成了破坏。当地开发决策可能是很小的决策，但是却有很大的影响，例如在澳大利亚发现南部和东部海岸60%的湿地已经被毁坏了。

第五，因为非正式因素影响，导致生态可持续发展不成功。政治家和管理者一直遵循着"潜藏着"的计划，该计划重视经济发展而轻视保护。体系被政治化，鼓励或允许开发以使政治家或管理者个人获益。自我价值的追求和贪婪导致了腐败和受贿，无法强制执行法律以及拒绝考虑公共利益和责任。管理文化有它自己的非正式利益、文化和隐秘，公共机构的自我价值的追求和竞争没有被控制，却支持了不可持续的发展。这刺激了非政府组织的增多以及民间联合。

人们越来越意识到环境控制和可持续发展在经济方面的重要性。同时，人们也逐渐理解如果要提高现代生活质量，发展必须在生态方面是可持续的。政府只是刚刚开始接受旅游业是生活质量的一部分，但是只有建立在生态可持续发展的基础上旅游业才能可持续发展。

专栏 8.3　环境和可持续发展的公共部门管理列表：旅游开发和环境

1. 设计定义
   (a) 不同的定义
       (ⅰ) 生态可持续发展（ESD）
       (ⅱ) 当地社区
   (b) 资产的详细目录
   (c) 目标：发展的需求和生态可持续发展（ESD）
   (d) 动态的
   (e) 方式
       (ⅰ) 政府——权力、合法性
       (ⅱ) 参与的过程
       (ⅲ) 教育性的
       (ⅳ) 规划、国家战略
2. 生态可持续发展（ESD）的要素
   (a) 对市场、行业和当地人的回应
   (b) 敏感性
   (c) 使命
   (d) 长期规划
   (e) 行政资源
3. 交易
   (a) 私有部门
       (ⅰ) 企业家的驱动力
       (ⅱ) 经验
       (ⅲ) 外汇
       (ⅳ) 资本
       (ⅴ) 风险
   (b) 公共部门
       (ⅰ) 法律框架
       (ⅱ) 基础设施
       (ⅲ) 自由
   (c) 政府责任
4. 有效的机制
   (a) 建立愿景
       (ⅰ) 清楚的指引
       (ⅱ) 公开、参与性的体系

第八章　旅游控制管理

　　　　　（ⅲ）动态的过程
　　（b）愿景包括
　　　　　（ⅰ）强有力的政治支持
　　　　　（ⅱ）专门部门、专门大臣负责
　　　　　（ⅲ）一个部门
　　（c）自治专业性的公共机构
　　　　　（ⅰ）国家旅游业协会
　　　　　（ⅱ）环境机构
　　　　　（ⅲ）环保地区
　　（d）规划和财政体系
5. 重要的问题——公共/私有部门
　　（a）开发与环境之间的冲突
　　（b）压力
　　（c）负面的影响
　　（d）公共机构的滥用
　　（e）合作
　　（f）市场
　　（g）成本和收益
　　（h）贯彻执行
　　（i）一致性
　　（j）不足
6. 成功
　　（a）标准
　　　　　（ⅰ）经济上的
　　　　　（ⅱ）旅游业可持续发展
　　　　　（ⅲ）生态可持续发展（ESD）
　　（b）接受和使命
　　（c）知识
　　（d）关系
　　（e）有效的控制体系
　　　　　（ⅰ）保护区
　　　　　（ⅱ）自治机构
　　　　　（ⅲ）当地层面的贯彻执行
7. 失败
　　（a）地点
　　　　　（ⅰ）海岸地区

> （ⅱ）当地社区
> （ⅲ）城市
> （ⅳ）缺少生态可持续发展（ESD）的应用
> （b）原因
> 　　（ⅰ）追求经济效益
> 　　（ⅱ）执行层面的失败
> 　　（ⅲ）无效的控制体系
> 　　（ⅳ）当地层面的失败
> 　　（ⅴ）非正式的因素

小结

对于鼓励或强化执行五项原则的实际应用来说，调控是必要的。一些政策条款非常重要或敏感以至于无法让市场或行业自行制定，包括某些特殊自然景区的旅游开发。责任是公共部门管理控制的一个基本原则。

如果要使控制有效的话，政府各个层面的政治领导都是必要的。中央的管理组织对于负责和高效来说是重要的，但是管理性实体和旅游管理可以用于直接的或地方的控制。当地政府和组织，例如国家公园，是重要的控制代表。行业和公共组织某种程度上都受利益集团、公众舆论和媒体的控制。

正式的控制形式包括法律、规章、许可、规划、战略、政策和财政（例如补贴或收费）。还有非正式的控制，例如需要维持信任的关系，这会限制行为。使用等级制度的韦伯模式也可以作为公共组织中的一种控制形式。成功的控制是行业自由和贯彻执行原则之间的一种平衡。控制在管理和政策过程中的各个阶段发生作用，从制定政策开始。负责控制的公共部门管理者受制于部长或选举的代表，公共舆论和选举也制约着政治家。

公共控制体系的实践，特别是在发展中国家，例如越南，一直是不尽如人意的。面对着强大的经济力量、既得利益和腐败政治，管理者发现很难强制执行原则和政策。例如，海滩开发的控制很少关注环境的可持续发展。另外一个问题是如何计算旅游业非经济成本和收益以及清楚地评估其影响，需要注意控制不能使旅游业花费太多或无法应对市场力量。

第八章　旅游控制管理

在绩效以及旅游业影响方面，经济层面的业绩一直都很好，但在环境方面一直都很差。特别是在第三世界，需要更有效的环境控制和可持续发展措施来保护自然和文化遗产，这些是未来旅游业发展所依赖的。在很多国家，社区中的很多贫穷居民并没有从旅游业发展中获得益处，却必须要为此支付巨大的社会成本。

在殖民规则下，居民未能享受到发展过程中的益处，部分原因是他们无法面对竞争者，这些竞争者有经营经验以及财政和政治资源；部分原因是因为人口的增长，使得人均收入无法出现大幅度提高，无法达到改善卫生设施的要求。

(Cady 1964：587)

建议阅读材料

Annals of Tourism Research (1987) Tourism and the Environment, Special Issue, vol. 14, no. 1.

Cater, E. and Lowman, G. (eds) (1994) *Ecotourism: A Sustainable Option*, Chichester: John Wiley.

de Kadt, E. (ed.) (1979) *Tourism: Passport to Development?* World Bank and UNESCO, Oxford University Press.

Economist Intelligence Unit (1992) *The Tourism Industry and the Environment*, London: Economist Intelligence Unit.

Edington, J. and Edington, J. C. (1986) *Ecology, Recreation and Tourism*, Cambridge University Press.

Hall, C. M. (1992) *Wasteland to World Heritage: Preserving Australia's Wilderness*, Carlton: Melbourne University Press.

Harrison, D. (ed.) (1992) *Tourism and the Less Developed Countries*, London: Belhaven Press.

Hitchcock, M., King, V. T. and Parnell, J. G. (1993) *Tourism in South-east Asia*, London: Routledge.

Hunter, C. and Green, H. (1995) *Tourism and the Environment: A Sustainable*

Relationship? London: Routledge.

Lea, J. (1988) *Tourism and Development in the Third World*, London: Routledge.

Mathieson, A. and Wall, G. (1982) *Tourism: Economic, Physical and Social Impacts*, Harlow: Langman.

World Commission on Environment and Development (1990) *Our Common Future*, Melbourne: Oxford University Press.

第九章 结论……和未来？

本研究说明如果没有公共部门管理，旅游业将无法发展。管理采取的形式将取决于政治和管理体制、政治文化和执政理念以及权力。管理体制如同政治体制一样也存在着政治问题。因此，如果管理要把原则应用于实践，必须在一种政治环境中，并且在权力和冲突并存的状态下进行。本书介绍了公共部门管理必须遵守的一些原则。这些原则或其他原则是否是可接受的，或者如何在实践中运用这些原则将取决于政府对它们的重视程度，如在英国、美国和泰国。

原则和实践

所有的政治体制都建立在某些原则基础上。在给世界旅游组织的声明中，联合国秘书长强调了旅游管理中道德的原则（Boutros-Ghali 1994）。一些国际声明也在强调原则，例如1994年的大阪世界旅游业论坛以及1980年的马尼拉声明。原则的向心性是公共部门和私有部门管理者之间的主要区别之一。

在实践中，由于政治以及公共和私有部门的复杂、分散的特征，管理是很难奏效的。高度竞争、动态的市场以及与当地产业的合作也给管理带来一定的压力。本研究通过框架、指引、分析和细分方法希望能够使多样复杂的旅游业中的管理趋于一致。

政府管理旅游业的原因更多是源于旅游业的发展以及旅游业的经济收益，例如越南、泰国、澳大利亚和英国。对于一些经济问题，如经济衰退、外汇逆差、高失业率以及地区经济贫困，旅游业被当作是一种万能药剂。在旅游业中，管理也涉及控制公共资金花费。由于要为旅游业提供基础服务和设施，旅游业已经不仅仅是经济活动，因此必须考虑公共责任和公共原则。通常，只有政府才有权力管理相关政策。在旅游开发、交通堵塞、环境破坏等问题上越来越多的冲突也对管理提出了更高的要求。

在旅游管理中，要确定最重要的组织和参与者。国家政治体系和政策不同，这些组织也会有所不同。一些国家设立一个部门在管理很多事务的同时管理旅游业。如果有一个大臣或者部门专门负责旅游业，旅游管理将会更有力。在很多国家，国家旅游组织是积极的管理者，特别是在市场营销方面，但是它在政治或行政体系中通常都没有太多权力，体系中的强力部门例如财政部和交通部，或者支持或者阻碍旅游管理。

在贯彻执行旅游政策和旅游发展控制中，当地政府是必要的组织。如同国家政府一样，它们受制于来自地方和国家层面各种类型的利益集团的压力。当地人应该可以作为个人或通过群体参与到政策体系中，提供不同的服务，这些服务构成了旅游产品和整个行业，如果没有这些个人以及组织的参与，旅游业将无法发展。虽然政府参与是必要的，但是行业提供了主动性、进取心和所需要的旅游投资。

管理者如何管理

旅游业的成功取决于管理是否获得支持和控制以及与行业自由之间的平衡。这种平衡如何拿捏取决于政府和干预主义者或非干预主义者的参与程度以及他们的责任和需求。澳大利亚政府在旅游业方面的责任比美国政府的责任更大。管理通过正式和非正式的体系或机制实现。正式的体系利用组织，例如国家旅游组织，来制定目标并贯彻执行政策。国家旅游局可以任命旅游行业和其他行业的代表兼职参与到正式体系中，例如英国、泰国和澳大利亚的做法。

在实践中，管理者可以发现非正式体系和正式体系一样重要。旅游共同体的零散和复杂的关系需要良好的交流和连续的非正式接触以及社区成员之间的沟通。有效的社区管理基础是相互尊重、理解和信任。公共和私营管理

第九章 结论……和未来？

者需要意识到他们之间的相互依赖以及合作和交易的重要性。政府提供支持和基础设施，但是行业提供投资和企业家。管理者在高度竞争和动态的环境下管理，所以他们需要专业技能、判断力和灵活性。

管理者在很多情况下扮演着一种桥梁的角色，并试图在公共部门、行业、政治领导者、利益集团、社区之间以及旅游者与当地居民之间寻找平衡。管理者负责在原则基础上制定、贯彻执行和控制政策。他们必须在公共政策制定过程中解释行业的地位，并向行业解释公共政策。

公共部门管理可以通过法律、规章、财政等正式的权力和项目许可等方式强制执行原则和政策，但是结果却是不尽如人意的，因为存在经济和政治利益集团的权力，并且旅游业是一个新的行业，没有自己的联盟、强大的行业和政治支持者。在实践中，管理者要不断地回应市场，提高旅游者人数。他们可能希望遵循理性的政策和规划，但是却经常被要求以一种没有条理的方式回应权力的压力，应付暂时的压力比实现长期目标要简单得多。

政治壁垒、资源短缺、政府责任或政策引导的缺失使旅游管理存在诸多限制。一个国家政府可以没有专门的旅游政策，基本上把旅游业放任给私有部门和其他层级的政府。

结果

很难精确地评估旅游业的公共管理，因为政策体系中存在无法估测的冲突和矛盾。虽然一些成本在财务上很容易计算，但是其他成本和收益很难估测或评估。但是公共部门有责任评估或对部门的管理负责。

第一，应该对管理实践有评估——实践是否遵循了原则和指引？这可以作为一种内在的视角。第二，应该有对实践的评估——目标是否达到？管理实践和政策的真正结果和影响是什么？

实践

公共管理实践应该遵守公共利益和公共服务的原则，但是这却可以被公众从不同的角度来解读。通常情况下，只有事后影响出现之后，才能判断一项政策是否符合公共利益。也可以通过了解管理者是否在政策制定和贯彻执行中遵循一个公开、公平、民主的过程来评价管理者。他们是否恰当地代表了居民和公共的利益而反对单纯追求经济利益，或者他们是否只是代表开发者作为行政体系的守护者？管理者遵循正直和无偏见原则的程度如何，是否尝试在行业和居民之间获得一种有益的平衡？

与旅游开发相关的体制、国家目标和任务、计划和战略，或者被忽视，或者证明是受关注不够，或者是互不关联的，例如在泰国。控制体系和责任原则已经在旅游业开发、发展和质量标准等方面显现出无力和无效，例如在越南。

原则可以互相重叠和互相支持，但是也会相互冲突。民主过程的实践可以降低项目的有效性。随着旅游业的重要性逐渐提升、范围逐渐放宽，当环境资源越来越有限和脆弱时，评价和控制变得越来越重要。

政府和管理强调旅游业的经济开发以及可以获得的增长指标，但是却不重视控制管理的效率以及公共基金的利用效率，认为公共利益主要体现在旅游业增长方面，而忽视更广范围的公共利益，包括社会和环境问题，传统文化和贫困、组织松散的社群。

在旅游业的增长方面旅游实践是有效和高效的，但是在公共利益和社会需求方面却不尽如人意。管理有效性可能由于缺少政治支持而受限制，例如在旅游开发的控制方面。一种内在的趋势是发达国家和发展中国家都会过度开发。缺少清晰的目标、规划和政策将无助于管理，有时管理者不懂得需求或不尊重公共和行业的权利。

绩效

从第二次世界大战以来，旅游业的业绩一直很好，这可以从很多指标中看出来，如旅游者人数的增长、旅游者消费、外汇收入、修建的饭店数量、资本投资和就业等。旅游行业和公共部门提供的服务水平也比以前有了显著提升，吸引物的种类增多，可选择的旅游活动类型增多，公共和私营管理者对社区和环境的风险更加敏感。在积极的一面，旅游业有助于刺激地方经济和手工业振兴，提高生活水准，带来更多就业和教育机会，促进文化多样性

第九章 结论……和未来？

和文化自由交流。

虽然国际旅游业的增长在近些年很迅速，但另一方面，很多传统的国内旅游地区的游客数量却在下降。这些景区无法与国外拥有海滩和阳光的度假胜地竞争。有旅游潜力的城市，如泰恩河畔的纽卡斯尔，却没有意识到这一点。即使旅游业有了发展，也会带来复杂的影响，特别是当公共管理无法贯彻原则和规划的时候，例如在泰国。

人们也越来越意识到旅游业的负面影响。无节制的旅游开发导致对自然资源的破坏和巨大伤害，这不仅仅在发展中国家，发达国家也有类似情况发生。值得质疑的是，刚刚开始发展旅游业的国家，如越南，是否从过去的错误中吸取教训。旅游业发达的地方，如地中海，每年的游客量为1.2亿人次，但污染却很严重。加勒比海、瑞士、西班牙、美国、澳大利亚、泰国以及英国的海岸和岛屿及遗产地区也遭受了大众旅游的破坏。现在的管理提倡环境可持续发展，但是在太多的国家里，高层建筑超过了该地区的容量，出现了砍伐森林的现象，野生动植物数量在下降。奢侈的度假胜地、高尔夫球场、赌场以及为外国人提供的主题乐园等建筑的开发对于当地人的经济贫困造成了一定的冒犯，在政治上和道德上也是不受欢迎的。

旅游业对于当地社区和居民生活的负面影响可以反映出管理者的手中或者地方政府缺少相应的权力。交通拥堵影响了传统生活方式的宁静和旅游体验的质量，无论是在欧洲阿尔卑斯山的雪坡还是在世界的历史城市，当地氛围和特征已经消失了，取而代之的是单调、统一的一致性。较穷的地区通常没有选择，它们几乎没有力量来反抗经济实体。它们也饱受着痛苦，因为旅游业推动了食品、物资、土地和劳动力价格的上涨，对当地社会和文化生活产生了负面影响。传统、宗教和其他价值观以及生机勃勃的当地社区消失了，其他则变得越来越物质化，推崇享乐主义，很少依赖于松散的家庭体系和社区支持网络。对于烈性酒、性爱、卖淫和赌博等的放任，导致了一些社会问题的产生。犯罪、服用毒品、性病，包括艾滋病的比例在上升。不能将所有的问题都归因于旅游业，这是很多因素的共同结果，包括媒体宣传和国际文化的扩散、大面积的市场营销、商业化、物质化以及变化了的价值观和态度等。可以说，公共管理对于这些问题和国际旅游一样都无力应对。

旅游业的未来

很难说未来的旅游业会是怎样，但是近年来的趋势显示出旅游业在国内和国际层面都会增长，并成为世界最成功的行业之一。世界旅游组织预测2010年，国际旅游者将比20世纪90年代早期翻一番，达到9.37亿人次（实际上已经达到了9.4亿人次——译者注）。旅游业将继续成为国家经济收入的主要来源，在外汇、投资和就业等方面将发挥更大的作用。旅游业将成为服务和贸易总协定中的第一产业。在20世纪90年代早期，旅游业（包括航空业）占世界服务贸易的35%。

虽然行业将继续增长，但是竞争将越来越激烈，国家和地区将奋力维持或提高它们的市场份额。欧洲市场份额已经下降，从1980年到1993年入境旅游者人数下降了7%。行业需要进行更多的调研，并具备更大的灵活性，以便回应市场需求的变化。将会为了争夺游客而竞争，同时也会因为寻找并开发有质量的旅游产品而竞争。质量包括对有能力的员工的温馨关心和责任感以及高效率的公共服务。

旅游业将越来越国际化。国际元素将不断增多并越来越重要，尤其是对于国家一级的政府来说。未来将有更多的国际公共和私营组织、跨国地区、协议、会议、论坛以及一些如世界旅游组织等组织举办的活动等。1994年世界旅游组织有125个成员国和250多个会员组织。

规模经济方面的重要性、国际化和竞争将导致组织的数量变得越来越少，但规模越来越大，实力越来越强。这表现在航空公司、大型旅游度假胜地以及连锁饭店之间的协议和联合中。这些组织越来越依赖于精湛的技术和信息系统。

不断增大的规模会使大市场和高端市场平淡无味并出现同质化。这会导致对特殊旅游体验的需求增加，小微组织将会填补这一利好市场。

增长、经济重要性、竞争、国际化和组织规模等五个因素将越来越具有侵入性，将会破坏社会生活和环境。将会不断出现紧张和权力冲突。怨恨、异化和强化社区民族主义的政治气候可能给旅游业带来威胁。正如世界旅游组织秘书长在1996年柏林旅游交易会（ITB）上所说的：

为了通过可持续旅游保护环境的完美状态,我们必须要付出很多。同时,我们在重复着过去同样的问题,追求人数的增加,忽视对环境或社会结构的影响。

我们脆弱的地球无力承担,我们越来越精明的旅行者也不会支持。不知需要多久,新的一代才会决定待在家里而不是去一个拥挤的度假胜地。公共部门和私人经营者之间的联合需要体现在更多方面,不应该仅仅在市场营销和某些行为方面。

我们需要解决规划、可持续发展、安全和质量等重大问题,只有这样,我们的梦想和我们客户的梦想才能实现。

(Antonio Savignac 1996)

旅游业公共部门管理的未来

未来同样会涉及政治、权力和政策。随着旅游业在经济上的重要性逐步增强,这种情况会越来越严重,因为政府希望从中获益。因此,政府和行业必须合作,以维持或取得更大的市场份额。公共部门管理必须提供更富竞争力、更高质量的基础设施、资源、服务、环境和管理实践。旅游业国际化的发展将使公共和私人经营者更加互相依赖,关系也将增强。一种更强的内部依赖可以使管理的作用一体化,削弱政府和执政理念的影响。但是执政理念也会迫使政府收回它们对行业的财政支持。

在未来,随着旅游业的重要性、复杂性逐渐增强,会产生越来越多的冲突,公共部门管理将需要更高的技能、资源和权力。随着竞争越来越强,组织越来越强大,管理者必须具备更多的知识,必须对行业的需求更加敏感,不仅仅是摆脱"不必要的规则和官僚压力"对旅游业的压力所需要的自由,还要发挥联系不同群体之间的桥梁作用(Osaka World Tourism Forum 1994: 5)。管理必须平衡行业的自由和保护公共利益的需求。利益和共同体群体不断给管理者以压力,要求他们保护环境、社区生活和旅游者,而停止旅游业的过度开发,注重公共花费的使用效率。如果公共和私营管理者有更多的权力,就会需要更多的公众参与,与居民进行更多的合作,达成更多的相互谅解。有权力的活跃的私营组织可能需要更细致的监控或控制。管理实践必须更加关注标准和原则，原则很可能会被引入法律和国际标准以保护消费者、社区和环境。信息技术的不断发展将为管理者提供支持，也将给予他们更大的压力。

政府将开始接受旅游业是重要的，认识到旅游不仅仅是一项经济活动，它也可以在文化、身体、心理和精神方面影响人们。这种接受将改变公共部门管理的角色。在这样一个世界里，人们（无论是穷人还是富人）的压力都越来越重，旅游体验将提高生活质量，这种体验可以是教育性的、启蒙的和创新的。旅游可以增进国际的理解，因此有助于世界和平。

国际旅游部长会议已经意识到旅游业的政策和公共部门管理的重要性：

专栏9.1　世界旅游部长会议宣言

国际旅游领导者有责任把地球上的美丽和祝福传递给下一代。强调需要保护自然环境和传统，使它们免遭没有规划的旅游开发的破坏。因此，国家、国际组织和研究机构需要再次确认旅游业在促进国际理解、经济发展、环境保护和世界和平等方面的重要性，需要把旅游业整合到开发和协助计划中，国际基金机构尤其要提供对旅游业的财政支持。此外，所有的国家、组织和机构需要加强国际和机构内部的合作，以帮助发展中国家。因此，旅游业的所有方面都需要有效地结合起来以获得最优的结果。

(Osaka World Tourism Forum 1994: 2, 6)

参 考 文 献

ABC Radio (1989) 'Resorts, rorts and mirages', 25 April, Sydney: Australian Broadcasting Corporation.
Adams, I. (1990) *Leisure and Government*, Newcastle upon Tyne: Athenaeum Press Ltd.
Airey, D. (1984) 'Tourism administration in the USA', *Tourism Managment* 5 (4).
Albrow, M. (1970) *Bureaucracy*, London: Macmillian.
Amara, Rakasasataya (1983) in Xuto, Somasakai (et al.) *Strategies and Measures for the Development of Thailand into the 1980s*, Bangkok: Thai Universities Research Asscociation.
Anderson, J. E. (1984) *Public Policy Making*, 3rd edn, New York: CBS College Publishing.
Annals of Tourism Research (1983) Political Science and Tourism, Special issue 10 (3).
—— (1987) Tourism and Environment, Special issue 14 (1)
Ashworth, G. J. and Tunbridge, J. E. (1990) *The Tourist-Historic City*, London: Belhaven.
Association of British Travel Agents (ABTA) (1983) *Tour Operators' Code of Conduct and Guidelines for Booking Conditions*, London: ABTA.
——*Association of British Travel Agents* (booklet) London: ABTA.
Atkin, D., Jinks, B. and Warhurst, J. (1989) *Australian Political Institutions*, Sydeny: Longman Cheshire.
Australia, Department of Sport, Recreation and Tourism (1984) *Annual Report* 1983-84, Canberra: AGPS.
—— (1985) *Australian Tourism Trends: An Overview*, Canberra: AGPS.
Australia, Deparment of Tourism (1992) *Program Performance Statements* 1992-3, Canberra: AGPS.
—— (1992) *Tourism: Australia's Passport to Growth: A National Tourism Strategy*, Canberra: AGPS.

Australian, Deparment of Treasury (1989) *Australia's Foreign Investment Policy: A Guide for investors*, Canberra: AGPS.

Australia, Parliament (1977) House of Representatives, Select Committee on Tourism, *Interim Report* (November) Canberra: AGPS.

—— (1978) House of Representatives, Select Committee on Tourism, *Final Report* (November) Canberra: AGPS.

—— (1979) Senate Standing Committee on Finance and Government Operations, Statutory Authorities of the Commonwealth, *Second Report*, Canberra: AGPS.

Authorities of the commonwealth, Second Report. Canberra: AGPS

Australian, *The* (1992) 26 October, Sydney. (原文如此——译者注)

Australian Government (1986) *Statutory Authorities and Government Business Enterprises: A Policy Discussion Paper*, Canberra: AGPS.

Australian Government, Ecologically Sustainable Development Working Groups (1991) *Final Report—Tourism*, Canberra: AGPS.

Australian Government Inquiry into Tourism (1986) *Report* in 2 volumes, Canberra: AGPS.

Austalian Tourism Industry Association, *Annual Reports*, Canberra: ATIA.

—— (1990) *Code of Environment Practice*, Canberra: ATIA.

—— (1984) *Three Year Strategic Overview*: 1985/86-1986/87-1987/88, Canberra: ATC.

Australian Tourist Commission Act (1987) Canberra: AGPS.

Baldwin, R. (1985) *Regulating the Airlines: Administrative Justice and Agency Discretion*, Oxford: Oxford University Press.

Ball, A (1991) *The Economics of Travel and Tourism*, Melbourne: Longman Cheshire.

Bhotivihok, S. (1994) 'Dr Savit speaks out on TAT'S future', *Travel Trade Report* 17 (16), Bangkok.

Boutros-Ghali, B. (1994) 'Address to World Tourism Organisation', *WTO News* No. 3, Madrid: WTO

British Tourist Authority, *Annual Reports*, London: BTA.

—— (1988) *British Travel Brief*, London: BTA.

—— (1992) *Corporate Plan* 1992-93, London: BTA.

—— (1995) *Corporate Plan* 1995-96, London: BTA.

Britton, S. G. (1983) *Tourism and Underdevelopment in Fiji*, Canberra: Australian National University.

Buckley, P. J. and Witt, S. F. (1985) 'Tourism in difficult areas', *Tourism Management* 6 (3).

Bureau of Industry Economics (1984) *Tourist Expenditure in Australia*, Canberra: AGPS.

Bureau of Tourism Research (1992) *Annual Report* 1991-92, Caberra: AGPS.

Burkart, A. J. and Medilk, S. (1981) *Tourism: Past, Present and Future*, 2ed edn, London:

参考文献

Heinemann.
Cady, J. F. (1964) *Southeast Asia: Its Historical Development*, New York: McGraw-Hill.
Caiden, G. E. (1991) *Administrative Reform Comes of Age*, Berlin: de Gruyter.
Callaghan, P. (ed.) (1989) *Travel and Tourism*, Newcastle upon Tyne, England: Athenaeum Press.
Cambridge City Council (1985) *Tourism in Cambridge-Positive Management Selective Development*, Cambridge, England: CCC.
Canada (1979) Rpyal Commission on Finacial Management and Accountability, *Final Report*, Ottawa: Department of Supply and Services.
Carroll, P., Donohue, K., McGovern, M., McMiller, J. (eds) (1991) *Tourism in Australia*, Sydney: Harcourt Brace Jovanovich.
Cater, E. and Lowman, G. (1994) Ecotourism: *A Sustainable Option*? Chichester: John Wiley.
Cater, E. A. (1987) 'Tourism in the least developed countries', *Annuals of Tourism Research* 14 (2).
Chapman, Richard A. (1988) 'Strategies for reducing government activities', in G. E. Caiden and H. Siedentopf, *Strategies for Administrative Reform*, Lexington Books.
Commission of the European Communities (1994) *Report form the Commission to the Council, the European Parliament and the Economic and Social Committee on Community Measures Affecting Tourism*, Luxembourg: Office for Offical Publiacation of the European Community.
Craik, J. (1991) *Resorting to Tourism: Cultural Policies for Tourism Development in Australia*, North Sydney: Allen & Unwin.
Crossman, R. (1977) *Diaries of a Cabinet Minister*, vols 1 and 2, London: Hamish Hamilton and Jonathan Cape.
Dahl, R. A. (1970) *Modern Political Analysis*, Englewood Cliffs, NJ: Prentice-Hall.
de Kadt, E. (ed.) (1979) *Tourism: Passport to Development*? London: Oxford University Press.
Diamond, J. (1976) 'Tourism's role in economic development: the case reexamined', *Development and Cultural Change* 25 (1).
Doganis, R. (1992) *The Airport Business*, London: Routledge.
Dunsire, A. (1973) *Administration: The World and Science*, London: Martin Robertson.
Economist Intelligence Unit (1992) *The Tourism Industry and the Evironment. London*: Economist Intelligence Unit.
Eddington, J. and Eddington, J. C. (1986) *Ecology, Recreation and Tourism*, Cambridge University Press.
Edgell, D. L. (1990) *International Tourism Policy*, New York: Van Nostrand Reinhold.
Elliott, J. (1983) 'Politics, power and tourism in Thailand', *Annals of Tourism Research* 10 (3).

—— (1987) 'Government management of tourism: a Thai case Study', *Tourism Management* 8 (3).

English Tourist Board, *Annual Reports*, London: ETB.

Farrell, B. H. and Runyan, D. (1991) 'Ecology and tourism', *Annals of Tourism Research* 18 (1).

Findley, C. G. (1985) *The Flying Kangaroo: An Endangered Species? An economic perspective of Australian International Civil Aviation Policy*, Sydney: Allen & Unwin.

Foreign Investment Review Board (1989) *Report*, 1987-88, Canberra: A GPS.

Forsyth, T. (1993) 'Traveller's tales' *Far Eastern Economic Review*, 6 May.

Foster, D. (1985) *Travel and Tourism Management*, Melbourne: Macmillan.

Grant, W. (1987) Business and Politics in Britain, London: Macmillan.

—— (1989) Government and Industry: *A Comparative Analysis of the US, Canada and the UK*, Aldershot: Edward Elgar.

Hall, C. M. (1991) *Introduction to Tourism in Australia: Impact, Planning and Development.* Melbourne: Longman Cheshire.

—— (1992a) *Hallmark Tourist Events: Impacts, Management and Planning*, London: Belhaven Press.

—— (1992b) *Wasteland to World Heritage: Preserving Australia's Wilderness*, Carlton: Melbourne University Press.

—— (1994a) *Tourism and Politics: Policy, Power and Place*, Chichester: John Wiley.

—— (1994b) *Tourism is the Pacific Rim: Development, Impacts and Markets*, Melbourne: Longman.

Ham, C. and Hill, M. (1984) *The Policy Process in the Modern Capitalist State*, Brighton: Wheatsheaf Books.

Harris, Kerr, Forster and Company (1965) *Australia's Travel and Tourist Industry*, New York: HKF.

Harrison, D. (ed.) (1992) *Tourism and the Less Developed Countries*, London: Belhaven Press.

Hawkins, D. E., Shafer, E. L., Rovelstad, J. M. (eds) (1980a) *Tourism Marketing and Management Issues*, Washington, DC: George Washington University.

Hawkins, D. E., Shafer, E. L., Rovelstad, J. M. (eds) (1980b) *Tourism Planning and Development Issues*, Washington, DC: George Washington Uninversity.

Heeley, J. (1979) *Regional and Local Planning for Tourism: A Historical Perspective*, Glasgow: University of Strathclyde.

Hennessy, P. (1989) *Whitehall*, London: Fontana Press.

Hewison, R. (1987) *The Heritage Industry: Britain in a Climate of Decline*, London: Methuen.

Hitchcock, M., King, V. T. and Parnwell, M. J. G. (eds) (1993) *Tourism in South-east Asia*,

参考文献

London: Routledge.

Holloway, J. C. (1994) *The Business of Tourism*, 4th edn, London: Pitman.

Hughes, O. E. (1994) *Public Management and the Administration: An Introduction*, London: Macmillan.

Hunter, C. and Green, H. (1995) *Tourism and the Environment: A Sustainable Relationship?*, London: Routledge.

Industries Assistance Commission (1989) *Draft Report on Travel and Tourism*, Sydney: IAC Office, June.

—— (1989) *Travel and Tourism*, Report No. 423, Canberra: A GPS, September.

Insight 5 (6) (1996) Australia, Department of Foreign Affairs and Trade, Canberra: AGPS.

Inskeep, E. (1991) T*ourism Planning: An Integrated and Sustainable Approach*, New York: Van Nostrand Reinhold.

Johnson, W. C. (1992) *Public Administration: Policy, Politics, and Practice*, Guilford, CT: The Dushkin Publishing Group.

Keyes, C. F. (1989) *Thailand: Buddhist Kingdom as Modern Nation-State*, Bangkok: D. K. Printing House.

Lasswell, H. (1951) *The Political Writings of Harold D. Lasswell*, Glencoe, IL: The Free Press.

Lea, J. (1988) *Tourism and Development in the Third World*, London: Routledge.

Liberal Party (1992) *Fightback! Tourism—A Key Industry for the Coalition*, Canberra: Liberal Party.

Lindblom, C. E. (1959) 'The science of muddling through', *Public Administration Review* 19: 79-88.

—— (1980) *The Policy-making Process*, 2nd edn, Englewood Cliffs, NJ: Prentice-Hall.

Lipsky, M. (1980) *Street-level Bureaucracy: Dilemmas of the Individual in Public Services*, New York: Russell Sage Foundation.

MacCannell, D. (1989) *The Tourism: A New Theory of the Leisure Class*, New York: Schocken Books.

Mcintosh, R. W., Goeldner, C. R. and Ritchie, J. R. B. (1995) *Tourism: Principles, Practice, Philosophies*, 7th edn, New York: John Wiley.

McSwan, D. (ed.) (1987) *The Roles of Government in the Development of Tourism as an Economic Resource*, Proceedings of the Seminar held at Townsville, 1 October 1987, Seminar Series: No. 1 Townsville: James Cook University.

Mathieson, A. and Wall, G. (1982) *Tourism: Economic, Physical and Social Impacts*, Harlow: Longman.

Matthews, H. G. (1978) *International Tourism: A Political and Social Analysis*, Cambridge, MA: Schenkman.

Matthews, H. G. and Richter, L. K. (1991) 'Political science and tourism', *Annals of Tourism Research* 18 (1): 120-35.

Medlik, S. (ed.) (1991) *Managing Tourism*, London: Heinemann.

Newcastle City Council (1981) *Tourist Development in Newcastle*, Newcastle upon Tyne, England: NCC.

—— (1989) Economic Development Committee, *Activities and Initiatives* 1987-89, Newcastle upon Tyne, England: NCC.

Ogilvie, F. W. (1933) *The Tourist Movement: An Economic Study*, London: P. S. King.

Osaka World Tourism Forum 1994 (1994) *The Osaka Tourism Forum Declaration*, Osaka: Government of Japan, Ministry of Transport.

Page. S. (1994) *Transport of Tourism*, New York: Routledge.

Pearce, D. (1989) *Tourist Development*, 2nd edn, Harlow: Longman.

—— (1992) *Tourist Organizations*, Harlow: Longman.

Peters, B. G. (1995) *The Politics of Bureaucracy*, 4th edn, White Plains, NY: Lonfman.

Queensland Tourist and Travel Corporation (1990) *Report of the Committee of Review of the Queensland Tourist and Travel Corporation*, 3 vols. Brisbane: QTTC.

Richter, L. K. (1980) 'The political uses of tourism: a Philippine case study', *Journal of Developing Areas* 14 (2).

—— (1985) 'State-sponsored tourism: a growth field for public adminidtration?' *Public Adminstration Review* 45 (6).

—— (1989) *The Politics of Tourism in Asia*, Honolulu: University of Hawaii Press.

Ronkainen, I. and Farano, R (1987) 'United State Travel and Tourism Policy', *Journal of Travel Research* 25 (4): 1-8.

Sampson, A. (1984) *Empires of the Sky: The Politics, Contests and Cartels of World Airlines*, London: Hodder &Stoughton.

Savignac, A. (1996) 'Tourism', *Bangkok Post*, Mid-year Economic Review, 2 July.

Shaw, G., Greenwood, I. and Williams, A. M. (1991) 'The United Kingdom', In A. M. Williams and G.

Shaw, *Tourism and Economic Development: Western European Experiences*, London: Belhaven Press.

Soden, D. L. (1991) 'National Park Literature of the 1980s: varying perspectives but common concerns', *Policy Studies Journal* 19 (3 and 4).

Stewart, R. G. (ed.) (1994) *Government and Business Relations in Australia*, St Leonards, NSW: Allen &Unwin.

Stewart, R. G. and Ward, I. (1996) *Politics One*, 2nd edn, South Melbourne: Macmillan.

Swinglehurst, E. (1982) *Cook's Tours: The Story of Popular Travel*, Dorset: Blandford Press.

The Tourism Society (1989a) *The Tourism Industry* 1988/89, London : TTS.

参考文献

—— (1989b) *Submission to Government Inquiry into Tourism*, London: TTS.
—— (1991) *The Tourism Industry 1990/91*, London: TTS.
'Tourism-selling Southeast Asia' (1981) *Southeast Asia Chronicle* 78 (7-8), April.
Tourist Authority of Thailand, *Annual Reports*, Bangkok: TAT.
——*Annual Statistical Reports on Tourism in Thailand*, Bangkok: TAT.
—— (1976) *Plan for the Development of Tourism in Thailand*, Bangkok: TAT.
—— (1989) *Exotic Thailand: Golden Places, Smiling Faces*, Bangkok: TAT. Towner, J. (1994) A Historical Geography of Recreation and Tourism, London: Belhaven Press.
Travel GBI (1990) 'Comment', London: Travel GBI, March.
Travis, A. S. (1983) 'Leisure services in England and Wales: retrospective and prospective review', *Local Government Policy Making* 9 (3).
Trend, Michael (1987) 'The great Whiggery of tourism', *The Spectator*, 12 September, London.
Turner, L. and Ash, J. *The Golden Hordes: International Tourism and Pleasure Periphery*, New York: St Martin's Press.
United Kingdoms Cabinet Office (1985) *Pleasure, Leisure and Jobs: The Business of Tourism* (Lord Young Report), London: HMSO.
United Kingdom, Department of Employment (1988) Small Firms and Tourism Division. *Action Plan*, July, London: HMSO.
—— (1988) *Tourism '88*, London: HMSO.
—— (1989) *Tourism and the Environment—Into the 90s*, London: Department of Employment.
—— (1992) *Tourism in the UK*, London: HMSO.
United Kingdom, Department of Employment and Central Office of Information (1992) *Tourism in the U. K.: Realising the Potential*, London: HMSO. And Central Office of Information.
United Kingdom, Department of National Heritage. (1995) *Tourism: Competing with the Best*, London: Department of National Heritage.
United Kingdom, Parliament (1969) *Development of Tourism Act*, London: HMSO.
United Kingdom, Parliament, House of Commons (1971/72) *Debates*, 8 March, Col. 1454, London: HMSO.
—— (1974) *Debates*, 9 July, Col. 1319-1330, London: HMSO.
—— (1984) *Debates*, 7 December, Col. 670, London: HMSO.
—— (1985/86) HC 106, Trade and Industry Select Committee, *First Report: Tourism in the UK*, London: HMSO.
—— (1989/90) HC 18, Employment Committee, *Fourth Report: Tourism*, London: HMSO.
United Nations Development Programme (1991) *Tourism Development Master Plan: Vietnam*, Madrid: World Tourism Organisation.
United States, Congress (1977) Senate Committee on Commerce, Service and Transportation,

Ascertainment Phase: National Tourism Policy Study, Washington, DC: US Government Printing Office.

—— (1978) *Final Report: National Tourism Policy Study*, Washington, DC: US Government Printing Office.

United States, Council of State Governments (1979) *Tourism: States Structure, Organisations, and Support*, Lexington, KY: The Council.

United States, National Tourism Policy Act (1981) Washington, DC: US Government Printing Office.

—— (1984) *National Study on Trade and Services*, Washington, DC: US Government Printing Office.

United States Travel and Tourism Administration, *Program Reports* (annually), Washington, DC: US Department of Commerce.

United States Travel Service (1978) *City Government, Tourism and Economic Development*, Washington, DC: US Travel Service.

Urry, J. (1990) *The Tourist Gaze*, London: Sage.

Vietnam Fair and Exhibition Centre (1992) 'Vietnam 5 years open to investment', *Panorama Magazine*, Hanoi.

Wilks, S. and Wright, M. (eds) (1987) *Comparative Government-Industry Relations*, Oxford: Clrendon Press.

Williams, A. M. and Shaw, G. (eds) (1991) *Tourism and Economic Development: Western European Experiences*, 2nd edn, London: Belhaven Press.

Wilson, G. K. (1990) *Business and Politics: A Comparative Introduction*, 2nd edn, London: Macmillan.

Wilson, J. Q. (1989) *Bureaucracy: What Government Agencies Do and Why They Do It*, New York: Basic Books.

World Commission on Environment and Development (1990) *Our Common Future*, Melbourne: Oxford University Press.

World Tourism Organisation (1994) *Tourism 1993*, Madrid: WTO.

——*The Compendium of Tourism Statistics* (annually) Madrid: WTO.

Xuto, Somasakai (et al.) (1983) *Strategies and Measures for the Development of Thailand into the 1980s*, Bangkok: Thai University Research Association.

Young, G. (1973) *Tourism: Blessing or Blight?* Harmondsworth, Middlesex: Penguin.

译　后　记

　　本书初版于1997年，作者是时任澳大利亚昆士兰大学公共管理高级讲师的詹姆斯·埃利奥特（James Elliott）。2001年我在英国萨里大学做访问学者时，曾在图书馆旁的小书店里选购了一批旅游专业图书，其中就包括这本英文原著。带回国的那批书中，不少我已经翻译成中文出版了。而这本原著因涉及旅游政策内容，在当时看来，或许是由于离国内旅游业发展实际较远，先后被两家出版社婉拒。同时，我还将此书推荐给当时正在二外读研究生的杨晶晶作为撰写硕士毕业论文时的参考书目，由此也引发了先将此书的主要部分译成中文的想法，由于没有落实出版社，这部译著的半成品因此也搁置了十年之久，直到今年联系到商务印书馆并达成出版意向。

　　一般认为，西方国家，尤其是旅游业发达的欧美国家政府治理结构比较完善，旅游业发展比较健康，注重可持续发展，是发展中国家学习的样板。我在翻译本书之前，也存在着类似的模糊认识。詹姆斯·埃利奥特的研究，让我们了解到其实西方国家在旅游业的宏观管理上，同样存在着与发展中国家类似的问题和困境，诸如旅游业的行业地位不高、政府管理缺位和效率低下以及寻租腐败、政府管理体制与市场机制的关系不顺、公共管理和私人产品的边界不清、中央政府与地方政府之间责权失衡、旅游开发与生态保护之间矛盾突出、旅游开发商与当地居民之间的利益冲突等等。由此看来，旅游发展遭遇的这些难题是具有世界性的，不只发展中国家独有，尤其是像英国这样的老牌资本主义市场经济国家，近代旅游业的起源地，政府管理旅游的绩效之差，是出乎我意料的。本书作者选取了英国、澳大利亚、越南和泰国四个国家的旅游业为主要研究案例,并以美国为参照,个别地方还提及日本、中国、瑞士、新加坡等国的相关情况。作者对这些案例分别作了较为客观公正的评析,对于我们认识这些国家的旅游公共管理的现状与存在的问题很有帮助和启发。当然,由于本书是十多年前出版的,书中描述的有些情况或许现在已有所变化,但基本格局和理论分析仍未过时,反而经历了时间的检验。

本书的一大亮点是作者构建了一个"为什么(原因)、谁(主体)、如何(方式)、是什么(结果)"的关于公共部门与旅游业之间互动关系的理论分析框架,并将此理论运用到实际案例分析,为研究旅游公共管理和服务提供了一种有用的分析工具和思路。此外,作者提出了评价公共管理的五项基本原则:公共利益、公共服务、有效、高效、负责。以及从正式与非正式两个维度来论述政府、公共管理部门、旅游部门、旅游企业和当地居民等之间的互相作用和关系。目前,我国旅游业正处于发展转型期,也是体制改革的关键期,如何处理政府与市场的关系,在充分发挥市场在配置资源中的决定性作用的同时,在旅游公共管理和服务领域,政府如何发挥应有的作用,这是需要我们政府管理部门、旅游学界和业界共同关心的问题。他山之石,可以攻玉。本书的出版可以为我们的旅游公共管理和服务改革提供国际经验和教训。

本书的出版得到北京旅游大数据协同创新研究专项课题资助,还得到北京联合大学旅游发展研究院的周小芳老师的支持,她协助扫描书中的图件和数据录入,并分担了部分编辑工作,在此,表示感谢!由于我们水平有限,译著中肯定还存在这一些不妥帖之处,欢迎同行和读者批评指教。

张凌云

2014 年 10 月 1 日于北京

图书在版编目（CIP）数据

旅游政策与公共部门管理/（澳）埃利奥特著；张凌云，杨晶晶译．—北京：商务印书馆，2015
ISBN 978-7-100-11007-5

Ⅰ.①旅… Ⅱ.①埃…②张…③杨… Ⅲ.①旅游业—方针政策—关系—公共管理—研究 Ⅳ.①F590

中国版本图书馆 CIP 数据核字（2015）第 011451 号

所有权利保留。
未经许可，不得以任何方式使用。

旅游政策与公共部门管理

〔澳〕詹姆斯·埃利奥特（James Elliott） 著
张凌云 杨晶晶 译

商 务 印 书 馆 出 版
（北京王府井大街36号 邮政编码 100710）
商 务 印 书 馆 发 行
北 京 冠 中 印 刷 厂 印 刷
ISBN 978-7-100-11007-5

2015年5月第1版　　开本 787×960　1/16
2015年5月北京第1次印刷　印张 15½

定价：38.00 元